EL CUENTO

A Graded Literary Anthology

HISPÁNICO

QUINTA EDICIÓN

EDITED BY

EDWARD J. MULLEN, UNIVERSITY OF MISSOURI–COLUMBIA

JOHN F. GARGANIGO, WASHINGTON UNIVERSITY

McGraw-Hill College

Boston   Burr Ridge, IL   Dubuque, IA   Madison, WI   New York   San Francisco   St. Louis
Bangkok   Bogotá   Caracas   Lisbon   London   Madrid
Mexico City   Milan   New Delhi   Seoul   Singapore   Sydney   Taipei   Toronto

McGraw-Hill College

A Division of The **McGraw·Hill** Companies

This is an  book.

El cuento hispánico: A Graded Literary Anthology

This book is printed on acid-free paper.

1 2 3 4 5 6 7 8 9 QPF QPF 9 3 2 1 0 9 8

ISBN: 0-07-012331-4

Literary Permissions: "Apocalipsis" by Marco Denevi, *Salón de lectura,* Buenos Aires, 1998, Ediciones Corregidor. "El eclipse" by Augusto Monterroso reprinted with permission of International Editors. "La recámara de Papá Grande" reprinted with permission of the author, Frank Pino. "El árbol de oro," "Rafael," and "El ausente" by Ana María Matute reprinted with permission of Ediciones Destino, Barcelona. "Continuidad de los parques," "La puerta condenada," and "La noche boca arriba" by Julio Cortázar. Copyright © Julio Cortázar, 1956, and Heirs of Julio Cortázar. "Emma Zunz," "Historia del guerrero y de la cautiva," and "El Sur" by Jorge Luis Borges. Copyright © 1995 by Maria Kodama, first printed in FICCIONES and ANTOLOGIA PERSONAL, respectively. Reprinted with permission of The Wylie Agency, Inc. "La droga" reprinted with permission of the author, Luisa Valenzuela. "La indiferencia de Eva" by Soledad Puértolas. Copyright © 1988 Soledad Puértolas. "El recado" reprinted with permission of the author, Elena Poniatowska. "Talpa" by Juan Rulfo. Copyright © Juan Rulfo, 1953, and Heirs of Juan Rulfo.

Photo Credits: Page(s) 3: © Beryl Goldberg; **10, 155:** © Peter Menzel/Stock, Boston; **18, 88:** © Spencer Grant/Stock, Boston; **23, 63, 141, 160:** United Nations Photo Library; **29:** © Bob Daemmrich/Stock, Boston; **40, 48:** R. M. Anderson Collection/Hispanic Society of America; **54:** © Owen Franken/Stock, Boston; **71:** Cemav, courtesy Consulate General of Colombia; **79:** © Michele Burgess/Stock, Boston; **93, 104, 115:** Angel Hurtado/Reproduced with permission of the General Secretariat of the Organization of American States; **123:** North Wind Picture Archives; **130:** © Michael Dwyer/Stock, Boston; **146:** © Mike Mazzaschi/Stock, Boston

Library of Congress Cataloging-in-Publication Data

El cuento hispánico : a graded literary anthology / Edward J. Mullen, John F. Garganigo. — 5th ed.
    p.   cm.
    "This is an EBI book" — T.p. verso.
    Includes bibliographical references.
    Contents: El loco de Sevilla / Miguel de Cervantes Saavedra — Lo que sucedió a un deán de Santiago con don Illán, el mago de Toledo / Don Juan Manuel — Apocalipsis / Marco Denevi — El eclipse / Augusto Monterroso — La recámara de Papá Grande / Frank Pino — El árbol de oro ; Rafael ; El ausente / Ana María Matute — El hombre muerto ; El almohadón de plumas ; A la deriva / Horacio Quiroga — Continuidad de los parques ; La puerta condenada ; La noche boca arriba / Julio Cortázar — Emma Zunz ; Historia del guerrero y de la cautiva ; El Sur / Jorge Luis Borges — La droga / Luisa Valenzuela — La indiferencia de Eva / Soledad Puértolas — El recado / Elena Poniatowska — Talpa / Juan Rulfo.
    ISBN 0-07-012331-4
    1. Spanish language — Readers.   2. Short stories, Spanish American.
3. Short stories, Spanish.   I. Mullen, Edward J., 1942-
II. Garganigo, John F., 1937-
PC4117.C866   1998
468.6'421 — dc21
                                   98-39558
                                   CIP

http://www.mhhe.com

Contents

EL CUENTO HISPÁNICO • QUINTA EDICIÓN

iii

𝒯ERCER PASO   139

iv

Preface

Tale

El cuento hispánico: _A Graded Literary Anthology,_ Fifth Edition, is designed
for intermediate college Spanish reading courses. This book gives students a
collection of first-rate Spanish-language short stories with which to expand
their reading skills and their knowledge of Hispanic culture as portrayed in
these works. Although literary excellence was the primary criterion in selecting stories, an effort was also made to choose tales that can be read in one
sitting.

ORGANIZATION OF THE TEXT

To ease the transition from the edited materials normally taught at the first-
year level, **_El cuento hispánico_** is divided into three parts: **Primer paso,
Segundo paso,** and **Tercer paso.** The first part contains five brief stories that
provide a bridge between the elementary level of first-year readers and the
more complex, sophisticated tone of unedited creative works. For this first
step in reading, stories that are accessible to low-intermediate students were
chosen. They are easy to understand and offer students the opportunity to
gain confidence in reading and to review some of the grammar points they
may have forgotten. The exercise materials that accompany the stories in
the **Primer paso** are designed to review the basic tools necessary for reading: verb forms, vocabulary recognition, and high-frequency idiomatic expressions.

The **Segundo** and **Tercer pasos** are primarily literary in nature; here the
intrinsic artistic merit of each piece was the most important factor in its selection. In order to provide students with a degree of continuity, the **Segundo
paso** presents three stories by each of four major twentieth-century Hispanic
writers: Ana María Matute, Horacio Quiroga, Julio Cortázar, and Jorge Luis
Borges. The **Tercer paso** offers a selection of twentieth-century Hispanic
fiction at its best. Included are four exciting stories by Luisa Valenzuela,
Soledad Puértolas, Elena Poniatowska, and Juan Rulfo. Whereas the exercises
in the **Primer paso** are language-based, those in the **Segundo** and **Tercer
pasos** are more directed toward literary analysis.

Each story is prefaced by an introduction that will help students understand the story as they read it and guide them toward an analysis of the story
as a work of literature. Extensive pre- and postreading activities—grouped
under the headings **Antes de leer** and **Después de leer,** respectively—also
accompany each story.

Antes de leer. Students should complete the activities in this section before reading the stories; the activities help students better understand the stories and equip them with the skills that will enable them to read later selections in the book.

- **Palabras importantes y modismos:** Lists of idiomatic expressions and key verbs found in each story. Studying these words before reading will help students understand the story that follows. Some of the words and expressions appear again in later stories.
- **Repaso de verbos:** Grammar-based activities (in the **Primer paso** only) that allow students to review many of the verb forms they studied in previous Spanish classes.
- **Estrategias para leer:** Prereading activities that present topics such as cognate recognition, contextual guessing, and anticipating content (in the **Primer paso**) and ways to recognize literary devices (in the **Segundo paso**).
- **Contexto cultural:** This prereading feature provides details that will help students understand the unique cultural and/or historical context in which the story was written.

Después de leer. The exercises in this section complement each specific reading and therefore differ from story to story.

- **Cuestionario:** Comprehension questions, following every story in the text, gauge whether students understand the content of the story.
- **Estudio de palabras:** Vocabulary exercises specific to the content of the reading give students another opportunity to practice the words and expressions studied in **Palabras importantes y modismos.**
- **Consideraciones:** These questions (in the **Segundo** and **Tercer pasos**) are aimed specifically at developing critical thinking skills while offering further practice in building reading skills and opportunities to check reading comprehension.
- **Análisis del texto:** Higher-level questions require students to go beyond the surface of the story and search for theme, meaning, symbols, and so forth.
- **Perspectiva personal:** Personalized discussion questions use the stories as a point of departure.
- **Bibliografía:** Lists of sources and suggestions for additional reading (in the **Segundo** and **Tercer pasos**).

✳ NEW TO THE FIFTH EDITION

- An exciting new feature, **Contexto cultural,** precedes each story and provides additional sociopolitical, historical, and cultural information about the place and time in which the author wrote or set the story, allowing students to achieve a deeper level of understanding of the work.

- A story by Don Juan Manuel was added to the **Primer paso** to give students another example of premodern literature.

- Higher-order thought and discussion questions—**Análisis del texto** and **Perspectiva personal**—were added to the postreading materials for all stories in the text, including those in the **Primer paso.**

- Many of the pre- and postreading activities throughout the text were extensively revised.

- The three Gabriel García Márquez stories in the **Segundo paso** were replaced by three stories by Jorge Luis Borges.

- Another contemporary female writer, Elena Poniatowska, is now represented in the **Tercer paso.**

- Source and reference materials listed in the **Bibliografía** sections were revised and updated.

ACKNOWLEDGMENTS

For the preparation of the Fifth Edition, instructors using the text throughout the country were asked to comment on the exercise materials, the overall organization of the text, and the success of the stories in the classroom. We are very much indebted to those concerned instructors for, in effect, the content of this text is a direct result of their assistance. The appearance of their names here does not necessarily constitute an endorsement of the text or its approach.

Robert R. Anderson, Mesa State College

L. Carole Byrd, University of Wisconsin–Oshkosh

Nancy Carvalho Fraze, Bristol Community College

Roy A. Kerr, Rollins College

Paul G. Larmeu, Sinclair Community College

Nancy C. Mustafa, Virginia Commonwealth University

Eunice D. Myers, Wichita State University

Vernon L. Peterson, Missouri Southern State College

Angelina Stuart, Southwestern College–California

Kim Yúnez, Messiah College

Special thanks are due Henry Sullivan and John Zemke for their help in supplying information for the **Contexto cultural** features in this book.

Acknowledgment is also due Raúl A. Galoppe for his assistance in preparing exercise materials for this edition; Laura Chastain, for providing cultural and linguistic suggestions; Myrna Rochester, for painstakingly compiling the Spanish-English vocabulary; and Kathleen Kirk, her for careful copyediting, which helped ensure that our thoughts were expressed clearly. Finally, we wish to express our gratitude to the editorial staff at McGraw-Hill, in particular to Thalia Dorwick and Becka McGuire, who were responsible for suggesting a number of fundamental changes that make this a still better text.

Edward J. Mullen
John F. Garganigo

To the Student

The stories in *El cuento hispánico,* Fifth Edition, were selected for two purposes: (1) to introduce you to some of the best short stories in the Spanish-speaking world and (2) to help you improve your reading skills in Spanish. We recommend the following techniques for reading in a foreign language, which can be quite a challenge.

HINTS ON READING IN A FOREIGN LANGUAGE

1. Do not be discouraged when you first begin reading the selections in this anthology. You are *not* reading English; do not expect to read this material as rapidly as you would if it were written in your native language. In time you will be reading faster and with greater ease.

2. Give the story a *quick* first reading to get a general idea of what happens in it. Do not keep turning to the vocabulary at the end of the book during this initial reading, but do remember to use the notes at the bottom of the page to help you understand what you are reading.

3. Take a quick look at the **Cuestionario** section that follows the story. This section contains questions about what happens in the story; looking at these questions *now* will give you an idea of what to look for when you read the story a second time.

4. Take a break from the assignment and do something else for a while.

5. Reread the story, this time more slowly. If you can understand the plot, resist the temptation to look up all the words you do not know. You might occasionally write the definition of a few words in the margin, but in general you should try to avoid this practice.

6. If there is a sentence or phrase you absolutely cannot understand, underline it and ask your instructor to explain it to you. Keeping track of these problem areas is an excellent way to review.

7. Use the **Palabras importantes y modismos** lists, the **Repaso de verbos** activities, and the **Estrategias para leer** sections as guides in studying and reviewing. Do not expect to be able to learn *all* the vocabulary and structures that are new to you in any given story.

About the Authors

Edward Mullen is Professor of Spanish at the University of Missouri–Columbia, where he has taught since 1971. He is coeditor of the *Afro-Hispanic Review*. He received the Ph.D. in Romance languages from Northwestern University and has also taught at Purdue University. Professor Mullen has received Woodrow Wilson and American Council of Learned Societies fellowships. He has served on the Executive Committee of the Association of Departments of Foreign Languages (ADFL) and was the President from 1991 to 1992. He is author of *Carlos Pellicer; Langston Hughes in the Hispanic World and Haiti; Contemporáneos: Revista mexicana de cultura; The Life and Poems of a Cuban Slave; La poesía de Carlos Pellicer: Interpretaciones críticas; Critical Essays on Langston Hughes; Sendas literarias: Hispanoamérica,* written with David Darst; and, most recently, *Afro-Cuban Literature: Critical Junctures.*

John F. Garganigo is Professor of Romance Languages and Literatures at Washington University in St. Louis, where he has taught since receiving the Ph.D. from the University of Illinois in 1964. He is the author of *Javier de Viana, Life and Works; Carlos Germán Belli: Antología crítica; El perfil del gaucho;* and *Osvaldo Dragún: Su teatro.* He has also contributed numerous articles on narrative, poetry, and drama to professional journals.

primer paso

El barrio de Santa Cruz, Sevilla, España

El loco de Sevilla

Miguel de Cervantes Saavedra (1547–1616) is traditionally considered to be Spain's greatest writer and one of the most important figures in world literature. Although he was a playwright as well as a writer of short fiction, he is universally recognized for his masterpiece, *Don Quijote de la Mancha,* which was published in two parts, the first appearing in 1605 and the second in 1615. *Don Quijote* has been considered the first modern novel. It is a work of great artistic complexity and one in which the treatment of illusion versus reality, and madness versus sanity, were treated with considerable depth. "El loco de Sevilla" first appeared in Part II, Chapter One, of *Don Quijote.* This delightful tale, which deals with the theme of madness versus sanity, exemplifies the kind of humor that has made this novel one of the most readable books of all time.

ANTES DE LEER

PALABRAS IMPORTANTES Y MODISMOS

The **Palabras importantes y modismos** list presents key words and expressions from the reading that follows. Read these new words and their meanings. Then, with a classmate, create sentences using each one. After reading, you will have the opportunity to use the words again within the context of the reading. Work with these key words and expressions in the same way with each reading in the book.

darle la gana a alguien + *infinitivo*	to feel like (*doing something*)	**irse**	to leave, go away
enterarse de	to find out about	**tener confianza en**	to have confidence in
estar cuerdo/a	to be sane	**tomar la decisión**	to make the decision
estar loco/a	to be insane		
gozar de	to enjoy		
hacerle caso a alguien	to pay attention to someone		

REPASO DE VERBOS optional

Complete las oraciones con la forma apropiada de **ser** o **estar** de la siguiente lista. Algunas se usan más de una vez.

es	estás	son
está	estoy	soy
estar		

1. El hombre _____ en el hospital.
2. Me voy porque no tengo que _____ aquí más.
3. Yo _____ Neptuno, el dios de la lluvia.
4. Creo que _____ mejor que Ud. se quede aquí por ahora.
5. El oficial _____ conversando con la hermana del paciente.
6. Las intenciones de la familia _____ buenas.
7. Yo _____ enfermo.
8. Tú ya _____ cuerdo.
9. Las intenciones del rector y de los parientes _____ malas.
10. El hombre _____ amigo de los otros pacientes.

ESTRATEGIAS PARA LEER

Using Contextual Clues to Guess Word Meaning

Word-guessing is a helpful reading strategy that frequently involves recognizing cognates (see p. 30), but can also involve the use of the *context,* the parts of a written text that surround a word or passage. This is a strategy that you already use, even if not consciously, when reading a text in English. If you are aware of the overall meaning of a sentence, it is often possible to guess the meaning of an unfamiliar word without resorting to a dictionary. Look at the following example.

> Professor Foster was a sensitive man, overly sensitive, to put it mildly. He resented the slightest intrusion into his territory and, in particular, *took umbrage* at the remarks students made in class.

Umbrage is not a common word but the context gives it away. It means a feeling of resentment often not justified. Using contextual clues is somewhat like filling in blanks to arrive at a good approximation of what a word means.

Try to guess the meaning of the italicized words in the following sentences, using the context in which they appear.

1. Un capellán habló con el loco para determinar si estaba completamente *sensato* antes de ponerlo en libertad.
2. En el *manicomio* de Sevilla había un hombre a quien sus parientes habían puesto por estar loco.
3. El médico decidió que el loco estaba cuerdo porque en su conversación no le había dicho nada *disparatado*.
4. El rector *retenía* al loco en el manicomio porque deseaba su dinero.
5. A los parientes del loco les gustaba mucho el dinero; lo habían puesto en el hospital para *disfrutar* de su fortuna.

 **CONTEXTO CULTURAL**

To fully appreciate "El loco de Sevilla," it is helpful to bear in mind the following details about Spanish history and culture. Cervantes sets his story in Seville, which, during the late sixteenth and early seventeenth centuries, was one of the largest cities in Europe and the center of Spanish trade and commerce. Because of its strategic location on the Guadalquivir River, just fifty miles from the Atlantic Ocean, Seville emerged as the key inland port during the period of Spanish exploration of the Americas. In fact, Cervantes is purported to have first thought of writing *Don Quijote* during his confinement in the Crown Jail of Seville (1597–1598). He knew the city well.

Seville was a bustling, raucous port city with an unsavory reputation for crime. It was only the second city in Spain to see the founding of an insane asylum (Valencia was the first). Cervantes reportedly visited the institution and showed great interest in the condition of its inmates. The process of confining all types of marginalized peoples, including the poor and the physically deformed, began with the rapid, unplanned urbanization of cities like Seville during this critical juncture in Spanish history.

❧ El loco de Sevilla ❧

EN EL MANICOMIO[1] de Sevilla, había un licenciado[2] a quien sus parientes habían puesto por **estar loco.** Después de estar allí varios años, el hombre decidió que **estaba cuerdo,** y le escribió al arzobispo rogándole que le dejara salir[3] del manicomio porque sus parientes lo tenían allí sólo
5   para **gozar de** una parte de su abundante fortuna.

El arzobispo, después de recibir varias cartas discretas del licenciado, envió a un capellán[4] a conversar con el loco para determinar si estaba completamente cuerdo antes de ponerlo en libertad. Después de hablar un buen rato con el loco, el capellán decidió que el licenciado estaba bien de la cabeza
10 porque en su conversación no le había dicho nada disparatado.[5] En su opinión, el rector[6] del manicomio retenía al licenciado para no dejar de recibir los regalos que le hacían los parientes que deseaban su dinero. Convencido de las malas intenciones del rector y de los parientes, el capellán **tomó la decisión** de llevarse al licenciado a que el arzobispo lo viera.[7]
15 Al **enterarse** de los planes del capellán, el rector le aconsejó pensar bien lo que iba a hacer porque el licenciado no estaba curado, pero el capellán no **le hizo caso.** Después de vestirse con su ropa de cuerdo, el licenciado le rogó al capellán que le dejara despedirse de los otros locos. Éste consintió, y se acercaron a una jaula[8] que encerraba a un loco furioso:
20 —Hermano, **me voy** a mi casa. Dios, por su infinita bondad y misericordia,[9] me ha curado de mi locura. Ya que el poder de Dios no tiene límite, **tenga confianza en** Él para que también le devuelva su juicio. Le mandaré regalos de comida porque creo que nuestra locura resulta de los estómagos vacíos y de los cerebros llenos de aire.
25 Otro loco escuchó estas palabras del licenciado y preguntó quién se iba del manicomio sano y cuerdo. El licenciado curado contestó:

—Yo, hermano, me voy porque no tengo que estar aquí más, y por esto le doy muchísimas gracias a Dios.

—¡Cuidado! Que no le engañe Satanás —respondió el loco. —Quédese
30 aquí[10] para no tener que volver en el futuro.

—Yo estoy cuerdo —replicó el licenciado— y no tendré que regresar jamás.

—¿Ud. cuerdo? —dijo el loco. —Está bien. Siga con Dios, pero yo le juro a Júpiter,[11] a quien represento en este mundo, que voy a castigar a Sevilla, la cual peca por sacarte de esta casa, de una manera que nunca se olvidará. ¿No
35 te das cuenta,[12] licenciadillo, que soy Júpiter y que tengo en mis manos rayos con que puedo destruir el mundo? Sin embargo, voy a castigar a este pueblo de otra manera; yo no lloveré en esta región durante tres años enteros. ¿Tú libre, tú sano, tú cuerdo, y yo loco, yo enfermo, y yo atado?

---

[1]asylum [2]university graduate [3]rogándole... asking him (the archbishop) to release him [4]priest [5]foolish [6]director [7]llevarse... take the young man to the archbishop so that he could see him [8]se... they approached a cage [9]bondad... kindness and mercy [10]Quédese... Stay here [11]Jupiter, the chief god in Roman mythology [12]¿No... Don't you realize

(Al oír) esto, nuestro licenciado se volvió[13] al capellán y le contestó:

—Padre, no le haga caso a este loco que dice que es Júpiter y que se niega a llover. Yo soy Neptuno, el dios de la lluvia, y lloveré todo lo que **me dé la gana.**

—No sería bueno enojar al señor Júpiter —respondió el capellán. —Es mejor que Ud. se quede aquí por ahora, y luego, en un momento más oportuno, volveremos por Ud.

El capellán, medio avergonzado,[14] en seguida les mandó desnudar[15] al licenciado y meterlo de nuevo en su celda.

[13]se... *turned* [14]*ashamed* [15]en... *immediately ordered them to undress*

$\mathscr{D}$ESPUÉS DE LEER

$\mathscr{C}$UESTIONARIO

1. ¿Quién estaba en el manicomio de Sevilla?
2. ¿Qué decidió el hombre después de estar allí varios años?
3. ¿Quiénes lo habían puesto en el manicomio?
4. ¿A quién envió el arzobispo a conversar con el loco?
5. Al principio, ¿creyó el capellán que el loco estaba curado?
6. Según el licenciado, cuando habla con el primer loco furioso, ¿de qué resulta la locura?
7. ¿A quién representa en este mundo el segundo loco?
8. ¿Cómo va a castigar el segundo loco al pueblo de Sevilla?
9. ¿Qué decide hacer el capellán al final del cuento? ¿Por qué?

$\mathscr{E}$STUDIO DE PALABRAS

A. Complete las oraciones con palabras o expresiones de **Palabras importantes y modismos.** Cuidado con los tiempos verbales.

1. En el manicomio de Sevilla, había un licenciado a quien sus parientes habían puesto por _____ .
2. Sus parientes lo tenían en el manicomio sólo para _____ una parte de su abundante fortuna.
3. Después de estar en el manicomio varios años, el hombre decidió que _____ .
4. El capellán _____ de llevarse al licenciado a que el arzobispo lo viera.
5. Al _____ los planes del capellán, el rector le aconsejó pensar bien lo que iba a hacer.
6. Hermano, _____ de mi casa.
7. Yo soy Neptuno, el dios de la lluvia, y lloveré todo lo que me _____ .
8. Padre, no le _____ este loco que dice que es Júpiter.
9. Ya que el poder de Dios no tiene límite, Ud. debe _____ Él para que también le devuelva su juicio.

B. Empareje las palabras con sus sinónimos.

1. _____ dejar		**a.** decidir
2. _____ enviar		**b.** regresar
3. _____ conversar		**c.** vestirse
4. _____ volver		**d.** permitir
5. _____ nunca		**e.** otra vez
6. _____ contestar		**f.** saber
7. _____ de nuevo		**g.** mandar
8. _____ ponerse la ropa		**h.** responder
9. _____ determinar		**i.** jamás
10. _____ enterarse de		**j.** charlar

C. Indique el verbo relacionado con cada uno de estos sustantivos.

1. vuelta   **4.** castigo
2. consejo   **5.** lluvia
3. despedida

D. Words in Spanish, like their English equivalents, often end in *suffixes,* syl-lables affixed to the ends of words. Since these endings shape the meaning of words, it is important to be able to recognize them. Just as words ending in **-mente** are easy to recognize as adverbs, so is the meaning of words ending in **ísimo** (*very*), which is attached to adjectives and adverbs.

grandísimo   *very big*
lentísimo   *very/extremely slowly*
muchísimo   *very much*

Another common suffix is **-ismo,** which, when attached to nouns, signifies a doctrine: **comunismo.** Also important are the suffixes **-ado** and **-ido,** which are used to form the past participle in compound tenses. When used as ad-jectives, they correspond to words in English that commonly end in *-ed* or *-en:* **estudiado** (*studied*).

Guess the meaning of the following words.

1. socialismo   **6.** curado
2. republicanismo   **7.** esperado
3. modernismo   **8.** destruido
4. hablado   **9.** mencionado
5. sorprendido

COMPRENSIÓN

First, see Appendix A to review the formation of the simple present and future. Using these tenses, retell the story "El loco de Sevilla." This will help you focus on the story line and understand how the author has arranged the time sequence of events. Be sure to identify the following.

1. el capellán
2. el licenciado
3. los parientes
4. otro loco
5. Júpiter
6. Neptuno

✓ *ANÁLISIS DEL TEXTO*   Answer any one. One or two paragraphs.

1. ¿Qué actitud adopta la voz narrativa con respecto a la locura del protagonista? ¿Cómo lo sabemos?
2. ¿Cómo interpreta Ud. la frase «el hombre decidió que estaba cuerdo» (l. 3)?
3. ¿Cuáles son los distintos puntos de vista de los personajes? Dé ejemplos. ¿De qué manera es importante esto para el desarrollo de la trama (*plot*)?

✓ *PERSPECTIVA PERSONAL*   Answer any one.

1. Parece que Cervantes percibe la cordura (*sanity*) y la locura como dos universos que, en vez de estar absolutamente desconectados, se unen, interaccionan entre sí y, a veces, se superponen (*overlap*). ¿Cuál es su opinión al respecto?
2. ¿Piensa que la historia se desarrolla de manera lógica? Explique.
3. ¿Qué opina Ud. de la decisión final del capellán?

Vista de la ciudad de Toledo, antigua capital
de España

Lo que sucedió a un deán[1] de Santiago con don Illán, el mago[2] de Toledo

Don Juan Manuel (1282–1349) was a Spanish nobleman (the grandson of Ferdinand III and the nephew of Alfonso X) and might be considered the father of the Spanish short story. He was born in Toledo, the setting for this story. His greatest literary work is *El Libro del conde Lucanor* (1323–1335), a collection of fifty *exempla* or moral tales. All the stories follow the same pattern: Count Lucanor presents a problem to his counselor, Patronio, who replies by telling the count a story that solves the dilemma. The following tale, the eleventh in the collection, was brilliantly rewritten by the Argentine author Jorge Luis Borges (1899–1986) under the title "El brujo postergado."[3]

[1]*cleric* [2]*magician; wise man* [3]brujo... *sorcerer* [who was] *put off* (told to wait)

ANTES DE LEER

PALABRAS IMPORTANTES Y MODISMOS

al pie de	at the foot or bottom of	**hacer saber**	to make (*something*) known

no tener más remedio	to have no other choice	**optar por +** **infinitivo**	to decide in favor of (*doing something*)
oír decir	to hear (*something*) said		
		rogar (ue)	to beg, plead

REPASO DE VERBOS

Complete el siguiente párrafo subrayando (*underlining*) la forma correcta —el pretérito o el imperfecto— de los verbos.

En el pasado, había un rey que (era/fue)[1] muy generoso. Siempre les (daba/dio)[2] dinero y comida a los pobres. Tristemente, el rey (moría/murió)[3] muy joven y su hermano (subía/subió)[4] al trono. Éste y su esposa, la nueva reina, (eran/fueron)[5] muy crueles. Ellos (iniciaban/iniciaron)[6] una campaña de terror contra los habitantes de la región. Pero éstos (reaccionaban/reaccionaron)[7] de inmediato y (destronaban/destronaron)[8] a los reyes. Entonces los reyes (acababan/acabaron)[9] en la cárcel y las personas de la región (vivían/vivieron)[10] felices.

ESTRATEGIAS PARA LEER

Using Time Markers to Recognize the Chronology of a Story

While reading strategies such as guessing the meaning of words through cognate recognition, anticipating content, and using contextual clues are helpful, you also need to recognize the chronological organization of the story as indicated by words that mark the progression of time. The most obvious, of course, are the *tense markers of verb endings* (**hablé, seremos,** and so on). *Specific dates* (**nací en 1942, él murió en 1967**) also help put events in order. Other important time markers are *adverbs* and *adverbial phrases.* In Spanish, there are three principal groups of adverbs of time: those that indicate past time (**ayer, anteayer, antes, entonces, ya**), present time (**hoy, ahora**), and the future (**después, luego, mañana**). Also of importance are function words such as **hasta que** (*until*), which indicate the continuance of an action to a specified point in time.

The following sentences tell a story. Renumber them in a logical sequence. The first and last sentences of the story are already in their correct positions.

1. _____ Un oficial de la iglesia quería saber lo más posible sobre el arte de la magia.

2. _____ Todos se quedaron en la casa del médico hasta que llegó un abogado, amigo del médico. El abogado le dio al oficial muchos documentos sobre la magia.

Lo que sucedió a un deán de Santiago con don Illán, el mago de Toledo **11**

3. _____ Después, el oficial y el profesor fueron a la casa de un médico.
4. _____ Cuando el oficial vio al profesor, empezaron a hablar de la magia.
5. _____ Primero el oficial fue a hablar con un profesor.
6. _____ Ahora el oficial de la iglesia está contento porque ha aprendido mucho de sus nuevos amigos: el profesor, el médico y el abogado.

Another time marker, particularly prevalent in the story you are about to read, is the use of the preposition **a** followed by days, months, and years to mean *later* or *after*.

Number the following expressions in chronological order.

_____ a los cuatro años   _____ a los tres días   _____ a los diez días

_____ a los dos años   _____ a los seis meses

$\mathcal{C}$ONTEXTO CULTURAL

This story is not just a tale about ingratitude and magic, but reflects the great importance of the church in medieval Spain. The main character, Don Illán, and the cleric who wishes to learn the art of magic come from prominent centers of both ecclesiastic and political power: Santiago de Compostela and Toledo. Santiago, a city in Galicia (northwestern Spain), was named for St. James, a Christian martyr whose bones were taken to Spain. Santiago de Compostela became an important destination of Christian pilgrimages during the Middle Ages and the site of impressive churches, such as the Church of Santa María Salomé, which dates from the twelfth century. Toledo, in south central Spain, has been an important city since Roman times. During the eleventh century, it was a place of considerable mingling of Christian, Jewish, and Arab peoples. Since Toledo was such a cultural and religious melting pot, it is not surprising that the cleric journeys there to learn the art of magic from Don Illán.

Topic: Returning favors, keeping promises

❧ *Lo que sucedió a un deán de Santiago con don Illán, el mago de Toledo*

$\mathcal{U}$N DÍA EL conde Lucanor hablaba con su consejero Patronio de esta manera:

—Patronio, un hombre vino a **rogarme** que lo ayudase[1] con un negocio. Me prometió que en el futuro me ayudaría cuando lo necesitara. Des-

---

[1]que... *to help him*

pret.
oí   oímos
oíste   oísteis
oyó   oyeron

vi   vimos
viste   visteis
vio   vieron

subjunc.
pretérito

5 graciadamente resulta que cada vez que le pido un favor, nunca cumple con
su palabra.[2]

—Señor Conde —dijo Patronio— había un deán en Santiago que tenía
muchas ganas de saber el arte de la magia. **Oyó decir** que don Illán de Toledo
la sabía mejor que nadie y a Toledo fue para que él se la enseñara.[3] Tan pronto
10 como llegó a la ciudad fue a la casa del mago, a quien encontró leyendo en un
salón muy apartado. Cuando el mago lo vio entrar lo recibió muy cortésmente y
le pidió que no hablara sobre el motivo de su visita hasta después de comer, y,
demostrándole estima, lo alojó en su casa con alegría de tenerlo como huésped.
Después de comer y una vez que se quedaron solos, el deán relató al mago el
15 motivo de su viaje y le rogó muy encarecidamente[4] que le enseñara la ciencia
mágica, porque tenía tantos deseos de estudiarla a fondo. Don Illán le dijo que
él era deán y hombre de posición dentro de la Iglesia y que podía subir mucho
aún, y que los hombres que suben mucho, cuando han alcanzado lo que pre-
tenden, olvidan muy pronto lo que los demás han hecho por ellos; por lo que él
20 temía que, cuando hubiera aprendido[5] lo que deseaba, no se lo agradecería[6] ni
querría hacer por él lo que ahora prometía. El deán entonces le aseguró que,
llegara donde llegara[7] en fama y dignidad, no haría más que lo que el mago le
mandase. Hablando de esto estuvieron desde que acabaron de comer hasta la
hora de la cena. El mago dijo que aquella ciencia sólo se podía aprender en un
25 lugar muy apartado y, tomándolo de la mano, lo llevó a una sala. Allí llamó a
una criada y le dijo que tuviera listas unas perdices[8] para la cena, pero que no
las pusiera a asar[9] hasta que él lo ordenase.

Dicho esto, entró con el deán por una escalera de piedra, muy bien
labrada,[10] y bajaron tanto que le pareció que el Tajo[11] tenía que pasar por
30 encima de ellos. **Al pie de** la escalera, vieron unas habitaciones muy espa-
ciosas y en una de ellas se sentaron para comenzar las lecciones. Era un salón
con mucho lujo y esplendor, lleno de libros e instrumentos. En eso estaban
cuando entraron dos hombres a pie con una carta para el deán en la que el
obispo, su tío, le **hizo saber** que estaba muy enfermo y le rogaba que, si
35 quería verlo con vida, se fuera enseguida[12] para Santiago. El deán se disgustó
mucho por la enfermedad de su tío porque tenía que dejar el estudio que
había comenzado. Pero resolvió no dejarlo tan pronto y **optó por** escribir a su
tío una carta, contestando la suya. A los tres o cuatro días llegaron otros
hombres con cartas para el señor deán en que le informaban que el obispo
40 había muerto y que en la catedral estaban todos por elegirlo sucesor y muy
confiados en que por la misericordia de Dios[13] lo tendrían por obispo; por lo
que le sugerían que no se apresurara[14] a ir a Santiago, ya que era mejor que
lo eligieran estando él ausente.

Al cabo de[15] siete u ocho días vinieron a Toledo dos escuderos[16] muy bien
45 vestidos y con muy buenas armas y caballos, los cuales, llegando al deán le

[2]cumple... *keeps his word* [3]para... *so that Don Illán would teach him* [*magic*] [4]*insistently* [5]hubiera... *he had
learned* [6]no... *he would not thank him for it* [7]llegara... *no matter how high he might rise* [8]*partridges*
[9]*cocinar* [10]*detailed* [11]*river in Spain* [12]*inmediatamente* [13]por... *by the grace of God* [14]le... *they suggested
that he not be in a hurry* [15]Al... *Después de* [16]*pages*

informed

besaron la mano y le dieron las cartas en que le decían que lo habían elegido.
Cuando don Illán se enteró, fue hasta el nuevo obispo y le dijo que agradecía
mucho a Dios porque había recibido tan buena noticia estando en su casa y
que, ya que Dios lo había hecho obispo, le pedía por favor que le diera a su
50 hijo el decanazgo,[17] que quedaba vacante. El obispo le contestó que había
reservado ese decanato para un hermano suyo, pero le prometía que le daría
a su hijo, en compensación, otro cargo con que quedaría muy satisfecho, y le
pidió que lo acompañara a Santiago y que llevara a su hijo. Don Illán le dijo
que lo haría.

55   Luego, fueron para Santiago, donde los recibieron muy solemnemente.
Así transcurrió[18] algún tiempo hasta que un día, llegaron dos mensajeros
del Papa[19] con cartas para el obispo, donde le decía que lo había hecho
arzobispo de Tolosa[20] y que le concedía la gracia de dejar ese obispado
a quien él quisiera. Cuando don Illán lo supo, le recordó su promesa y le
60 pidió muy encarecidamente que se lo diese a su hijo. El arzobispo le dijo
que había prometido el obispado a un tío suyo, hermano de su padre, pero
que en el futuro lo compensaría y le rogó que se fuera con él y llevara a
su hijo.

       Al llegar a Tolosa fueron recibidos muy bien por los condes y por toda la
65 gente principal de aquella región. Después de dos años, emisarios del Papa
llegaron con la noticia de que éste lo había hecho cardenal y que lo autori-
zaba a dejar su arzobispado a quien él quisiera. Entonces don Illán fue hasta
él y le dijo que, luego de tantas promesas sin cumplir, ya no era el momento
de más postergaciones,[21] sino de darle el arzobispado vacante a su hijo. El
70 cardenal le rogó que comprendiera que ese arzobispado debía ser para un
tío suyo, hermano de su madre, hombre de edad y de muy buena posición,
y le pidió por favor que lo acompañara a la corte romana,[22] ya que como
cardenal tendría muchas ocasiones de favorecerlo. Don Illán **no tuvo más
remedio** que asentir, y, lamentándose mucho, se fue para Roma con el
75 cardenal.

       Cuando allí llegaron, fueron muy bien recibidos por los demás cardenales
y por toda Roma. Vivieron mucho tiempo en Roma, rogándole don Illán cada
día al cardenal que le hiciera a su hijo alguna merced,[23] y él siempre ex-
cusándose, hasta que murió el Papa. Entonces todos los cardenales lo
80 eligieron sucesor. Don Illán fue hasta él y le dijo que ahora no podía poner
pretexto alguno para no hacer lo prometido. El Papa postergó su promesa una
vez más diciéndole que ya encontraría el modo de favorecerlo en lo que fuera
justo. Don Illán se lamentó mucho y le reprochó su proceder.[24] El Papa, entonces, se enojó y le dijo que si continuaba con sus presiones[25] lo haría meter
85 en la cárcel, pues bien sabía él que era hereje[26] y brujo y que en Toledo se
ganaba la vida enseñando el arte de la magia negra.

---

[17]*deanship (a high position in the church)* [18]*pasó* [19]*Pope* [20]*Toulouse (an important city and religious center
in southwestern France)* [21]*postponements* [22]*corte... the papal court* [23]*favor* [24]*behavior* [25]*si... if he kept
pressuring him* [26]*heretic*

Cuando don Illán vio el pago que le daba el Papa, se despidió de él y anunció su regreso. El Papa no hizo nada por retenerlo, más aún, le negó provisiones para que pudiera aliviar el hambre en el camino. Entonces don Illán
90 le dijo al Papa que, ya que no tenía otra cosa que comer, tendría que comerse las perdices que había mandado preparar esa noche y llamó a la criada y le ordenó que comenzara a preparar la cena. Al decir esto don Illán, el Papa se halló[27] en Toledo, en la habitación subterránea, deán de Santiago, tal como era cuando allí llegó. Estaba tan avergonzado[28] que no supo qué decir para
95 disculparse. Don Illán le dijo que se fuera en paz, que ya había sabido lo que podía esperar de él, y que le parecía un gasto inútil invitarlo a comer aquellas perdices.

[27]se... se encontró [28]ashamed

Dean wants to learn black magic
Illán teaches him.
by using black magic
letting Dean think he is the Pope.

DESPUÉS DE LEER

CUESTIONARIO

1. ¿De qué tenía ganas un deán que vivía en Santiago?
2. ¿Adónde fue el deán?
3. ¿Qué promesa le hizo el deán a don Illán?
4. Cuando don Illán y el deán estaban en la biblioteca, ¿quiénes llegaron y qué dijeron?
5. ¿Qué le pidió don Illán al deán cuando éste fue nombrado obispo? ¿Cómo le respondió el deán?
6. Cuando don Illán supo que el deán había sido nombrado arzobispo de Tolosa, ¿qué le pidió? ¿Cómo le respondió el nuevo arzobispo?
7. Cuando el deán fue nombrado cardenal, ¿qué le pidió don Illán? ¿Cómo le respondió el nuevo cardenal?
8. Cuando el deán fue elegido Papa, ¿por qué amenazó con la cárcel a don Illán?
9. ¿Qué pasó cuando don Illán dijo que iba a comer las perdices?
10. ¿Qué ocurrió al final del cuento?

ESTUDIO DE PALABRAS

A. Complete las oraciones con palabras o expresiones de **Palabras importantes y modismos**.

1. Había un cuarto _____ la escalera.
2. En una carta oficial el presidente le _____ al público que él estaba enfermo.

3. El niño que tenía hambre _____ a su madre que le diera algo de comer.
4. El obispo _____ que un hombre misterioso sabía el arte de la magia.
5. En vez de quedarse en la iglesia, el hombre _____ salir.
6. Estaba lloviendo y él _____ que buscar su paraguas.

B. Complete las oraciones con la palabra apropiada.

1. El deán encontró a don Illán leyendo _____ (a/en) una habitación apartada.
2. Don Illán le dijo que postergara el motivo de su visita hasta después _____ (de/que) comer.
3. Temía ser olvidado luego _____ (por/para) él.
4. Los recibieron _____ (con/de) honores en la ciudad.
5. El arzobispo le hizo saber que había reservado el obispado _____ (por/para) su propio tío.

C. Indique el verbo relacionado con cada uno de estos sustantivos.

1. una oferta
2. un fallecimiento
3. una recepción
4. un agradecimiento
5. unos mandaderos
6. un favor

D. Empareje las palabras con sus sinónimos.

1. _____ deán
2. _____ apartada
3. _____ venida
4. _____ asunto
5. _____ nuevas
6. _____ fallecido
7. _____ elegir

a. llegada
b. caso
c. noticias
d. muerto
e. separada
f. decano
g. escoger

ANÁLISIS DEL TEXTO

1. ¿De qué manera constituye un indicio (*foreshadowing*) la mención de las perdices para la cena (ll. 26–27)? ¿En qué líneas se resuelve?
2. El cuento presenta dos dimensiones temporales diferentes. Establezca ambas cronologías.
3. Analice el modo en que se suceden los acontecimientos en la habitación. Explique cómo el encantamiento a que don Illán somete al deán es de alguna manera transmitido al lector a través de la voz narrativa.
4. ¿Considera Ud. que el desenlace de la historia (ll. 92–97) es irónico? Justifique su respuesta.
5. ¿De qué manera resuelve el cuento de don Illán el dilema del conde Lucanor? ¿Qué efecto produce esta intercalación (*interspersing*) de un cuento dentro de otro?

Perspectiva personal

1. ¿Quién es, a su juicio, el «brujo postergado» a que se refiere el título de la versión moderna de esta narración?
2. Comente las implicaciones éticas del proceder de ambos personajes.
3. ¿Está Ud. de acuerdo con la resolución del cuento? ¿Por qué?

Este robot manejado por computadora es
símbolo de la tecnología moderna

Apocalipsis

Marco Denevi (1922–) is a popular contemporary fiction writer and play-wright from Argentina. Since first winning acclaim in 1955 with his novel *Rosaura a las diez,* he has been one of Argentina's most prolific writers. In particular, Denevi is very skilled in writing extremely short stories. In *Falsifi-caciones* (1966), a book of short prose fantasies, he borrowed facts, situations, and characters from classical mythology and world literature and rewrote them to comment on contemporary society. Denevi is particularly concerned about the effects of technology on modern humanity, a theme that appears with regularity in his work.

*A*NTES DE LEER

PALABRAS IMPORTANTES Y MODISMOS

a fines de	at the end of	**empezar (ie)**	to begin
alcanzar	to reach, achieve	**a + *infinitivo***	(*doing*
bastar	to be sufficient,		*something*)
	enough	**terminar por**	to end up by
dar un paso	to take a step	**+ *infinitivo***	(*doing*
			something)

REPASO DE VERBOS

Complete las oraciones con el pretérito de los verbos entre paréntesis.

1. Yo _____ (tocar) un botón y las máquinas empezaron a funcionar. *toqué*
2. El accidente _____ (ocurrir) en la carretera a Burgos. *ocurrió*
3. Los hombres _____ (desaparecer) en la oscuridad. *desaparecieron*
4. Pablo _____ (desconectar) las máquinas. *desconectó*
run across 5. En el camino yo me _____ (tropezar) con una grande piedra. *tropencé*
6. Ayer, por un momento, yo _____ (pensar) en mi ex esposa. *pensé*
7. De pronto yo me _di_ (dar) cuenta de que estaba solo en el mundo.
8. Nosotros _____ (llegar) a las 5:00 de la tarde. *llegamos*
9. Ellos _____ (comenzar) a pensar en la extinción de la raza humana. *comenzaron*
10. Ayer nosotros _____ (ver) la llegada de los nuevos estudiantes. *vieron*

ESTRATEGIAS PARA LEER

Anticipating Content

Owing to the high correlation between subject familiarity and reading comprehension, you should take full advantage of all the clues that may serve as a guide to understanding the content of what you are reading. Among such clues, you might consider *information about the author* of the piece. Reading a novel by Agatha Christie, for example, we expect to be involved in the process of solving a mystery, since we know that Agatha Christie wrote this kind of fiction. In addition to biographical information, *titles* are also important. Elements such as titles, *prefaces,* and *epigraphs,* while not a part of the story proper, do convey a voice and a perspective—a point of view that enables you to construct an image of a work before you actually read it.

Before you read this story, do the following.

1. Review the meaning of the word *apocalypse.*
2. Try to recall other works of fiction that deal with the theme of the apocalypse.
3. Quickly reread the brief biographical introduction to Denevi. Is there information supplied here that seems to relate to the title of the story?
4. Suppose for a moment that you were an author writing on the theme of the apocalypse. Can you imagine some of the scenarios you might employ to describe the events implied by this term?

Although at first glance it might appear that Denevi's story about the collapse of modern society has little to do with Argentine culture, it is important to bear in mind that he was born in a suburb of Buenos Aires, the second-largest city in continental Latin America. Far from being a sleepy tropical town, Buenos Aires is one of the world's largest inland port cities and the center of most commercial activity in Argentina. In fact, the city of Buenos Aires, with a population of over ten million, is surrounded by the province of Buenos Aires, which is made up of twenty-two smaller municipalities. Since the nineteenth century, the port city of Buenos Aires has been home not only to successive waves of immigrants but also to the nation's commercial and technological base.

Argentina is an advanced country. In the 1920s, when Denevi was growing up, its gross national product and standard of living equaled those of other developed countries such as Canada and Australia. It is not unusual, then, for a writer such as Marco Denevi to use the effects of technology on modern humanity as a theme. After all, he was raised in a nation and, more particularly, in a city that experienced considerable urbanization and was profoundly affected by technological growth and development.

An interesting feature of "Apocalipsis," one that can best be understood by thinking of Argentina's emphasis on Europe as the center of world culture, is the long list of humankind's cultural achievements—mostly based on European models. To some extent, Denevi's story makes the statement that many countries in Latin America are not "underdeveloped," nor are they unaware of European culture. In fact, in many ways, they emulate it.

Apocalipsis

*L*A EXTINCIÓN DE la raza de los hombres se sitúa aproximadamente **a fines del** siglo XXXII. La cosa ocurrió así: las máquinas habían **alcanzado** tal perfección que los hombres ya no necesitaban comer, ni dormir, ni hablar, ni leer, ni escribir, ni pensar, ni hacer nada. Les **bastaba**
5 apretar[1] un botón y las máquinas lo hacían todo por ellos. Gradualmente fueron desapareciendo las mesas, las sillas, las rosas, los discos con las nueve sinfonías de Beethoven, las tiendas de antigüedades,[2] los vinos de Burdeos,[3] las golondrinas,[4] los tapices flamencos,[5] todo Verdi, el ajedrez, los telescopios, las catedrales góticas, los estadios de fútbol, la Piedad de Miguel Ángel,[6]
10 los mapas, las ruinas del Foro Trajano,[7] los automóviles, el arroz, las sequoias

---

[1]*to push* [2]*antiques* [3]*Bordeaux* [4]*swallows* [5]*tapices... Flemish tapestries* [6]*Piedad... Michelangelo's Pietà (a representation of the Virgin Mary holding the body of Jesus Christ in her lap)* [7]*Foro... Trajan's (Roman) Forum*

gigantes, el Partenón. Sólo había máquinas. Después los hombres **empezaron a** notar que ellos mismos iban desapareciendo paulatinamente[8] y que en cambio las máquinas se multiplicaban. Bastó poco tiempo para que el número de los hombres quedase reducido a la mitad y el de las máquinas se duplicase. Las máquinas **terminaron por** ocupar todos los sitios disponibles.[9] No se podía **dar un paso** ni hacer un ademán[10] sin tropezarse con[11] una de ellas. Finalmente los hombres fueron eliminados. Como el último se olvidó de desconectar las máquinas, desde entonces seguimos funcionando.

[8]*gradually* [9]*available* [10]*gesture* [11]tropezarse... *tripping over*

$\mathcal{D}$ESPUÉS DE LEER

CUESTIONARIO

1. ¿En qué siglo, según el autor, se sitúa la extinción de la raza humana? 32
2. ¿Qué ya no necesitaba hacer la gente?
3. ¿Qué cosas gradualmente fueron desapareciendo?
4. ¿Qué es lo que había quedado?
5. ¿Quiénes empezaron a desaparecer?
6. ¿De qué se olvidó el último hombre?
7. ¿Quién habla en la última oración del cuento? ¿Cuál es la importancia de esta voz?

ESTUDIO DE PALABRAS

A. Complete las oraciones con palabras o expresiones de **Palabras importantes y modismos.**

1. No se podía _____ sin tropezarse con una de las máquinas.
2. _____ del siglo XXXII la raza humana va a ser extinta.
3. A los hombres les _____ apretar un botón y las máquinas lo hacían todo por ellos.
4. Después de algún tiempo, los hombres _____ notar que las máquinas se multiplicaban.
5. Las máquinas _____ ocupar todos los sitios.
6. Las máquinas habían _____ tal perfección que los hombres ya no necesitaban comer.

B. While recognizing cognates is a first step in word guessing, it is also possible to use your knowledge of how individual words are constructed to determine what they mean. Recognizing suffixes and prefixes can enable you to deduce meaning quickly. Listed on the following page are three common Spanish suffixes and examples of each.

-mente	normalmente	*normally*
-dad, -tad	individualidad	*individuality*
	libertad	*liberty*
-ología	sicología	*psychology*

Based on the preceding models, guess the meaning of the following words.

1. biología
2. clandestinamente
3. inmortalidad
4. perfectamente

5. personalidad
6. sociología
7. facultad
8. criminología

ANÁLISIS DEL TEXTO

1. Lea atentamente la descripción de la desaparición gradual de los objetos (ll. 6–11). La enumeración es caótica pero no antojadiza (*whimsical*). Clasifique los elementos según las diferentes categorías a que pertenecen.
2. Se observa un contraste constante, casi un contrapunto, entre frases nominales largas y cortas: «los discos con las nueve sinfonías de Beethoven (l. 6), ... , todo Verdi (l. 8).» Describa el efecto que produce este contraste.
3. La larga enumeración de los objetos que «fueron desapareciendo» es seguida por una afirmación de tres palabras: «Sólo había máquinas» (l. 11). A su juicio, ¿cuál es la intención del autor al utilizar este recurso estilístico?

PERSPECTIVA PERSONAL

1. ¿Cree Ud. que la visión apocalíptica de Marco Denevi es acertada? Explique.
2. ¿Existe alguna conexión entre las «máquinas» del cuento y la «realidad virtual» tal como la conocemos en la actualidad?
3. ¿Cuál es su opinión con respecto a la tecnología y, en especial, a la cibernética?

Templo maya en Tikal, Guatemala

El eclipse

Augusto Monterroso (1921–) is a Guatemalan humorist and writer of short fiction who has resided in Mexico since 1944. He writes in the satirical vein of Marco Denevi. The story included here is from his first collection of short fiction, *Obras completas y otros cuentos* (1959). Reading the story today, following the 500th anniversary of the arrival of the Spanish in the Americas, tends to heighten the irony implicit in Monterroso's unique vision of the meeting of the indigenous American and Western European cultures.

*A*NTES DE LEER

PALABRAS IMPORTANTES Y MODISMOS

al + *infinitivo*	upon, on (*doing something*)	**fijo/a en**	fixed on
		mientras	while
confiar en	to trust	**sentirse (ie)**	to feel lost
disponerse a + *infinitivo*	to get ready to (*do something*)	**perdido/a**	
		una vez	once
engañar	to deceive, fool	**valerse de**	to make use of

REPASO DE VERBOS

A. Complete las oraciones con el presente de subjuntivo de los verbos entre paréntesis.

1. Aquí no hay nadie que _____ (saber) hablar español. *supa*
2. Dudo que él _____ (terminar) antes de las 8:00. *termine*
3. Es posible que esas personas _____ (saber) dónde está el templo. *supan*
4. Espero que tú no _____ (perder) la vida. *pierdas*
5. Es mejor que Ud. me _____ (mostrar) los resultados. *muestre*

B. Complete las oraciones con el imperfecto de subjuntivo de los verbos entre paréntesis.

1. Si yo _____ (saber) dónde estaba el libro, estaría contento. *supiera / supiese*
2. No había nadie que _____ (decir) la verdad. *dijera, dijese*
3. Ellos querían que yo les _____ (preparar) la comida. *preparara, preparase*
4. El soldado llegó antes de que los indígenas _____ (salir) del pueblo. *saliera / saliesen*
5. Él habla como si no _____ (entender) el español. *entendiera / entendiese*

ESTRATEGIAS PARA LEER

Scanning for Specific Information

Up to this point, you have practiced techniques that help you read for the general idea of a text; that is, you have *skimmed* the text looking over everything quickly to get the gist and general direction of the reading. Sometimes you will also want to read for specific information. When you read the index of a book, for example, or an ad in a newspaper, you are interested in locating specific information. For this reason, you let your eye pass over or *scan* the text very quickly until you find exactly what you are looking for.

Scan the story for the following information.

1. ¿Quién está perdido? *Fray Bartolomé Arrazola*
2. ¿Dónde está ahora? *La selva de Guatemala*
3. ¿De qué país ha venido? *España*
4. ¿Quiénes lo rodean? *surrounds - indígenas*
5. ¿Quién muere? *Bartolomé*
6. ¿Qué recitaba uno de los indígenas mientras el hombre sacrificado moría? *fechas de eclipses*

Imperfect (or preterit) subjunctive
3rd plural preterito
drop ron
add { -ra -ramos } or { -se -semos }
{ -ras -rais }   { -ses -seis }
{ -ra -ran }   { -se -sen }

CONTEXTO CULTURAL

Augusto Monterroso sets "El eclipse" in the country today called Guatemala, during the reign of the grandson of Ferdinand and Isabella, Charles V (1516–1556), Holy Roman emperor (also known as Charles I of Spain), who ruled during the height of the discovery and conquest of the New World. Guatemala, the third-largest country in Central America, did not become independent from Spain until 1821. During the sixteenth century the region was strategically quite important to Spain's imperial interests. For two centuries the city of Antigua Guatemala was the most important seat of Spanish colonial influence between the viceroyalties of Mexico and Peru.

When the Spanish first explored the region, they encountered the remnants of the Mayan civilization, which had been one of the most advanced cultures of Western civilization. The Mayas developed the only true writing system in the Americas and were in many ways more advanced than their European counterparts in mathematics and astronomy. To incorporate the indigenous peoples of Mesoamerica into Spanish culture, Spain deployed the clergy to convert them to Christianity. While well versed in Latin and Renaissance Humanism, the early explorers and clerics were often ignorant of or hostile toward the astounding achievements of those they came to proselytize.

Bosque — our type of forest.   *tropical forest*

El eclipse

CUANDO FRAY BARTOLOMÉ Arrazola **se sintió perdido,** aceptó que ya *captured* nada podría salvarlo. La selva poderosa de Guatemala lo había apresado, implacable y definitiva.[1] Ante su ignorancia topográfica se sentó con tranquilidad a esperar la muerte. Quiso morir allí sin ninguna esperanza,
5 aislado, con el pensamiento **fijo en** la España distante, particularmente en el convento de Los Abrojos, donde Carlos Quinto condescendiera **una vez** a bajar de su eminencia para decirle que **confiaba en** el celo[2] religioso de su labor redentora.[3]

Al despertar se encontró rodeado por un grupo de indígenas de rostro im-
10 pasible[4] que **se disponían a** sacrificarlo ante un altar, un altar que a Bartolomé le pareció como el lecho[5] en que descansaría, al fin, de sus temores, de su destino, de sí mismo.

Tres años en el país le habían conferido un mediano dominio[6] de las lenguas nativas. Intentó algo. Dijo algunas palabras que fueron comprendidas.
15 Entonces floreció en él una idea que tuvo por digna de su talento y de su cultura universal y de su arduo conocimiento de Aristóteles.[7] Recordó que

---

[1]lo... *had inexorably and definitively trapped him* [2]*zeal* [3]*redemptive* [4]*expressionless* [5]*bed* [6]le... *had given him an average grasp* [7]*Aristotle, Greek philosopher (384–322 B.C.)*

para ese día se esperaba un eclipse total de sol. Y dispuso, en lo más íntimo, **valerse de** aquel conocimiento para **engañar** a sus opresores y salvar la vida.

—Si me matáis —les dijo—, puedo hacer que el sol se oscurezca en su
20 altura.

Los indígenas lo miraron fijamente y Bartolomé sorprendió la incredulidad en sus ojos. Vio que se produjo un pequeño consejo,[8] y esperó confiado, no sin cierto desdén.[9]

Dos horas después el corazón de fray Bartolomé Arrazola chorreaba[10]
25 su sangre vehemente sobre la piedra de los sacrificios (brillante bajo la opaca luz de un sol eclipsado), **mientras** uno de los indígenas recitaba sin ninguna inflexión de voz, sin prisa, una por una, las infinitas fechas en que se producirían eclipses solares y lunares, que los astrónomos de la comunidad maya habían previsto y anotado en sus códices[11] sin la valiosa ayuda de
30 Aristóteles.

[8]*discussion* [9]*disdain* [10]*gushed* [11]*codices* (*manuscript books*)

ᗞESPUÉS DE LEER

CUESTIONARIO

1. ¿Dónde se perdió fray Bartolomé Arrazola?
2. ¿Cuál era su actitud hacia la muerte?
3. ¿De qué país era fray Bartolomé y cómo sabemos esto?
4. ¿Qué querían hacer los indígenas con fray Bartolomé?
5. ¿Cuántos años había vivido fray Bartolomé en Guatemala?   3
6. ¿Entendía fray Bartolomé las lenguas nativas? ¿Cuál es el significado de esto para el cuento?
7. ¿Qué idea se le ocurrió a fray Bartolomé y qué tiene que ver Aristóteles con esta idea?
8. ¿A quiénes trató de engañar fray Bartolomé? ¿Lo consiguió?
9. ¿Qué le pasó a fray Bartolomé?
10. ¿Por qué es irónica la última frase del cuento?

ESTUDIO DE PALABRAS

A. Complete las oraciones con palabras o expresiones de **Palabras importantes y modismos.**

1. Fray Bartolomé _____ en la densa selva tropical.
2. _____ despertar, fray Bartolomé se encontró rodeado por un grupo de indígenas.
3. _____ un indígena recitaba las infinitas fechas en que se producirían eclipses solares, el corazón de fray Bartolomé chorreaba sangre.

4. Bartolomé no podía _____ a sus opresores; ellos sabían demasiado de astronomía.
5. Quiero _____ mis conocimientos de la lengua española para trabajar en España.
6. _____ , hace años, Carlos V condescendió a bajar de su trono para saludar a sus súbditos.
7. Carlos V le dijo a fray Bartolomé que _____ el celo religioso de su labor.
8. Los indígenas _____ sacrificarlo ante un altar, cuando hubo un eclipse total de sol.
9. Fray Bartolomé mantenía la vista _____ la España distante, tratando de recordar su juventud.

B. Prefixes are easy to recognize in Spanish because they are similar to the Latin prefixes used in English. Being able to recognize them will help in word-guessing. The following is a list of common prefixes and examples of each.

a-	*not:* amoral
des-	*take away:* desprestigio
en-, em-	*to put into; to attach:* encarcelar; emplumar
in-, im-	*the opposite:* intolerable, imposible
re-	*to do again:* rehacer

Give an English equivalent for each of the following words.

1. anormal
2. embotellar
3. renacer
4. empaquetar
5. desconfiar
6. reincorporar
7. inútil
8. descargar
9. incómodo
10. repintar

ANÁLISIS DEL TEXTO

1. ¿Cuál es la actitud del protagonista con respecto a la selva y los indígenas?
2. ¿Existen en el cuento elementos que intentan exponer las tensiones entre «cultura dominante» y «otredad»? ¿Cuáles son estos elementos?
3. En el relato, ¿cuál es la función simbólica de Carlos V, Aristóteles, fray Bartolomé, la selva y los indígenas?
4. ¿Qué relevancia especial adquiere «el sacrificio del redentor» luego de su embeleco (*attempt to deceive*) sobre el eclipse?
5. Explique los conceptos de «naturaleza», «civilización» y «barbarie». ¿De qué manera usa la voz narrativa la ironía para tomar una posición respecto a dichos conceptos? ¿Cuál es esta posición?

1. Dada la diferente actitud del protagonista con respecto a la selva y a los indígenas, ¿a qué atribuye Ud. dicha diferencia?
2. ¿Considera Ud. que fray Bartolomé asume una actitud arrogante frente a los indígenas? Explique.
3. ¿De qué manera se ve traicionada la misión redentora del fraile por el embeleco sobre el eclipse? ¿Es justificable esto dado lo extremo de la situación?

Una familia hispánica, a la hora de la cena

La recámara[1] de Papá Grande

Frank Pino (1942–) is both scholar and creative writer. He has published a book on the poetry of Antonio Machado, *El simbolismo en la poesía de Antonio Machado* (1976), as well as various studies on Mexican-American culture, among them *Mexican Americans: A Research Bibliography* (1974). He taught at Michigan State University and presently is professor of Spanish at the University of Texas at San Antonio. "La recámara de Papá Grande" is an autobiographical reflection on the author's life as a teenager in Phoenix, Arizona. When you read this story, pay particular attention to the use of the first-person point of view. How does this mode of narration help build a bridge between the narrator and his audience?

[1]dormitorio

ANTES DE LEER

PALABRAS IMPORTANTES Y MODISMOS

al fin y al cabo	after all	**mudarse**	to move (from one residence to another)
de repente	suddenly		
fijarse en	to notice		
		no obstante	nevertheless

REPASO DE VERBOS   *Opt.*

A. Complete las oraciones con el presente de indicativo de los verbos entre paréntesis.

tengo   *matters*

1. Ahora todo lo que yo _____ (tener) que hacer es asistir a la escuela.
2. Mis padres siempre _____ (discutir) asuntos importantes. *disuten*
3. Ahora mis abuelos _____ (dormir) en este cuarto. *duermen*
4. _____ (Recordar: yo) que mi tío vive en San Antonio. *Recuerdo*
5. No sé por qué, pero esta noche yo no _____ (poder) dormir. *puedo*

B. Complete las oraciones con el futuro de los verbos entre paréntesis.

1. Mañana _____ (casarse: yo) con mi novia. *me casaré*
2. Yo sé que en el futuro la vida _____ (empezar) a cambiar. *empezará*
3. Mis padres _____ (ver) cuánto he cambiado físicamente. *verán*
4. Mi tío Raúl _____ (tocar) en una banda el año que viene. *tocará*
5. Cuando nuestros hijos se gradúen, _____ (estar: nosotros) muy orgullosos.   *estaremos*
   proud

ESTRATEGIAS PARA LEER

Recognizing Cognates

The reading that follows contains some words that may be unfamiliar to you. An important step in learning how to read in a second language is to keep in mind that you do not have to stop reading every time you encounter a new word. You may be tempted to use the dictionary, but continual reliance on it will not help you become a better reader. It is much more important to learn how to "find your way around" in a text, much as a traveler learns how to get around in unfamiliar territory through the use of a map.

A landmark you will need to identify is the *cognate*—a word whose form and meaning are similar in both languages. An example of a cognate is the word **cultura** (*culture*).

Read each of the following sentences. Try to guess first the meaning of the italicized cognates, then of the complete sentence. All these cognates appear in the story.

1. Traté de *comprender* lo que *ocurría,* pero cuanto más trataba, más *confuso* me ponía y menos lograba acertarlo.
2. Estos *fenómenos* no ocurrían cada noche ni venían con *frecuencia,* pero siempre me *sorprendían.*
3. Al *entrar* en esta sala sentí que seguía los pasos de una *tradición* y que de veras estaba *madurando.*
4. Después de que murió, lo *sepultaron modesta* pero *religiosamente* y fue *lamentado* por muchos.
5. Muchos de mis *ídolos* de *familia* habían sido *parte* de ese cuarto.

CONTEXTO CULTURAL

Frank Pino's first-person autobiographical reflection on growing up in the southwestern United States forms part of a long tradition of U.S. ethnic writing: in this case, Hispanic minority literature. Often labeled Chicano, Latino, or Mexican-American, this body of writing deals with the lives of people of Hispanic ancestry in the Southwest United States. It should be remembered that Spanish speakers have lived in this part of America since the sixteenth century and that their literary output predates the arrival of the pilgrims at Plymouth Rock. There are close to fourteen million people of Mexican ancestry in the United States, who live primarily in Texas, New Mexico, Arizona, and California. Some are descendants of the first Spanish explorers; most are more recent arrivals.

Pino's story not only makes a subtle comment on growing up as a Latino, it also draws on and focuses on an important aspect of Mexican-American culture: the importance of the extended family. Grandparents, uncles, and aunts united physically and spiritually, sharing the same living space, form a special bond that links many Americans of Mexican ancestry.

La recámara de Papá Grande

CUANDO MI TÍO Pedro **se mudó a** *[moved]* unas doscientas millas de casa, nos dejó con diversas y ambivalentes emociones. Algunos parientes habían vivido en nuestra casa de tres recámaras desde que nos habíamos movido a la ciudad. En realidad no tenía más que dos recámaras pero
5 habíamos convertido un cuartito de afuera en otro dormitorio para acomodar a los hermanos de mi familia que habían venido a vivir con nosotros.

Él fue el último en ir, así es que la casa quedó bastante vacía. Yo apenas *[scarcely]* empezaba la «high school»[1] y para mí esto significaba una habitación exclusiva. También significaba que ya no tendría que venir desde afuera para
10 lavarme, tratar de rasurarme,[2] ir al excusado[3] o cualquier cosa. Ahora todo lo que tenía que hacer era cruzar el pasillo y ya quedaba listo para participar *[hall]* completamente en los asuntos de la familia. Ya no sentía que me estaban gritando "trae esto o aquello" *[that]*, "ven a comer", y podría escuchar a escondidas[4] lo que mis padres discutían, ya fuera importante o insignificante, o, podría es-
15 cuchar los chismes[5] de los amigos y los parientes que venían a visitar.

Traje los dos o tres pares de pantalones y las camisas que mi madre me compraba a principios de cada año escolar, metí mis triques,[6] pero me dieron *[put in]* a entender que este cuarto pertenecía a mi tío. **Al fin y al cabo,** él había com- *[belong to]*

[1]escuela secundaria (*anglicism*) [2]*shave* [3]baño [4]a... *on the sly* [5]*gossip* [6]*things*

[Pret.]
[traje   trajimos]
[trajiste   trajisteis]
[trajo   trajeron]

prado los muebles y era propio que se quedara allí cuando viniera a visi-
20 tarnos...

Por varias razones éste era un cuarto con mucha historia. Tanto mi tío
Pedro como mi tía María habían vivido en él, pero claro que no a la misma
vez. Ella había vivido mientras que mi tío estaba en el ejército antes de que
ella se escapara a Texas a casarse. Antes de ella, mis abuelos habían dormido
25 en ese cuarto durante unos siete años, primero juntos y luego Mamá Grande
sola después de que Papá Grande murió de un ataque de corazón. Cuando
eso pasó mi tía María estaba viviendo con otra tía en el mismo barrio.

sides?   Al entrar en esta sala sentí que seguía los pasos de una tradición y que de
veras estaba madurando. Muchos de mis ídolos de familia habían sido y aún
30 eran parte de ese cuarto.   *aging*

La habitación no tenía ningún decorado particular. Sólo tenía una cama de
matrimonio grande, un tocador[7] que quedaba con la cama y un ropero
portátil[8] de masonite que tenía una cortina para puerta. El cuarto no tenía
puerta, aquí también, nada más una cortina que lo cerraba visualmente del
35 pasillo. Pero era precisamente esta «puerta» que facilitaba escuchar conversaciones y saber por adelantado[9] qué pasaría mañana, el domingo, o a cualquier
momento del futuro.

La primera noche y durante unas semanas dormí como un rey. Ya que
estaba en el equipo de fútbol llegaba a casa exhausto, y descansaba, comía,
40 estudiaba si tenía que [estudiar] y podía, y luego caía bien dormido. Sólo fue
después de que dejé el equipo de fútbol y decidí tocar en la banda[10] que las
cosas empezaron a cambiar. Al principio **me fijé en** nada pero poco a
poco descubrí que me estaba despertando entre la medianoche y las horas
nocturnas de la mañana. Pensaba de* muchísimos asuntos relacionados con la
45 escuela, los amigos, Dios y otros tales temas que se le desfilan a uno[11] a esa
edad adolescente. Pero pronto me dormía recordando algún tono musical que
habíamos tocado en la banda ese día o pensando qué haríamos yo y mis
amigos después del partido de basquetbol.

Algunas veces, sin embargo, no podía dormirme y empezaba a pensar en
frighten 50 esa habitación. A veces me asustaba porque a pesar[12] que estaba bien oscuro
podía ver todo: el espejo sobre el tocador, los cuadros de varios parientes, y
decipher aún podía descifrar los diseños[13] del papel pintado sobre la pared. Forzosa-   *wall*
squeeze mente cerraba los ojos apretándolos todo lo que pudiera y me tapaba la
cabeza con las cobijas.[14] Me decía que no me era posible ver nada y sin
55 embargo todo quedaba tan claro como si fuera mediodía. Todos los objetos de

---

[7]*dressing table* [8]ropero... *wardrobe* [9]por... *in advance* [10]tocar... *to play in the band* [11]que... *that run through one's head* [12]a... *in spite of the fact* [13]*designs* [14]me... *covered my head with the blankets*

---

*The use of **pensar de** for **pensar en** is one example of how English has influenced the vocabulary, semantics, and so forth of Chicano Spanish spoken in the southwestern United States. Be
alert to other such instances throughout this story.

la pared se delineaban[15] claramente y podía verlos. Como mencioné, estaba debajo de las cobijas y con los ojos cerrados.

Estos fenómenos no ocurrían cada noche ni venían con frecuencia pero siempre me sorprendían cuando menos los esperaba. Empecé a pensar si mis tíos y los que antes habían dormido en ese cuarto lo veían así. Con el tiempo empecé a acostumbrarme a estas experiencias extrañas y después de algún tiempo aún traté de hacerlas pasar. Según recuerdo nunca logré hacerlo.

Traté de comprender lo que ocurría pero cuanto más trataba, más confuso me ponía y menos lograba acertarlo, así es que aprendí a aceptarlos cuando ocurrían.

Un sábado por la noche a eso de las nueve oí a mi madre que lloraba en la cocina y entré para ver lo que pasaba. Resultó[16] que era el día antes de ir al sepulcro[17] de Papá Grande para llevarle unas flores, y ella se sentía nostálgica. La consolamos un poco y luego nos acostamos.

Por alguna razón no lograba dormirme y me estiré[18] sobre la cama pensando en las cosas que haríamos en la escuela la semana próxima. Mis padres siempre querían que saliera bien para no tener que sufrir una vida tan dura como la suya. Parecía que iba bien, aprendiendo mucho y hasta algunas cosas intelectuales. Estaban orgullosos porque habían insistido en que siguiera un programa de preparatoria[19] y no el vocacional donde ponían a los mexicanos y a los negros.

Pero esa noche empecé a pensar de mi abuelo y cómo apenas lo había conocido. Él había muerto cuando tenía yo unos cuatro o cinco años así es que la mayoría de mis recuerdos de él se debían a cuentos y relatos que había oído de la parentela.[20] Recuerdo que había tenido una enfermedad que le duró muy poco y que todos quedaron muy sorprendidos de qué pronto había pasado todo. Había muerto silenciosamente, dejando el sufrir a la abuelita y a los nueve hijos que ella le había dado. Claro que había todos los nietos, mis primos, pero ellos, como yo, no comprendían. Lo sepultaron modesta pero religiosamente y fue lamentado por muchos porque había sido un hombre extremamente humanitario y le entregaban ahora todo el cariño que había compartido con voluntad y solemnidad. ...

Resultó que estos pensamientos se encadenaron y se mezclaron[21] con otros de la abuelita. Aunque era firme en su manera de ser, poseía un cariño que se expresaba de una manera ambivalente en muchas madres mexicanas, con cariño y disciplina, determinación y aceptación. Había sobrevivido a su amado protector unos cinco años y había ejercido una influencia tremenda en sus hijos y sus nietos. Yo me sentía particularmente bendecido[22] porque vivió con nosotros durante mi niñez. De ella aprendí a jugar a los checkers hasta el punto que podía ganarle a mi tía Marta quien yo creía campeón. Nos cuidaba después de la escuela, mientras nuestros padres trabajaban.

---

[15]se... were outlined [16]It turned out [17]grave [18]me... I stretched out [19]programa... college preparatory curriculum [20]relatives [21]se... joined and blended together [22]fortunate

Fue después que murió una noche mientras dormía que mi tío Moisés y mi tía Marta vinieron a vivir con nosotros. Tío Moisés se movió en[23] el cuarto de afuera y mi tía Marta tomó el cuarto de la abuelita. Pero casi dentro de otro
100 año mi tío se enfermó y fue necesario que ellos cambiaran de cuarto para poder cuidarlo. Se empeoró[24] y a pesar de todas las medicinas y los rezos,[25] siguió el ejemplo de sus padres.

Suddenly **De repente** se me ocurrió que los tres, Papá Grande, Mamá Grande, y tío Moisés, habían vivido los últimos momentos de su vida en este cuarto en que
105 ahora yo trataba de dormir. Salté de la cama y corrí al excusado para lavarme la cara con agua fría para ver si estaba sufriendo una pesadilla de la que podía y debía despertarme. Después de unos momentos me di cuenta de que había estado despierto todo ese tiempo y que en realidad no era un sueño lo que había tenido. Volví al cuarto, prendí las luces y las lámparas y examiné todo el
110 cuarto, fijándome en cada detalle de lo que había en él. No encontré nada extraordinario así que después de un rato apagué las luces, cerré los ojos suavemente y dentro de poco me dormí.

Lo que recordaba algún tiempo después era que nunca veía caras en esos espectáculos raros, que era cómo los llamaba. En todos los episodios nunca
115 visualicé físicamente a la gente que había dormido en ese cuarto. Recordaba ver sólo sus posesiones...

Hace unos días me paseé en mi carro por la vecindad. Ahora todo lo que queda es la palma que estaba en la yarda[26] directamente enfrente de la recámara. El cuarto juntamente con la casa han sido destrozados para hacer
120 espacio para el nuevo super highway que se construirá en unos cinco años a menos que se aborte el proyecto. En ese momento supongo que la palma que se reflejaba en la ventana de la recámara será cortada y las meditaciones silenciosas que se deslizaban dentro de las paredes de adobe y estuco serán
125 ahogadas acústicamente por el movimiento de las ruedas que se escurrían por el tiempo. Y **no obstante,** parece que muchas veces he visto las ruedas de los carros moviéndose por las carreteras y parecen estar paradas como los objetos en la recámara donde descansaba, soñaba y dormía Papá Grande.

[23]movió... mudó al (*anglicism*) [24]Se... *He got worse* [25]*prayers* [26]*yard, lawn* (*regional anglicism*)

Después de leer

Estudio de palabras

Complete las oraciones con palabras o expresiones de **Palabras importantes y modismos.**

1. En 1952 mi tío Pedro _____ a El Paso.
2. Mi abuelo, _____ su edad, sigue trabajando.
3. _____ me di cuenta de que era medianoche.

Al fin y al cabo

4. Este cuarto pertenecía a mi tío. _____ él lo había construido con sus propias manos.
5. No sé por qué, pero esta noche _____ la cara de mi madre, una mujer de gran dignidad humana. _me fijé en_

CUESTIONARIO

1. ¿Qué pasó cuando el tío Pedro se mudó? _Nos dejó ambivalentes emociones._
2. ¿Qué significaba para el narrador su nueva recámara? _habitación exclusiva_
3. ¿Quiénes habían vivido en ese cuarto antes? _tío Pedro, tía María, abuelos_
4. ¿Cómo durmió el narrador la primera noche? _como un rey_
5. ¿En qué pensaba el narrador cuando se despertaba entre la medianoche y las horas nocturnas de la mañana? _asuntos de la escuela, amigos, Dios, y_
6. ¿Cuál era el sueño de los padres del narrador con respecto al futuro de éste? _otras cosas / a dolescentes / Que vaya a la universidad_
7. ¿Cómo era la abuelita del narrador? _firme, cariño, disciplina_
8. ¿Quiénes habían vivido los últimos momentos de su vida en la recámara?
9. Al final, ¿qué le pasa a la famosa recámara de Papá Grande? _destrozado)_
10. ¿Con qué compara el narrador los objetos en la recámara de Papá Grande al terminar el cuento? _ruedas de los carros_

abuelo
abuela
Tío Moisés

ANÁLISIS DEL TEXTO

1. ¿Qué importancia tiene la recámara en el desarrollo de la historia?
2. La narración no sigue un orden estrictamente cronológico sino que fluctúa según los recuerdos y emociones del protagonista. ¿Qué se propone el autor al usar este recurso estilístico?
3. ¿Cómo interpreta Ud. las percepciones y sensaciones del narrador dentro de la recámara?
4. La destrucción del cuarto juntamente con la casa "para hacer espacio para el nuevo super highway" tiene un contenido altamente simbólico. ¿Cuál es su interpretación al respecto?

PERSPECTIVA PERSONAL

1. ¿Cómo se imagina Ud. a la familia del protagonista del cuento?
2. ¿Existen en la historia elementos de alienación cultural? ¿Cuáles son?
3. ¿Se identifica Ud. con el protagonista en relación con su cuarto? ¿Por qué?

segundo paso

Visiones de España

A NA MARÍA MATUTE (1926–) is a Spanish novelist and short story writer who in recent years has gained international recognition for her stark yet poetic portraits of life in post-Civil War Spain. Among her most important novels are *Los Abel* (1948), *En esta tierra* (1955), and *Primera Memoria* (1960), for which she won the **Premio Nadal,** a prestigious Spanish literary award. Her latest works include *La torre vigía* (1971) and *El río* (1973).

One of the most important features of Matute's work is her ability to explore the world of childhood with unusual sensitivity. Through the eyes of young children and adolescents she evokes many vivid portraits of life in rural Spain. Her characters, often estranged and alienated from the society in which they live, can be seen as symbols of the political and intellectual isolation Spain experienced after the Civil War.

The first two selections that follow are from Matute's *Historias de la Artámila* (1961), a collection of twenty-two short stories (see p. 55). As you read them, try to keep in mind the following thematic and stylistic features.

> Even if the stories are located in one region, in fact the atmosphere is generally Spanish and it is made up of the somber, realistic presentation of many cases of frustration, predicament, and tragedy in the lives of simple people in the countryside: peasants, villagers, miners, wanderers, gypsies, village doctors, teachers, and estate owners. Another element to link the stories is the frequent reference to the presence, participation, and feelings of the narrator as a small girl, mostly accompanying an elder brother and belonging to a well-to-do family.
>
> There is a Chekhovian quality in this beautiful book, an emphasis on the intense lyrical and emotional impact of little things and apparently insignificant happenings. Ana María Matute combines this appreciation of little things with a sensitive and realistic presentation, through the memory of personal experience, of the present tragedy of the Spanish people. This is a book of protest, subtle and lyrical but nonetheless strong and brave.* ❧

*Rafael Bosch, "Review of *Historias de la Artámila*," *Books Abroad* (Summer 1963):303.

39

Estos jóvenes estudian al aire libre en España

El árbol de oro

"El árbol de oro" is one of the most popular stories from *Historias de la Artámila*. In this tale, as in others in that collection, Matute reconstructs with great artistry a memory from her childhood. Of particular interest is the way the author combines realism with the world of the supernatural. Here we have the presentation of two distinct perceptions of reality—the narrator's realistic perspective and the imaginative, poetic world of Ivo, a boy who claims that he can see a golden tree through a crack in the wall of his country schoolhouse.

ANTES DE LEER

PALABRAS IMPORTANTES Y MODISMOS

acercarse a	to approach	**de tal forma**	in such a way
a las afueras de	on the outskirts of	**olvidar**	to forget
asistir a	to attend	**por fin**	finally
dar con	to come upon	**tener su atractivo**	to have its own appeal
dejarse + *infinitivo*	to let or allow oneself to be + *past part.*	**volverse (ue)** + *adjetivo*	to become + *adj.*

Understanding Point of View (*punto de vista*)

When reading works of fiction, both to decode their literal meaning as well as to appreciate their artistic impact, one of the fundamental strategies you need to master is that of determining the point of view or perspective from which the writer presents the actions of the work. The two basic points of view assumed by narrators in works of fiction are either that of the first person (**narración en primera persona**) or omniscient point of view (**narración omnisciente**). Stories told from the first-person point of view often appear to be more intimate because the narrator is able to establish an emotional bond with the reader. They also often seem to be coherent and unified to you as reader since you are listening to one voice. In contrast, the omniscient narrator is able to depict from the outside what is taking place in the story and describes externally the behavior of the characters (**los personajes**).

One of the special characteristics of Matute's fiction is her ability to tell stories from the point of view of narrators who are young children. In the story you are about to read, Matute becomes a narrator, using the first-person point of view to recreate a moment from her own past. A narrator who appears as one of the characters in a story is called a first-person participant (**el narrador / la narradora protagonista**).

Before you read the story, carefully scan the first paragraph. Underline the verbs and determine what predominant point of view the author has elected to use. Remember that the opening sentences of a work of fiction play a key role in determining the meaning of the entire text and often, although not definitively, establish the predominant point of view.

 **CONTEXTO CULTURAL**

The Spanish Civil War is the watershed event in Spanish history, comparable only to the defeat of the Spanish Armada in 1588 and the nation's subsequent decline as a world power during the sixteenth century. Since Matute's fiction, in a sense, is a response to consequences of the Civil War, it is useful to understand the roots of this social cataclysm. In the early twentieth century, Spain was a constitutional monarchy characterized by strong political divisions drawn along class lines: the church and the military supported a conservative agenda; workers turned to the trade union movement for economic relief. From 1923 to 1930 Spain was ruled by a military dictator, Miguel Primo de Rivera, who was forced to flee to France in 1930. The nation then enjoyed a brief period of democratic rule from 1931 to 1936. Smoldering class and ideological frictions often erupted in violence, however. The elections of February 1936 pitted liberals (**el Frente Popular**) against conservatives (**la Falange**). Although the **Frente Popular** won by a slim margin, a military revolt against the Republican government began on July 17, 1936. Led by General Francisco Franco with the support of Germany and Italy, the Nationalists ultimately gained control of the nation, forcing the Republican government into exile in March 1939.

In the arena of world public opinion, the Spanish Civil War was read more as a struggle between good and evil, democracy and tyranny, than as an internal conflict. The Republican cause was supported by writers and intellectuals from throughout the world, including Langston Hughes, Nicolás Guillén, and Stephen Spender. It was not until the 1950s that writers within Spain, such as Ana María Matute, began to explain the tragic aftermath of the Civil War on the Spanish national psyche.

❧ *El árbol de oro* ❧

ASISTÍ DURANTE UN OTOÑO **a** la escuela de la señorita Leocadia, en la aldea, porque mi salud no andaba bien y el abuelo retrasó mi vuelta a la ciudad. Como era el tiempo frío y estaban los suelos embarrados[1] y no se veía rastro de muchachos, me aburría dentro de la casa, y pedí al
5 abuelo **asistir a** la escuela. El abuelo consintió, y acudí a aquella casita alargada[2] y blanca de cal,[3] con el tejado pajizo[4] y requemado por el sol y las nieves, **a las afueras del** pueblo.

La señorita Leocadia era alta y gruesa, tenía el carácter más bien áspero y grandes juanetes[5] en los pies, que la obligaban a andar como quien arrastra
10 cadenas.[6] Las clases en la escuela, con la lluvia rebotando en el tejado y en los cristales, con las moscas pegajosas de la tormenta y persiguiéndose alrededor de la bombilla,[7] **tenían su atractivo.** Recuerdo especialmente a un muchacho de unos diez años, hijo de un aparcero[8] muy pobre, llamado Ivo. Era un muchacho delgado, de ojos azules, que bizqueaba[9] ligeramente al hablar.
15 Todos los muchachos y muchachas de la escuela admiraban y envidiaban un poco a Ivo, por el don[10] que poseía de atraer la atención sobre sí, en todo momento. No es que fuera ni inteligente ni gracioso, y, sin embargo, había algo en él, en su voz quizás, en las cosas que contaba, que conseguía cautivar a quien le escuchase. También la señorita Leocadia se **dejaba** prender de
20 aquella red de plata que Ivo tendía[11] a cuantos atendían sus enrevesadas[12] conversaciones, y —yo creo que muchas veces contra su voluntad— la señorita Leocadia le confiaba[13] a Ivo tareas deseadas por todos, o distinciones que merecían alumnos más estudiosos y aplicados.

---

[1]estaban... *the streets were muddy* [2]*long* [3]*whitewash* [4]tejado... *thatched roof* [5]*bunions* [6]como... *as if she were in chains* [7]*lightbulb* [8]*sharecropper* [9]*squinted* [10]*gift* [11]prender... *be caught in the silver net Ivo cast* [12]*intricate* [13]*daba*

Quizá lo que más se envidiaba de Ivo era la posesión de la codiciada[14]
25 llave de la torrecita.[15] Ésta era, en efecto, una pequeña torre situada en un
ángulo de la escuela, en cuyo interior se guardaban los libros de lectura. Allí
entraba Ivo a buscarlos, y allí volvía a dejarlos, al terminar la clase. La señorita
Leocadia se lo encomendó a él,[16] nadie sabía en realidad por qué.

Ivo estaba muy orgulloso de esta distinción, y por nada del mundo la
30 hubiera cedido.[17] Un día, Mateo Heredia, el más aplicado y estudioso de
la escuela, pidió encargarse de la tarea —a todos nos fascinaba el misterioso interior de la torrecita, donde no entramos nunca—, y la señorita Leocadia pareció acceder.[18] Pero Ivo se levantó, y **acercándose a** la maestra
empezó a hablarle en su voz baja, bizqueando los ojos y moviendo mucho
35 las manos, como tenía por costumbre. La maestra dudó un poco, y al fin
dijo:

—Quede todo como estaba. Que siga encargándose Ivo de la torrecita.

A la salida de la escuela le pregunté:

—¿Qué le has dicho a la maestra?
40 Ivo me miró de través y vi relampaguear[19] sus ojos azules.

—Le hablé del árbol de oro.

Sentí una gran curiosidad.

—¿Qué árbol?

Hacía frío y el camino estaba húmedo, con grandes charcos[20] que brillaban
45 al sol pálido de la tarde. Ivo empezó a chapotear[21] en ellos, sonriendo con
misterio.

—Si no se lo cuentas a nadie...

—Te lo juro, que a nadie se lo diré.

Entonces Ivo me explicó:

50 —Veo un árbol de oro. Un árbol completamente de oro: ramas, tronco,
hojas... ¿sabes? Las hojas no se caen nunca. En verano, en invierno, siempre.
Resplandece mucho; tanto, que tengo que cerrar los ojos para que no me
duelan.

—¡Qué embustero[22] eres! —dije, aunque con algo de zozobra.[23] Ivo me
55 miró con desprecio.

—No te lo creas —contestó—. Me es completamente igual que te lo creas
o no... ¡Nadie entrará nunca en la torrecita, y a nadie dejaré ver mi árbol de
oro! ¡Es mío! La señorita Leocadia lo sabe, y no se atreve a darle la llave a
Mateo Heredia, ni a nadie... ¡Mientras yo viva, nadie podrá entrar allí y ver mi
60 árbol!

Lo dijo **de tal forma** que no pude evitar preguntarle:

—¿Y cómo lo ves... ?

—Ah, no es fácil —dijo, con aire misterioso—. Cualquiera no podría verlo.
Yo sé la rendija[24] exacta.

---

[14] *coveted* [15] *little tower* [16] *se... entrusted it [this task] to him* [17] *la... would he have given it up* [18] *to consent*
[19] *gleam* [20] *puddles* [21] *splash* [22] *liar* [23] *uneasiness* [24] *crack*

65   —¿Rendija...?

—Sí, una rendija de la pared. Una que hay corriendo el cajón de la derecha:[25] me agacho[26] y me paso horas... ¡Cómo brilla el árbol! ¡Cómo brilla! Fíjate que si algún pájaro se le pone encima también se vuelve de oro. Eso me digo yo: si me subiera a una rama, **¿me volvería** acaso[27] de oro

70   también?

No supe qué decirle, pero, desde aquel momento, mi deseo de ver el árbol creció de tal forma que me desasosegaba.[28] Todos los días, al acabar la clase de lectura, Ivo se acercaba al cajón de la maestra, sacaba la llave y se dirigía a la torrecita. Cuando volvía, le preguntaba:

75   —¿Lo has visto?

—Sí —me contestaba. Y, a veces, explicaba alguna novedad:

—Le han salido unas flores raras. Mira: así de grandes, como mi mano lo menos, y con los pétalos alargados. Me parece que esa flor es parecida al arzadú.[29]

80   —¡La flor del frío! —decía yo, con asombro—. ¡Pero el arzadú es encarnado[30]!

—Muy bien —asentía él, con gesto de paciencia—. Pero en mi árbol es oro puro.

—Además, el arzadú crece al borde de los caminos... y no es un

85   árbol.

No se podía discutir con él. Siempre tenía razón, o por lo menos lo parecía.

Ocurrió entonces algo que secretamente yo deseaba; me avergonzaba[31] sentirlo, pero así era: Ivo enfermó, y la señorita Leocadia encargó a otro la

90   llave de la torrecita. Primeramente, la disfrutó Mateo Heredia. Yo espié su regreso, el primer día, y le dije:

—¿Has visto un árbol de oro?

—¿Qué andas graznando[32]? —me contestó de malos modos, porque no era simpático, y menos conmigo. Quise dárselo a entender, pero no me hizo caso.

95   Unos días después, me dijo:

—Si me das algo a cambio, te dejo un ratito la llave y vas durante el recreo. Nadie te verá...

Vacié mi hucha,[33] y, **por fin**, conseguí la codiciada llave. Mis manos temblaban de emoción cuando entré en el cuartito de la torre. Allí estaba el cajón.

100   Lo aparté y vi brillar la rendija en la oscuridad. Me agaché y miré.

Cuando la luz dejó de cegarme, mi ojo derecho sólo descubrió una cosa: la seca tierra de la llanura alargándose[34] hacia el cielo. Nada más. Lo mismo que se veía desde las ventanas altas. La tierra desnuda y yerma,[35] y nada más que la tierra. Tuve una gran decepción[36] y la seguridad de que me habían

105   estafado.[37] No sabía cómo ni de qué manera, pero me habían estafado.

---

[25]corriendo... *pulling out the right drawer* [26]me... *I crouch down* [27]quizás [28]me... *it made me restless* [29]*a flowering plant* [30]*flesh-colored* [31]me... *I felt ashamed* [32]*chattering about* [33]*piggy bank* [34]*extending* [35]*barren* [36]*disappointment* [37]me... *they had deceived me*

Olvidé la llave y el árbol de oro. Antes de que llegaran las nieves regresé a la ciudad.

Dos veranos más tarde volví a las montañas. Un día, pasando por el cementerio —era ya tarde y se anunciaba la noche en el cielo: el sol, como una
110 bola roja, caía a lo lejos, hacia la carrera terrible y sosegada de la llanura—, vi algo extraño. De la tierra grasienta[38] y pedregosa, entre las cruces caídas, nacía un árbol grande y hermoso, con las hojas anchas de oro: encendido y brillante todo él, cegador. Algo me vino a la memoria, como un sueño, y pensé: «Es un árbol de oro». Busqué al pie del árbol, y no tardé en **dar con**
115 una crucecilla de hierro negro, mohosa[39] por la lluvia. Mientras la enderezaba, leí: IVO MÁRQUEZ, DE DIEZ AÑOS DE EDAD.

Y no daba tristeza alguna, sino, tal vez, una extraña y muy grande alegría.

[38]*grimy* [39]*rusty*

stony

*D*ESPUÉS DE LEER

CUESTIONARIO

1. ¿A qué escuela asistió la narradora de este cuento?
2. ¿Cómo era la señorita Leocadia?
3. ¿Quién era Ivo?
4. ¿Qué don poseía Ivo?
5. ¿Qué es quizá lo que más le envidiaban de Ivo?
6. ¿Qué le pidió un día Mateo Heredia a la señorita Leocadia?
7. ¿Qué veía Ivo en la torrecita?
8. ¿Cómo obtuvo por fin la narradora la llave de la torrecita?
9. ¿Qué vio la narradora cuando entró en la torrecita?
10. Cuando la narradora volvió a las montañas años más tarde, ¿qué cosa rara descubrió en el cementerio?

ESTUDIO DE PALABRAS

Complete las oraciones con palabras o expresiones de **Palabras importantes y modismos**.

1. Las clases en la escuela, con la lluvia rebotando en el tejado, _____ .
2. Ivo vio a la maestra en la calle e inmediatamente _____ ella para saludarla.
3. Lo dijo _____ que no pude evitar preguntárselo.
4. Finalmente (yo) _____ el árbol de oro y regresé a la ciudad.
5. Durante el otoño (yo) _____ a la escuela de la señorita Leocadia.
6. La escuela se encontraba _____ pueblo.

7. Si algún pájaro se pone encima del árbol, también _____ de oro.
8. De pronto (yo) _____ una crucecilla de hierro negro.
9. El muchacho limpió su cuarto y _____ consiguió la llave que tanto deseaba.
10. También la señorita Leocadia _____ prender de aquella red de plata que Ivo tendía a cuantos atendían sus conversaciones.

CONSIDERACIONES

1. La narradora emplea esta frase descriptiva al describir a Ivo: «...aquella red de plata que Ivo tendía...» ¿A qué se refiere esta metáfora?
2. ¿Cómo se describe a la señorita Leocadia? ¿Qué expresión se utiliza para describir su forma de andar?
3. ¿Por qué tenía tanta importancia la torrecita para los chicos?
4. El cuento describe el aspecto físico de Ivo y algunos aspectos de su personalidad. ¿Cuáles son?
5. Describa el árbol que Ivo dice que se ve desde el interior de la torrecita.
6. La narradora habla de su deseo de ver el árbol, pero le resulta imposible verlo. ¿Cómo se puede explicar esto?
7. ¿Cuál es la verdad que descubre la narradora cuando está en la torrecita?
8. Dos veranos más tarde la narradora del cuento vuelve a la aldea de las montañas. Explique en unas oraciones lo que ve cuando pasa por el cementerio. ¿Cuáles son sus sentimientos?
9. ¿Por qué deseaba la narradora que se enfermara Ivo? ¿Por qué se alegra tanto la narradora al final de la historia?

ANÁLISIS DEL TEXTO

1. Comente la importancia del paisaje en este cuento.
2. Comente el uso de la prefiguración (*foreshadowing*) con respecto a la figura de Ivo.
3. Comente la manera en que la autora maneja la sicología infantil como recurso literario.
4. ¿Quién es el protagonista de este cuento? ¿Por qué?
5. ¿Cuál es el efecto emocional de la última oración del cuento?

PERSPECTIVA PERSONAL

1. ¿Cree Ud. que Ivo realmente veía un árbol de oro? ¿Cómo se explica todo esto?
2. En su niñez, ¿tuvo Ud. alguna experiencia similar a la de la narradora de este cuento?
3. ¿Cómo le afectaron a Ud. emotivamente las últimas líneas de este cuento?

BIBLIOGRAFÍA

Díaz, Janet W. *Ana María Matute*. New York: Twayne Publishers, 1971.

Doyle, Michael Scott. "Entrevista con Ana María Matute: 'Recuperar otra vez cierta inocencia.'" *Anales de la Literatura Española Contemporánea* 10.1–3 (1985):237–247.

Jones, Margaret E. W. *The Literary World of Ana María Matute*. Lexington: University of Kentucky Press, 1970.

Un pastor con su rebaño, Extremadura, España

Rafael

"**R**afael," published in Matute's collection *El río* (1963), demonstrates the author's interest in human psychology. Set in a small town during the period surrounding the Spanish Civil War, it focuses on a lonely and misunderstood boy who is mentally retarded. The story's power and poignancy are derived in part from its being told from the perspective of a child. When reading, pay attention to the details that foreshadow the ending.

*A*NTES DE LEER

PALABRAS IMPORTANTES Y MODISMOS

a causa de	because of	**menor**	younger
a menudo	often	**no acabar de**	to not fully
asomarse a	to lean out of	**entender**	understand
a través de	through	**(ie)**	(*something*)
echar mano	to get hold of	**resultar**	to turn out to be
de		**tener que**	to have to (*do*
incluso	even, including	**+ *infinitivo***	*something*)
mayor	older		

The Use of Metaphor (*metáfora*)

The first paragraph of "Rafael" quickly establishes a present moment, a past moment, and indications of movement toward a future moment. This is information that you can easily understand on a literal or factual level. In any given narrative, however, there may be moments that can and should be understood in ways that transcend the literal. We are referring here to *figurative language,* and metaphor is one example of the figurative use of language. When a man says that his love is a rose, he most assuredly does not mean that the one he loves *is* a rose, at least not in a literal sense. If understood *metaphorically,* however, the loved one shares the considerable attributes of the rose: beauty, perfection of form, singularity, and so forth. With this in mind while reading Matute's "Rafael," you should consider the metaphorical implications of the gift of a caged blackbird. Although this particular incident could be tied to a subtext (the Spanish Civil War) or understood in a very literal sense, it can also be understood metaphorically.

Before reading "Rafael," scan lines 32–47, looking for clues that might allow you to interpret this incident metaphorically. When you have completed this exercise, you may be able to find other incidents and scenes in the story that, when read metaphorically, add both narrative and thematic depth to Matute's tale.

CONTEXTO CULTURAL

"Rafael" takes place during the years preceding and following the Spanish Civil War (1936–1939). Understanding this period of Spanish history is crucial to more fully comprehend the tensions explored by Matute in this very brief narrative. Like most events of its kind, the Spanish Civil War had a profound and sustained impact on all aspects of Spanish life. The conflict left Spain both physically and spiritually impoverished. It is believed that one-half to one million people died as a consequence of the land war and from aerial bombardments of towns and cities. It was Guernica, a city northeast of Bilbao in the Basque Country, immortalized by Pablo Picasso's painting of the same name, that would become the most powerful visual symbol of the utter devastation caused by the war. After the war approximately one million inhabitants left Spain. Most emigrated to France or Latin America. The exiles included most of Spain's finest artists and writers, such as Pablo Casals, Max Aub, and Francisco Ayala, leaving Spain a virtual intellectual wasteland. Also, as a consequence of Francisco Franco's alliances with both Hitler and Mussolini, the nation became something of a political pariah during the years following World War II. While much of Western Europe was rebuilt in the 1940s, Spain remained isolated. The results were a high rate of illiteracy, a substandard public infrastructure, crumbling schools, poor roads, and the sense of despair—**desesperanza**—so brilliantly captured by Matute in the story you are about to read.

❧ *Rafael* ❧

RAFAEL ERA UN muchacho rubio, de ojos azules, hijo de unos acomodados[1] labradores del pueblo. Tenía otros hermanos, **mayores** y **menores** que él, que vivían y trabajaban en el campo, como la mayoría de los habitantes. Pero Rafael era distinto, y por ello **resultaba** un
5 estorbo[2] para la familia. En consecuencia, lo mandaron a las montañas, con el rebaño,[3] y muy raramente bajaba al pueblo.

Yo recuerdo muy bien a Rafael... atravesando el Sestil,[4] tras nuestra casa, con su rebaño. Nosotros queríamos a Rafael porque era dulce, amable, y decía cosas muy especiales. **A causa de** estas cosas especiales que
10 hacía, y decía, le apartaban sus hermanos y sus padres. Pero, por ello mismo, se atraía nuestro afecto.[5] **No acabábamos de entender** del todo[6] lo que le pasaba a Rafael, cuya vista siempre nos alegraba. Cuando se recortaba su menuda figurilla sobre las rocas del barranco,[7] nosotros salíamos, y, haciendo bocina[8] con las manos, le llamábamos. Entonces él cantaba.
15 Según decían las personas mayores, lo hacía muy mal, y las criadas lloraban de risa oyéndole. Pero a nosotros nos gustaba, e, **incluso,** a veces, nos conmovía...

Rafael quería mucho a mi padre. Únicamente con él tenía confianza, y le comunicaba secretos. A nosotros nos gustaba verle llegar, con su gesto
20 huidizo,[9] y decirnos:

—¿Está vuestro padre? **Tengo que** hablarle.

Mi padre le escuchaba con paciencia. Rafael tenía una obsesión: casarse. Ninguna chica del pueblo le quería, y él se fabricó novias, a su gusto. Recuerdo que, una vez, se hizo un anillo con papel de estaño.[10]
25 —¿Ve?[11] —dijo con una sonrisa medio pícara,[12] medio inocente.

—Es muy bonito —comentó mi padre. El pedazo de papel de plata brillaba al sol, en el dedo rugoso y oscuro. Rafael bajó la voz...

Luego **echó mano de** una cartera[13] viejísima, y enseñó las fotografías de sus novias. Eran actrices de cine, recortadas de periódicos y revistas. Todos
30 alabamos[14] su buen gusto, y, confieso, que nosotros, los niños, creíamos vagamente, pero con mucha satisfacción, en aquellos amores tan hermosos.

---

[1]*comfortably off* [2]*annoyance* [3]*flock* [4]*name of a hill* [5]*se... he endeared himself to us* [6]*del... completely*
[7]*Cuando... When his small figure was etched against the rocks of the ravine* [8]*a bullhorn* [9]*gesto... evasive expression* [10]*papel... tinfoil* [11]*See?* [12]*roguish* [13]*wallet* [14]*applauded*

Pasaron los años y llegó la guerra. Cuando volvimos a Mansilla, todo había cambiado, menos Rafael. Las gentes eran menos ingenuas, menos corteses, menos desinteresadas. Sólo Rafael, ya sin juventud, continuaba como antes.

35 Seguía conduciendo su rebaño, por sobre el Sestil, **a través del** césped de septiembre. Hablaba menos, quizá, y sus ojos tenían una tristeza que nunca le habíamos conocido.

Un día la cocinera nos dijo:

—A Rafael se le ha metido en la cabeza[15] que todos los niños rubios del

40 pueblo, son hijos suyos.

A menudo se le veía espiando a los niños... . Había, en especial, dos niños muy rubios, a los que adoraba. Les llevaba almendras,[16] caramelos; les fabricaba flautas de cañas (silbatos). Un día les trajo un mirlo,[17] en una jaula

(toscamente fabricada por él), y al día siguiente nos dijeron:

45 —¡Pobre Rafael! El padre de Alfredín y Mateo se ha cansado ya de esta historia.[18] Le esperó escondido, le agarró por una oreja, y le molió a palos, con una estaca así de gorda.[19] Luego pateó la jaula, y el mirlo salió volando que era una gloria.

—¿Y qué le ha pasado a Rafael?

50 —¿Qué le va a pasar? Con las narices sangrando, molido, se sentó junto a la tapia; y lloraba.

El mirlo había huido, y Rafael no encontró nunca su amor. No le volvimos a ver por las montañas. Cayó enfermo, permanecía encerrado en su casa, y sólo los días de la Cruz,[20] cuando pasaba la procesión, **se asomaba a** la

55 ventana. Su rostro, cenizoso[21] y triste, era como el de un desconocido.

---

[15]A... *Rafael has gotten it into his head*   [16]*almonds*   [17]*blackbird*   [18]se... *has gotten tired of this story (game)*   [19]le molió... *he beat him to a pulp with a big stake*   [20]días... *commemorating the discovery of the cross of Christ by St. Elena*   [21]Su... *His face, ashen*

DESPUÉS DE LEER

CUESTIONARIO

1. ¿Cómo era Rafael?
2. ¿Tenía hermanos Rafael?
3. ¿Por qué mandaron a Rafael a las montañas?
4. ¿Por qué quería la narradora a Rafael?
5. ¿A quién quería mucho Rafael?
6. ¿Qué obsesión tenía Rafael?
7. ¿A quiénes les llevaba almendras y caramelos Rafael?
8. ¿Qué le hizo el padre de Alfredín y Mateo a Rafael?
9. ¿Encontró Rafael el amor que deseaba?
10. ¿Cuándo se asomaba a la ventana Rafael?

ESTUDIO DE PALABRAS

Complete las oraciones con palabras o expresiones de **Palabras importantes y modismos.**

1. Rafael tenía otros hermanos, _____ y _____ que él, que vivían y trabajaban en el campo.
2. Rafael era distinto y por ello _____ un estorbo para la familia.
3. Luego Rafael _____ una cartera viejísima, y le enseñó las fotografías de sus novias.
4. Seguía conduciendo su rebaño _____l césped.
5. Sólo los días de la Cruz, cuando pasaba la procesión, Rafael _____ la ventana.
6. Después del incidente Rafael estaba tranquilo e _____ alegre, algo que me sorprendió.
7. Nosotros _____ lo que le pasaba a Rafael.
8. Es urgente; (yo) _____ hablarle ahora mismo.
9. Rafael cruzaba la calle frecuentemente. _____. lo veíamos hacer esto, algo prohibido por su padre.
10. _____ estas cosas que hacía, su padre le mandó quedarse en casa.

CONSIDERACIONES

1. Considere la presentación de Rafael. ¿Cuáles son los adjetivos que la narradora usa para describirlo?
2. El texto establece que Rafael y los mayores no se llevaban bien. Entonces, ¿por qué se entendía tan bien Rafael con los menores del pueblo?
3. ¿Cómo se puede predecir (*predict*) el triste desenlace del cuento? Busque los detalles que lo indican a lo largo de la narración.
4. ¿Qué se debe decir o pensar de los secretos que tenía Rafael? ¿Por qué razón revelaba sus secretos al padre de la narradora?
5. Hay un gran cambio de tonalidad en el cuento. ¿Cuándo se ve dicho cambio y cuáles son sus implicaciones?
6. Comente la importancia del último párrafo del cuento. ¿Cuáles son las palabras clave que dictan el tono general?

ANÁLISIS DEL TEXTO

1. ¿Cuál es el tema de «Rafael»?
2. ¿Cuál es el punto de vista narrativo predominante en este cuento? ¿Por qué lo usa la autora?
3. Comente los cambios físicos que experimenta Rafael a lo largo del cuento.
4. Comente la relación entre el mirlo, la jaula y Rafael.

5. Comente la importancia de la referencia a la guerra con relación a lo que pasa en este cuento.

PERSPECTIVA PERSONAL

1. ¿Simpatiza Ud. con Rafael o lo desprecia? ¿Trata Matute de influir en sus sentimientos hacia él de cierta manera? Busque en el cuento ejemplos que justifiquen su opinión.
2. Rafael inventa o imagina muchas cosas. ¿Hizo Ud. algo parecido cuando era más joven? Explique.
3. ¿Cómo puede Ud. explicar la situación que existe al final del cuento? ¿Ha sentido Ud. tal aislamiento alguna vez?

BIBLIOGRAFÍA

Díaz, Janet W. *Ana María Matute.* New York: Twayne Publishers, 1971.

Doyle, Michael Scott. "Entrevista con Ana María Matute." *Anales de la Literatura Española Contemporánea* 10 (1985):237–247.

Jones, Margaret E. W. *The Literary World of Ana María Matute.* Lexington: University of Kentucky Press, 1970.

Roma, Rosa. *Ana María Matute.* Madrid: EPESA, 1971.

Unos novios españoles pensando en el futuro

El ausente[1]

Many of the twenty-two stories published in *Historias de la Artámila* are either narrated from a child's point of view, as in the case of "El árbol de oro," or focus on the lives of orphaned, misunderstood, or marginalized young people like the young boy in "Rafael." "El ausente" is an exception. Here the principal characters are adults, and the theme, the loneliness of an unhappily married woman, makes the story exceptional. Although "El ausente" is told from the third-person omniscient point of view, the author has used other narrative devices such as dialogue to heighten the feeling of building tension as well as to let her reader experience the emotions of the characters. As you read this story, watch for clues that may help you better understand the woman's feelings and prepare you for the resolution of the conflict in the last paragraph.

[1]*absent one*

*A*NTES DE LEER

PALABRAS IMPORTANTES Y MODISMOS

al fin	finally	**dar de comer**	to feed
casarse (con)	to get married (to)	**de mal humor**	in a bad mood

de nuevo	again	**sin embargo**	nevertheless
de pronto	suddenly	**tratar de**	to try to (*do*
estar	to be in love	**+ infinitivo**	*something*)
enamo-	with		
rado/a de			
sentirse (ie)	to feel guilty		
culpable			

ESTRATEGIAS PARA LEER

Understanding Titles (*títulos*)

The title of a story is presented out of context for the reader, in that it refers to things or events that have not yet been read and understood. A title can, as in the case of Edgar Allan Poe's "The Purloined Letter," appear to refer to a specific object or perhaps a name that will prove to be important. On the other hand, deciphering the meaning of the title "El ausente" (*The Absent One*) can be problematic. This can be a source of tension, as the reader will want to make sense of the title and understand the relationship that is given to exist between title and story. It could refer to a specific missing or absent person, or it could suggest the constellation of feelings associated with absence such as loneliness, grief, or a sense of personal loss. Before reading "El ausente" for the first time, scan the first paragraph and the lines of ensuing dialogue, being careful to list any words or phrases that seem to offer an explanation of the title. After you have read the entire story, it will prove helpful during your second reading to mark the passages that you feel clarify the title, because the events that unfold will require that you reconsider the implications and consequences of the title.

*C*ONTEXTO CULTURAL

Although Ana María Matute did not publish *Historias de la Artámila* until 1962, many of the stories were written years earlier and reflect her childhood experiences in rural Spain, most probably in the region between the Pyrenees mountains and the Ebro River in northern Spain. Matute spoke of the region in these terms:

"La Artámila existe. No con este nombre, del mismo modo que otro nombre di, también, a sus criaturas. Yo les conocí en las montañas, durante los cálidos veranos de mi infancia. En octubre, en invierno, durante algún tiempo en que estuve enferma y viví junto a ellos. Otras veces, sus historias llegaron a mí a través de comentarios de pastores, de criados, de campesinos. Y de labios de mi madre, o de mi abuela."*

Early in the story reproduced here, the narrator inserts a key saying—"Quémese la casa y no salga humo"—which, although difficult to translate literally, means that

---

*Ana María Matute, "La razón de Historias de Artámila," in *Doce historias de Artámila*, ed. Manuel and Gloria Durán (New York: Harcourt, Brace & World, 1965):ix.

in the case of any adversity it is best to cover it up lest others find out. The fear of **"el qué dirán"** ("what will people say?") is at the heart of highly structured rural Spanish life and is nicely conveyed by this **refrán.** The fact that the protagonist's husband is both a newcomer to the village and a manual laborer places him at the bottom of the social scale. The use of the **refrán,** a rich repository of folk wisdom, is one of the defining characteristics of Spanish literature and is a prominent feature of Miguel de Cervantes's *Don Quijote de La Mancha* (1605, 1615).

❧ *El ausente* ❧

*P*OR LA NOCHE discutieron.[1] Se acostaron llenos de rencor el uno por el otro. Era frecuente eso, sobre todo en los últimos tiempos. Todos sabían en el pueblo —y sobre todo María Laureana, su vecina— que eran un matrimonio mal avenido.[2] Esto, quizá, la amargaba más. «Quémese la
5 casa y no salga el humo», se decía ella, despierta, vuelta de cara a la pared. Le daba a él la espalda, deliberada, ostentosamente. También el cuerpo de él parecía escurrirse como una anguila[3] hacia el borde opuesto de la cama. «Se caerá al suelo», se dijo, en más de un momento. Luego, oyó sus ronquidos y su rencor se acentuó. «Así es. Un salvaje, un bruto. No tiene sentimientos.» En
10 cambio ella, despierta. Despierta y de cara a aquella pared encalada, voluntariamente encerrada.

Era desgraciada. Sí: no había por qué negarlo, allí en su intimidad. Era desgraciada, y pagaba su culpa de **haberse casado** sin amor. Su madre (una mujer sencilla, una campesina) siempre le dijo que era pecado casarse sin amor. Pero
15 ella fue orgullosa. «Todo fue cosa del orgullo. Por darle en la cabeza a Marcos. Nada más.» Siempre, desde niña, **estuvo enamorada de** Marcos. En la oscuridad, con los ojos abiertos, junto a la pared, Luisa sintió **de nuevo** el calor de las lágrimas entre los párpados. Se mordió los labios. A la memoria le venía un tiempo feliz, a pesar de la pobreza. Las huertas, la recolección de la fruta...
20 «Marcos.» Allí, junto a la tapia del huerto, Marcos y ella. El sol brillaba y se oía el rumor de la acequia,[4] tras el muro. «Marcos.» **Sin embargo,** ¿cómo fue? ... Casi no lo sabía decir: Marcos se casó con la hija mayor del juez: una muchacha torpe, ruda, fea. Ya entrada en años, por añadidura.[5] Marcos se casó con ella. «Nunca creí que Marcos hiciera eso. Nunca.» ¿Pero cómo era posible que aún le
25 doliese, después de tantos años? También ella había olvidado. Sí: qué remedio. La vida, la pobreza, las preocupaciones le borran a una esas cosas de la cabeza. «De la cabeza, puede... pero en algún lugar queda la pena. Sí: la pena renace, en momentos como éste... » Luego, ella se casó con Amadeo. Amadeo era un forastero,[6] un desgraciado obrero de las minas. Uno de aquellos que hasta los

---

[1]*they fought* [2]*matrimonio... incompatible couple* [3]*escurrirse... to slide away like an eel* [4]*rumor... sound of the irrigation ditch* [5]*Ya... Already old, to make matters worse.* [6]*stranger*

30 jornaleros[7] más humildes miraban por encima del hombro. Fue aquél un momento malo. El mismo día de la boda sintió el arrepentimiento.[8] No le amaba ni le amaría nunca. Nunca. No tenía remedio. «Y ahí está: un matrimonio desavenido. Ni más ni menos. Este hombre no tiene corazón, no sabe lo que es una delicadeza. Se puede ser pobre, pero... Yo misma, hija de una familia de

35 aparceros.[9] En el campo tenemos cortesía, delicadeza... Sí: la tenemos. ¡Sólo este hombre!» Se sorprendía últimamente diciendo: «este hombre», en lugar de Amadeo. «Si al menos hubiéramos tenido un hijo... » Pero no lo tenían, y llevaban ya cinco años largos de matrimonio.

     Al amanecer le oyó levantarse. Luego, sus pasos por la cocina, el ruido de

40 los cacharros.[10] «Se prepara el desayuno.» Sintió una alegría pueril: «Que se lo prepare él. Yo no voy». Un gran rencor la dominaba. Tuvo un ligero sobresalto: «¿Le odiaré acaso?». Cerró los ojos. No quería pensarlo. Su madre le dijo siempre: «Odiar es pecado, Luisa». (Desde que murió su madre, sus palabras, antes oídas con rutina, le parecían sagradas, nuevas y terribles.)

45   Amadeo salió al trabajo, como todos los días. Oyó sus pisadas y el golpe de la puerta. Se acomodó[11] en la cama, y durmió.

     Se levantó tarde. **De mal humor** aseó[12] la casa. Cuando bajó a **dar de comer** a las gallinas la cara de comadreja[13] de su vecina María Laureana asomó por el corralillo.[14]

50   —Anda, mujer: mira que se oían las voces anoche... Luisa la miró, colérica.

     —¡Y qué te importan a ti, mujer, nuestras cosas! María Laureana sonreía con cara de satisfacción.

     —No seas así, muchacha... si te comprendemos todos, todos... ¡Ese hombre no te merece, mujer!

55   Prosiguió en sus comentarios, llenos de falsa compasión. Luisa, con el ceño fruncido,[15] no la escuchaba. Pero oía su voz, allí, en sus oídos, como un veneno lento. Ya lo sabía, ya estaba acostumbrada.

     —Déjale, mujer... déjale. Vete con tus hermanas, y que se las apañe solo.[16]

     Por primera vez pensó en aquello. Algo le bullía[17] en la cabeza: «Volver a

60 casa». A casa, a trabajar de nuevo la tierra. ¿Y qué? ¿No estaba acaso acostumbrada? «Librarme de él.» Algo extraño la llenaba: como una agria[18] alegría de triunfo, de venganza. «Lo pensaré», se dijo.

     Y he aquí que ocurrió lo inesperado. Fue él quien no volvió.

     Al principio, ella no le dio importancia. «Ya volverá», se dijo. Habían

65 pasado dos horas más desde el momento en que él solía entrar por la puerta de la casa. Dos horas, y nada supo de él. Tenía la cena preparada y estaba sentada a la puerta, desgranando alubias.[19] En el cielo, azul pálido, brillaba la luna, hermosa e hiriente. Su ira se había tranformado en una congoja[20] íntima, callada. «Soy una desgraciada. Una desgraciada.» **Al fin,** cenó sola. Esperó

70 algo más. Y se acostó.

---

[7]*day laborers* [8]*regret* [9]*sharecroppers* [10]*ruido... sound of the pots and pans* [11]*Se... She made herself comfortable* [12]*she cleaned* [13]*cara... weasel-like face* [14]*small poultry yard* [15]*con... frowning* [16]*que... let him manage by himself* [17]*bubbled* [18]*bitter* [19]*desgranando... shelling beans* [20]*sorrow*

Despertó al alba, con un raro sobresalto. A su lado la cama seguía vacía. Se levantó descalza[21] y fue a mirar: la casucha[22] estaba en silencio. La cena de Amadeo intacta. Algo raro le dio en el pecho, algo como un frío. Se encogió de hombros y se dijo: «Allá él. Allá él con sus berrinches[23]». Volvió a la cama,
75 y pensó: «Nunca faltó de noche». Bien, ¿le importaba acaso? Todos los hombres faltaban de noche en sus casas, todos bebían en la taberna, a veces más de la cuenta.[24] Qué raro: él no lo hacía nunca. Sí: era un hombre raro. **Trató de** dormir, pero no pudo. Oía las horas en el reloj de la iglesia. Pensaba en el cielo lleno de luna, en el río, en ella. «Una desgraciada. Ni más ni
80 menos.»

El día llegó. Amadeo no había vuelto. Ni volvió al día siguiente, ni al otro. La cara de comadreja de María Laureana apareció en el marco de la puerta.[25]

—Pero, muchacha... ¿qué es ello? ¿Es cierto que no va Amadeo a la mina?
85 ¡Mira que el capataz[26] lo va a despedir!

Luisa estaba pálida. No comía. «Estoy llena de odio. Sólo llena de odio», pensó, mirando a María.

—No sé —dijo—. No sé, ni me importa.

Le volvió la espalda y siguió en sus trabajos.
90 —Bueno —dijo la vecina—, mejor es así, muchacha... ¡para la vida que te daba!

Se marchó y Luisa quedó sola. Absolutamente sola. Se sentó desfallecida. Las manos dejaron caer el cuchillo contra el suelo. Tenía frío, mucho frío. Por el ventanuco[27] entraban los gritos de los vencejos,[28] el rumor del río entre las
95 piedras. «Marcos, tú tienes la culpa... , tú, porque Amadeo... » **De pronto,** tuvo miedo. Un miedo extraño, que hacía temblar sus manos. «Amadeo me quería. Sí: él me quería.» ¿Cómo iba a dudarlo? Amadeo era brusco, desprovisto de ternura, callado, taciturno. Amadeo —a medias palabras ella lo entendió— tuvo una infancia dura, una juventud amarga. Amadeo era pobre y
100 ganaba su vida —la de él, la de ella y la de los hijos que hubieran podido tener— en un trabajo ingrato que destruía su salud. Y ella: ¿tuvo ternura para él? ¿Comprensión? ¿Cariño? De pronto, vio algo. Vio su silla, su ropa allí, sucia, a punto de[29] lavar. Sus botas, en el rincón, aún llenas de barro.[30] Algo le subió, como un grito. «Si me quería... acaso ¿será capaz de matarse?»
105 Se le apelotonó la sangre en la cabeza.[31] «¿Matarse?» ¿No saber nunca nada más de él? ¿Nunca verle allí: al lado, pensativo, las manos grandes enzarzadas una en otra, junto al fuego; el pelo negro sobre la frente, cansado, triste? Sí: triste. Nunca lo pensó: triste. Las lágrimas corrieron por sus mejillas. Pensó rápidamente en el hijo que no tuvieron, en la cabeza inclinada de Amadeo.
110 «Triste. Estaba triste. Es hombre de pocas palabras y fue un niño triste, también. Triste y apaleado.[32] Y yo: ¿qué soy para él?»

[21]*barefoot* [22]*shack* [23]*Allá... So much for his tantrums.* [24]*más... more than they should* [25]*marco... doorway*
[26]*foreman* [27]*little window* [28]*martins (birds)* [29]*a... ready* [30]*mud* [31]*Se... The blood rushed to her head.*
[32]*beaten, abused*

Se levantó y salió afuera. Corriendo, jadeando,[33] cogió el camino de la mina. Llegó sofocada y sudorosa. No: no sabían nada de él. Los hombres la miraban con mirada dura y reprobativa. Ella lo notaba y **se sentía culpable.**

115 Volvió llena de desesperanza. Se echó sobre la cama y lloró, porque había perdido su compañía. «Sólo tenía en el mundo una cosa: su compañía.» ¿Y era tan importante? Buscó con ansia pueril la ropa sucia, las botas embarradas. «Su compañía. Su silencio al lado. Sí: su silencio al lado, su cabeza inclinada, llena de recuerdos, su mirada.» Su cuerpo allí al lado, en la noche.

120 Su cuerpo grande y oscuro pero lleno de sed, que ella no entendía. Ella era la que no supo: ella la ignorante, la zafia,[34] la egoísta. «Su compañía.» Pues bien, ¿y el amor? ¿No era tan importante, acaso? «Marcos... » Volvía el recuerdo; pero era un recuerdo de estampa,[35] pálido y frío, desvaído. «Pues, ¿y el amor? ¿No es importante?» Al fin, se dijo: «¿Y qué sé yo qué es eso del

125 amor? ¡Novelerías!»

La casa estaba vacía y ella estaba sola.

Amadeo volvió. A la noche le vio llegar, con paso cansino. Bajó corriendo a la puerta. Frente a frente, se quedaron como mudos, mirándose. Él estaba sucio, cansado. Seguramente hambriento. Ella sólo pensaba: «Quiso huir de

130 mí, dejarme, y no ha podido. No ha podido. Ha vuelto».

—Pasa, Amadeo —dijo, todo lo suave que pudo, con su voz áspera[36] de campesina—. Pasa, que me has tenido en un hilo...[37]

Amadeo tragó algo: alguna brizna,[38] o quién sabe qué cosa, que mascullaba[39] entre los dientes. Pasó el brazo por los hombros de Luisa y entraron en la casa.

[33]*panting*   [34]*clod*   [35]*era... it was like an old engraving*   [36]*rough, harsh*   [37]*me... you've had me on pins and needles*   [38]*blade of grass or straw*   [39]*he was chewing lazily*

*D*ESPUÉS DE LEER

CUESTIONARIO

1. ¿Cómo era el matrimonio de Amadeo y Luisa?
2. ¿Qué quería decir Luisa con «Quémese la casa y no salga el humo»?
3. ¿Por qué se casó Luisa con Amadeo? ¿Quién era Marcos?
4. ¿Dónde trabajaba Amadeo?
5. ¿Qué ocurrió al amanecer?
6. Al principio, ¿cómo reaccionó Luisa ante la ausencia de Amadeo?
7. ¿Por qué sintió Luisa miedo después de varios días de ausencia? ¿Qué hizo entonces?
8. ¿Cómo se sentía Luisa al regresar de la mina? ¿Por qué?
9. ¿Cuál es el desenlace de la historia? ¿Se produce algún cambio en las relaciones entre los protagonistas?

ESTUDIO DE PALABRAS

A. Empareje las palabras con sus sinónimos.

1. _____ casarse		**a.** de repente
2. _____ estar enamorado de		**b.** de malas pulgas / de mala gana
3. _____ sin embargo		**c.** otra vez
4. _____ de mal humor		**d.** alimentar
5. _____ dar de comer		**e.** finalmente
6. _____ de nuevo		**f.** querer
7. _____ al fin		**g.** no obstante
8. _____ tratar de		**h.** intentar
9. _____ de pronto		**i.** sentir arrepentimiento
10. _____ sentirse culpable		**j.** desposarse

B. Complete las oraciones con palabras o expresiones de **Palabras importantes y modismos.**

1. Ayer gané tres millones en la lotería. _____ , no pienso dejar de trabajar.
2. Después de diez largos años, el novio decidió _____ su novia.
3. Era una noche tormentosa y fría cuando _____ se apagaron todas las luces.
4. Tu solicitud de empleo está llena de errores ortográficos. Lamentablemente tendrás que escribirla _____ .
5. Antes de acostarte, no te olvides de _____ al gato.
6. El asesino confesó su crimen inmediatamente, pero no parecía _____ .
7. Los jóvenes románticos se casan cuando _____ .
8. Nunca tiene éxito con la gente porque siempre está _____ .
9. Los buenos alumnos siempre _____ terminar su tarea con anticipación.
10. El invierno fue largo y crudo pero, por suerte, podemos decir que _____ llegó la primavera.

CONSIDERACIONES

1. Al comienzo del cuento se sabe que la pareja ha discutido amargamente por la noche. Imagine el motivo de la discusión.
2. ¿Cree Ud. que el conflicto de la pareja tiene causas profundas? ¿Cuáles son?
3. ¿Qué papel desempeña (hace) María Laureana, la vecina de Luisa, con respecto al problema matrimonial?
4. ¿Cómo imagina Ud. que es la personalidad de Luisa? ¿Y la de Amadeo?
5. ¿Hay indicios (*clues*) a lo largo del cuento de que el matrimonio tiene problemas de comunicación? Dé ejemplos.

6. ¿Cómo se describe el cambio de actitud de Luisa hacia Amadeo?
7. ¿Por qué los hombres de la mina miran a Luisa «con mirada dura y reprobativa» (l. 114)? ¿Qué opinión cree Ud. que tenían de ella?
8. ¿Cómo anticipa Ud. el futuro de esta relación?

ANÁLISIS DEL TEXTO

1. La voz narrativa del cuento, aunque en tercera persona, no es la de un narrador objetivo e incluso parece solidarizarse a veces con Luisa. ¿Piensa Ud. que esto produce un efecto especial en el desarrollo de la historia? Explique.
2. ¿De qué manera se relacionan los personajes secundarios —María Laureana, Marcos, los hombres de la mina— con los protagonistas?
3. El personaje de Amadeo se configura a partir de los comentarios de los demás. ¿Cree Ud. que esta técnica le proporciona mayor relieve (*importance*) al personaje o menor? ¿Cómo lo describiría Ud.?
4. ¿Cómo interpreta Ud. el desenlace del cuento?

PERSPECTIVA PERSONAL

1. ¿Conoce Ud. algún matrimonio como el de Luisa y Amadeo?
2. ¿Cree Ud. que el «amor romántico» es necesario para las relaciones permanentes? ¿Por qué?
3. ¿Cree que el concepto del «matrimonio tradicional» ha cambiado en nuestra sociedad? Explique.

BIBLIOGRAFÍA

Díaz, Janet W. *Ana María Matute*. New York: Twayne Publishers, 1971.

Jones, Margaret E. W. *The Literary World of Ana María Matute*. Lexington: University of Kentucky Press, 1970.

Pérez, Janet. *The Fictional World of Ana María Matute: Solitude, Injustice, and Dreams*. Newark: University of Delaware Press, 1991.

Civilización y barbarie

HORACIO **Q**UIROGA (1878–1937) is justly considered one of the most important short story writers in the Hispanic world. A paradoxical, complex man, Quiroga epitomizes the dichotomy between civilization and barbarism that has been a constant theme in the literature of Latin America. Although he was born into a world of middle-class urban comfort, Quiroga spent much of his life in the Argentine province of Misiones, a region marked by the violent contrast between spectacular tropical beauty and the potential for sudden death. Perhaps no other Spanish-speaking writer has captured the overwhelming power of the land as successfully as Quiroga. Although he was an avid reader of Poe, Dostoyevski, Maupassant, and Chekhov, and was to some degree influenced by them, the stories he produced were a unique creation of the New World and can by no means be considered derivative.

The three stories that follow represent a sampling of Quiroga at his best. Although each story is unique, they all share a number of common features. As you read Quiroga's stories, keep in mind the following comments.

> Quiroga's narrative technique is deceptively simple. Structurally, his stories are conventional, adhering for the most part to a narrative mode as old as oral or written tale-telling, a mode later articulated into an esthetic and practiced by Quiroga's self-acknowledged master, Edgar Allan Poe. With few exceptions, Quiroga's stories grow out of a single intense, dramatic, bizarre, or unusual situation. They proceed through a series of incidents that grow out of this basic situation as inevitably as flower develops from seed, as fetus from fertilized egg. They reach a climax that is quickly followed by a shocking, intense, or revelatory ending. In terms of this conventional narrative mode, Quiroga works surely, swiftly, and effectively: scene follows memorable scene with no false notes, little or no wasted effort, few if any wrong moves. And Quiroga's stories achieve what Poe deemed the most important goal of the writer of short fiction—totality of effect.* 🔖

---

*William Peden, "Some Notes on Quiroga's Stories," *Review* 76 (Winter 1976):40.

La selva tropical

El hombre muerto

9/5

"**El** hombre muerto," which first appeared in *Los desterrados* (1926), is among the most often anthologized of Quiroga's tales. It is an extremely short, tightly constructed, and emotionally powerful story that describes the final moments of a man's life. Many readers feel that "El hombre muerto" comes as close to rendering the sensations of dying as any story ever written. As you read this story, ask yourself which of the four major elements of prose fiction—character, setting, plot, or theme—seems most important.

*A*NTES DE LEER

PALABRAS IMPORTANTES Y MODISMOS

alcanzar a + **infinitivo**	to succeed in (*doing something*)	**desde hace** **+ tiempo**	since (*time*)
a tiempo que	at the same time that	**echar una** **mirada a**	to glance at
deber ser	must, ought to be		
de costumbre	usually	**escapársele a** **alguien**	to slip away from someone
de espaldas a	with one's back to		
de reojo	out of the corner of one's eye	**tener que** **ver con**	to have to do with

63

The Role of Leitmotif (*leitmotivo*)

Leitmotif is generally understood to be a repetition, which can occur in various forms. In literature, it can be the recurrence of a phrase, an image, or even a situation. One might think of the shading between light and darkness, for example, for this contrast is often associated with good and bad, safety and danger. Similarly, in music a specific melody is often associated with a particular individual or mood. The recurring nature of the melody, then, would mark it as a leitmotif. Whether considered in their individual occurrences or in accumulation, these repetitions can be seen to signal and support the theme.

"El hombre muerto" is an elaboration of the theme of death. While Quiroga's approach might seem fairly direct and clear, his elaboration of the theme through the use of leitmotif warrants a closer reading.

How does Quiroga create and elaborate the theme? As you read "El hombre muerto," you will see that this is through the use of leitmotif. How should one approach the relationship between leitmotif and the theme? In this story, one might think about the rather considerable implications of a protagonist without an identifying name, especially when given the very human situation in which he finds himself. Not only does the specific and individual instance give way to a more universal understanding, but it also points to a fair degree of anonymity (being alone in the world). In other words, this momentous event is trivialized and becomes another in a series of insignificant details.

Before reading this story, and in order to understand the importance of the use of leitmotif in Quiroga's story, make a list of additional recurring themes that you can recall from other works, whether in English or Spanish fiction, or in music or film. After you have completed your list of familiar leitmotifs, carefully consider the paragraph that begins, "**La muerte. En el transcurso de la vida...** " (lines 21–25). A lifetime is reduced to a few words, and then, to a final moment. As you read the story, notice how the narrative points to the rather insignificant nature of the death of this man, for he too is reduced to a detail of the greater situation.

El hombre muerto

EL HOMBRE y su machete acababan de limpiar la quinta calle del
bananal.[1] Faltábanles aún dos calles; pero como en éstas abundaban
las chircas y malvas silvestres,[2] la tarea que tenían por delante era muy
poca cosa. El hombre **echó** en consecuencia **una mirada** satisfecha **a** los ar-
5 bustos rosados[3] y cruzó el alambrado[4] para tenderse un rato en la gramilla.[5]
Mas[6] al bajar el alambre de púa[7] y pasar el cuerpo, su pie izquierdo
resbaló sobre un trozo de corteza desprendida del poste, **a tiempo que** el
machete **se le escapaba** de la mano. Mientras caía, el hombre tuvo la impresión sumamente lejana de no ver el machete de plano[8] en el suelo.
10 Ya estaba tendido en la gramilla, acostado[9] sobre el lado derecho, tal como
él quería. La boca, que acababa de abrírsele en toda su extensión, acababa
también de cerrarse. Estaba como hubiera deseado estar, las rodillas dobladas
y la mano izquierda sobre el pecho. Sólo que tras el antebrazo,[10] e inmediatamente por debajo del cinto, surgían de su camisa el puño y la mitad de la hoja
15 del machete;[11] pero el resto no se veía.

---

[1] *banana grove* [2] *chircas... chirca bushes and jungle mallow* [3] *arbustos... cleared brush* [4] *fence* [5] *grama grass*
[6] *But* [7] *alambre... barbed wire* [8] *de... lying flat* [9] *resting* [10] *forearm* [11] *puño... handle and half the blade of his machete*

El hombre intentó mover la cabeza, en vano. Echó una mirada **de reojo** a la empuñadura[12] del machete, húmeda aún del sudor de su mano. Apreció mentalmente la extensión y la trayectoria del machete dentro de su vientre,[13] y adquirió, fría, matemática e inexorable, la seguridad de que acababa de 20 llegar al término de su existencia.

La muerte. En el transcurso de la vida se piensa muchas veces en que un día, tras años, meses, semanas y días preparatorios, llegaremos a nuestro turno al umbral[14] de la muerte. Es la ley fatal, aceptada y prevista; tanto, que solemos dejarnos llevar placenteramente por la imaginación a ese momento, 25 supremo entre todos, en que lanzamos el último suspiro.

Pero entre el instante actual y esa postrera expiración,[15] ¡qué sueños, trastornos, esperanzas y dramas presumimos en nuestra vida! ¡Qué nos reserva aún esta existencia llena de vigor, antes de su eliminación del escenario humano! Es éste el consuelo, el placer y la razón de nuestras divagaciones 30 mortuorias:[16] ¡Tan lejos está la muerte, y tan imprevisto lo que debemos vivir aún!

¿Aún?... No han pasado dos segundos: el sol está exactamente a la misma altura; las sombras no han avanzado un milímetro. Bruscamente, acaban de resolverse para el hombre tendido las divagaciones a largo plazo: Se está 35 muriendo.

Muerto. Puede considerarse muerto en su cómoda postura.

Pero el hombre abre los ojos y mira. ¿Qué tiempo ha pasado? ¿Qué cataclismo ha sobrevenido en el mundo? ¿Qué trastorno de la naturaleza trasuda el horrible acontecimiento?[17]

40 Va a morir. Fría, fatal e ineludiblemente, va a morir.

El hombre resiste —¡es tan imprevisto[18] ese horror! Y piensa: Es una pesadilla; ¡esto es! ¿Qué ha cambiado? Nada. Y mira: ¿No es acaso ese bananal su bananal? ¿No viene todas las mañanas a limpiarlo? ¿Quién lo conoce como él? Ve perfectamente el bananal, muy raleado,[19] y las anchas hojas desnudas al 45 sol. Allí están, muy cerca, deshilachadas[20] por el viento. Pero ahora no se mueven. Es la calma de mediodía; pronto **deben ser** las doce.

Por entre los bananos, allá arriba, el hombre ve desde el duro suelo el techo rojo de su casa. A la izquierda, entrevé el monte y la capuera de canelas.[21] No **alcanza a** ver más, pero sabe muy bien que a sus espaldas está 50 el camino al puerto nuevo; y que en la dirección de su cabeza, allá abajo, yace en el fondo del valle el Paraná[22] dormido como un lago. Todo, todo exactamente como siempre; el sol de fuego, el aire vibrante y solitario, los bananos inmóviles, el alambrado de postes muy gruesos y altos que pronto tendrá que cambiar...

55 ¡Muerto! ¿Pero es posible? ¿No es éste uno de los tantos días en que ha salido al amanecer de su casa con el machete en la mano? ¿No está allí mismo,

[12]*handle* [13]*abdomen* [14]*threshold* [15]*postrera... last breath* [16]*divagaciones... thoughts on death* [17]*¿Qué... What disturbance of nature does this horrible event express?* [18]*unforeseen* [19]*thinned out* [20]*frayed* [21]*entrevé... he glimpses the scrub trees and the wild cinnamon* [22]*river in Brazil and Argentina*

a cuatro metros de él, su caballo, su malacara,[23] oliendo parsimoniosamente el alambre de púa?

¡Pero sí! Alguien silba... No puede ver, porque está **de espaldas al** camino; mas siente resonar en el puentecito[24] los pasos del caballo... Es el muchacho que pasa todas las mañanas hacia el puerto nuevo, a las once y media. Y siempre silbando... Desde el poste descascarado[25] que toca casi con las botas, hasta el cerco vivo de monte[26] que separa el bananal del camino, hay quince metros largos. Lo sabe perfectamente bien, porque él mismo, al levantar el alambrado, midió la distancia.

¿Qué pasa, entonces? ¿Es ése o no un natural mediodía de los tantos en Misiones, en su monte, en su potrero,[27] en su bananal ralo? ¡Sin duda! Gramilla corta, conos de hormigas, silencio, sol a plomo...

Nada, nada ha cambiado. Sólo él es distinto. **Desde hace** dos minutos su persona, su personalidad viviente, nada **tiene** ya **que ver** ni **con** el potrero, que formó él mismo a azada,[28] durante cinco meses consecutivos; ni con el bananal, obra de sus solas manos. Ni con su familia. Ha sido arrancado bruscamente, naturalmente, por obra de una cáscara lustrosa[29] y un machete en el vientre. Hace dos minutos: Se muere.

El hombre, muy fatigado y tendido en la gramilla sobre el costado derecho, se resiste siempre a admitir un fenómeno de esa trascendencia, ante el aspecto normal y monótono de cuanto mira. Sabe bien la hora: las once y media... el muchacho de todos los días acaba de pasar sobre el puente.

¡Pero no es posible que haya resbalado!... El mango[30] de su machete (pronto deberá cambiarlo por otro; tiene ya poco vuelo[31]) estaba perfectamente oprimido entre su mano izquierda y el alambre de púa. Tras diez años de bosque, él sabe muy bien cómo se maneja un machete de monte. Está solamente muy fatigado del trabajo de esa mañana, y descansa un rato como **de costumbre.**

¿La prueba?... ¡Pero esa gramilla que entra ahora por la comisura[32] de su boca la plantó él mismo, en panes de tierra[33] distantes un metro uno de otro! ¡Y ése es su bananal; y ése es su malacara, resoplando[34] cauteloso ante las púas del alambre! Lo ve perfectamente; sabe que no se atreve a doblar la esquina del alambrado, porque él está echado casi al pie del poste. Lo distingue muy bien; y ve los hilos oscuros de sudor que arranca de la cruz y del anca. El sol cae a plomo, y la calma es muy grande, pues ni un fleco de los bananos se mueve. Todos los días como ése, ha visto las mismas cosas.

...Muy fatigado, pero descansa sólo. Deben de haber pasado ya varios minutos... Y a las doce menos cuarto, desde allá arriba, desde el chalet de techo rojo, se desprenderán[35] hacia el bananal su mujer y sus dos hijos, a buscarlo para almorzar. Oye siempre, antes que las demás, la voz de su chico menor que quiere soltarse de la mano de su madre: ¡Piapiá! ¡piapiá!

[23]*horse with a white-spotted forehead* [24]*little bridge* [25]*stripped of bark* [26]*cerco... live thicket fence* [27]*ranch*
[28]*a... with a hoe* [29]*por... because of a slippery piece of bark* [30]*handle* [31]*tiene... it's worn down* [32]*corner*
[33]*panes... squares of land* [34]*snorting* [35]*se... will set out*

¿No es eso?... ¡Claro, oye! Ya es la hora. Oye efectivamente la voz de su
hijo... ¡Qué pesadilla! ¡Pero es uno de los tantos días, trivial como todos, claro
100 está! Luz excesiva, sombras amarillentas,[36] calor silencioso de horno sobre la
carne, que hace sudar al malacara inmóvil ante el bananal prohibido.

...Muy cansado, mucho, pero nada más. ¡Cuántas veces, a mediodía como
ahora, ha cruzado volviendo a casa ese potrero, que era capuera[37] cuando él
llegó, y que antes había sido monte virgen! Volvía entonces, muy fatigado
105 también, con su machete pendiente de la mano izquierda, a lentos pasos.

Puede aún alejarse con la mente, si quiere; puede si quiere abandonar un
instante su cuerpo y ver desde el tajamar[38] por él construido, el trivial paisaje
de siempre: el pedregullo volcánico con gramas rígidas;[39] el bananal y su
arena roja; el alambrado empequeñecido en la pendiente, que se acoda hacia
110 el camino.[40] Y más lejos aún ver el potrero, obra sola de sus manos. Y al pie
de un poste descascarado, echado sobre el costado derecho y las piernas
recogidas, exactamente como todos los días, puede verse a él mismo, como
un pequeño bulto asoleado[41] sobre la gramilla, —descansando, porque está
muy cansado...

115 Pero el caballo rayado de sudor, e inmóvil de cautela ante el esquinado[42]
del alambrado, ve también al hombre en el suelo y no se atreve a costear[43]
el bananal, como desearía. Ante las voces que ya están próximas —¡Piapiá!—
vuelve un largo, largo rato las orejas inmóviles al bulto: y tranquilizado al
fin, se decide a pasar entre el poste y el hombre tendido, —que ya ha des-
120 cansado.

[36]*yellowish* [37]*wild brush* [38]*flood ditch* [39]pedregullo... *stiff grass in the field of volcanic soil*
[40]empequeñecido... *fading out of sight in the distance as it slopes toward the road* [41]*bathed in sunlight*
[42]*corner* [43]*enter*

DESPUÉS DE LEER

CUESTIONARIO

1. ¿Qué acababa de hacer el hombre?
2. ¿Qué le pasó al hombre al bajar el alambre de púa?
3. ¿Qué impresión tuvo el hombre mientras caía?
4. Cuando el hombre echó una mirada de reojo a la empuñadura del
   machete, ¿de qué se dio cuenta?
5. ¿En qué cosa piensa uno en el transcurso de la vida, según el cuento?
6. ¿Cuándo tiene lugar la acción de este cuento?
7. ¿Qué ve el hombre desde el duro suelo?
8. ¿Quién silba?
9. ¿Quiénes vendrán a buscar al hombre a las doce menos cuarto?
10. ¿Qué le ha pasado al hombre al final del cuento?

ESTUDIO DE PALABRAS

A. Complete las oraciones con palabras o expresiones de **Palabras importantes y modismos.**

1. El muchacho resbaló sobre la hierba (*grass*) _____ el machete caía al suelo.
2. Al caer, el machete _____ de la mano.
3. El hombre _____ la empuñadura del machete.
4. Es la calma del mediodía: pronto _____ las doce.
5. No puede ver, porque está _____ al camino.
6. Está solamente muy fatigado y descansa un rato como _____ .
7. El hombre estaba nervioso y por eso le echó una mirada _____ al joven que lo seguía.
8. He estado aquí _____ tres horas y mi familia no ha llegado.
9. Esto no _____ Ud., es mi problema.
10. No _____ ver más.

B. Empareje las palabras con sus sinónimos.

1.	_____ machete	**a.**	necesitar
2.	_____ intentar	**b.**	cansado
3.	_____ camino	**c.**	vía
4.	_____ fatigado	**d.**	mirar
5.	_____ tenderse	**e.**	tumbarse
6.	_____ alambre de púa	**f.**	terminar
7.	_____ faltar	**g.**	cuchillo
8.	_____ acabar	**h.**	tratar de
9.	_____ ver	**i.**	cerco
10.	_____ trastorno	**j.**	cataclismo

CONSIDERACIONES

1. ¿En qué sentido se puede decir que los primeros dos párrafos se definen por la ironía trágica?
2. Cuando el hombre está tendido en el suelo, comienza a pensar. ¿Cuáles son las preguntas que se hace? ¿Qué intenta expresar el autor con esa serie de preguntas?
3. ¿Piensa Ud. que, en cierto sentido, la vida del hombre se ha vuelto más larga e intensa? ¿Cómo se ven marcados los momentos de suspenso?
4. A lo largo del texto se describe lo que el hombre ve desde el suelo y lo que él sabe que está allí, aunque no lo esté viendo directamente. Basándose en esta información, describa el paisaje de la zona.
5. ¿Por qué se enfatiza que es un día de tantos y que todo sigue "exactamente como siempre" (ll. 51–52)?

6. Comente el efecto que produce el incluir frases de esta índole (*nature*) «...sabe muy bien... », «lo sabe perfectamente bien, porque... midió la distancia... » y «él sabe muy bien cómo se maneja un machete... ».
7. Describa lo que hace el caballo al final del cuento (ll. 115–120). ¿Por qué decide por fin entrar en el bananal?

ANÁLISIS DEL TEXTO

1. ¿Cuál es el tema de «El hombre muerto»?
2. ¿Cómo se explica el hecho de que este cuento comience en el momento que podría ser su desenlace?
3. Comente el papel del tiempo en este cuento. ¿Cómo avanza el tiempo?
4. ¿Cuáles son los aspectos regionales de este cuento? ¿Y los aspectos universales?
5. Comente la función del narrador en «El hombre muerto». ¿Cuál es la importancia de su presencia como testigo de los sucesos que cuenta?

PERSPECTIVA PERSONAL

1. La muerte es un tema literario universal. ¿Cuáles son algunas de las obras que Ud. ha leído que tratan el mismo tema?
2. Si Ud. fuera el protagonista de este cuento, ¿en qué pensaría?
3. ¿Qué emociones y sensaciones experimentó Ud. al leer este cuento?

BIBLIOGRAFÍA

Alazraki, Jaime. "Un tema y tres cuentos de Horacio Quiroga." *Cuadernos americanos* 173 (September–December 1970):194–205.

Etcheverry, José E. "Análisis de 'El hombre muerto.'" In *El realismo mágico en el cuento hispanoamericano,* ed. Ángel Flores. Tlahuapan, México: Premia, 1985: 126–131.

McIntyre, John C. "Horacio Quiroga and Jack London Compared: 'A la deriva,' 'El hombre muerto,' and 'To Build a Fire.'" *New Comparison: A Journal of Comparative and General Literary Studies* 7 (Summer 1989): 143–159.

Videla de Rivero, Gloria. "Sobre 'El hombre muerto' de Horacio Quiroga." *Explicación de textos literarios* 12 (1983–1984):11–18.

La casa del Marqués de San Jorge, en Colombia, ejemplifica
la elegancia de la arquitectura hispánica

El almohadón[1] de plumas

"**El** almohadón de plumas," first published in *Caras y caretas* in 1907, is one of Quiroga's earliest stories and one of the best examples of his skill with the Gothic horror story. The startling revelation of the last paragraph has stunned readers for generations. But beyond the conventions of the horror genre, the story can be read on a more symbolic plane. Here is one interpretation.

> The effects of horror, something mysterious and perverse pervading the atmosphere, are all there from the beginning of the story, and Quiroga skillfully, gradually readies the terrain so that we are some-what prepared for, though we do not anticipate, the sensational revelation at the end. But this story takes on much more meaning and subtlety when we realize that the anecdote can be interpreted on a symbolical level: the ailing Alicia suffers from hallucinations brought on by her husband's hostility and coldness, for he is the real monster.*

[1]*pillow*

---

*George D. Schade, "Introduction," in Horacio Quiroga, *The Decapitated Chicken and Other Stories,* trans. M. S. Peden (Austin: The University of Texas Press, 1976), xi.

$\mathcal{A}$NTES DE LEER

PALABRAS IMPORTANTES Y MODISMOS

al día siguiente	on the following day	**influir (en)**	to influence
a media voz	in a low voice	**por su parte**	as far as he/she is/was concerned
a ratos	at times		
dejar caer	to let fall	**volver (ue) en sí**	to come to, regain consciousness
encogerse de hombros	to shrug one's shoulders		

ESTRATEGIAS PARA LEER

Lexical Choices (*el léxico*)

If one understands, in a very broad sense, that a story is a narrative about situations or events, then one must remember that these narratives represent very specific choices of words and phrases, *lexical* choices. At times, then, the very sounds of certain words or the broader meanings of the words used in the text become extremely important. These linguistic decisions of the author help to make the narrative more profound.

Although the title to Quiroga's "El almohadón de plumas" (*The Large Feather Pillow*) certainly creates an image, the reader finds that the very first sentence of the story adds, in no small way, to its meaning. The relationship between **almohadón** and **luna de miel** (*honeymoon*) can be understood somewhat unproblematically. This understanding, however, is quickly violated by the end of the sentence, which creates a situation that would seem to be paradoxical: a honeymoon fraught with fear. By extension, then, we see linked at this point the **almohadón,** marriage, and a negative tone.

Another interesting word choice is found in line 43 of the text. While **ahogaba** (*smothered*) is most certainly an appropriate verb to depict how a carpet muffles one's footsteps, one might consider that the author could easily have selected a word that did not conjure up the horrifying and morbid image of *smothering.* The use of this verb, given the context being developed by the narrative, would seem to imply a conscious lexical decision.

In order to become more aware of the importance of lexical choices, read lines 18–21 before your first reading of the story, focusing in particular on the phrase, "**En ese extraño <u>nido</u> de amor.**" What lexical choices has the author made that help to convey the particular tone or feeling that comes from this paragraph? After having read the entire story, this paragraph, and especially this phrase, will acquire a very specific meaning.

nest

With the exception of one element in the chilling conclusion to "El almohadón de plumas," the story is essentially devoid of references to Latin American culture or society. In short, it is a Gothic horror story in the tradition of Ann Radcliffe's *Mysteries of Udolpho* (1794), Mary Shelley's *Frankenstein* (1818), and, most important, Edgar Allan Poe's *Tales* (1845)—works of fiction marked by an atmosphere of suspense and horror.

Quiroga, like many other writers from South America, was deeply influenced by literary models of both Europe and the United States. He was a devotee in particular of the work of Edgar Allan Poe and wrote his own philosophy of composition, the "Manual of the Perfect Short Story Writer," which reflected many of Poe's major tenets. Both writers, moreover, found the theme of madness fascinating.

Quiroga's interest in Poe highlights an important yet often forgotten feature of Latin American literature—its linkage with world literature as a whole. From the time of the discovery and conquest there has been an ongoing exchange of European-centered world views and the unique perceptions of reality provided by the New World. In recent years, innovative Latin American writers such as Jorge Luis Borges, Julio Cortázar, Gabriel García Márquez, and Isabel Allende have begun to influence writers in the United States and Europe.

El almohadón de plumas

SU LUNA DE miel[1] fue un largo escalofrío.[2] Rubia, angelical y tímida, el carácter duro de su marido heló sus soñadas niñerías de novia.[3] Ella lo quería mucho, sin embargo, aunque a veces con un ligero estremecimiento[4] cuando volviendo de noche juntos por la calle, echaba una furtiva
5   mirada a la alta estatura de Jordán, mudo desde hacía una hora. Él, **por su parte,** la amaba profundamente, sin darlo a conocer.

Durante tres meses —se habían casado en abril—, vivieron una dicha[5] especial. Sin duda hubiera ella deseado menos severidad en ese rígido cielo de amor; más expansiva e incauta ternura;[6] pero el impasible semblante de su
10   marido la contenía siempre.[7]

La casa en que vivían **influía** no poco **en** sus estremecimientos. La blancura del patio silencioso —frisos,[8] columnas y estatuas de mármol— producía una otoñal impresión de palacio encantado. Dentro, el brillo glacial de estuco,[9] sin el más leve rasguño en las altas paredes,[10] afirmaba aquella sensación de
15   desapacible[11] frío. Al cruzar de una pieza a otra, los pasos hallaban eco en

[1]luna... *honeymoon* [2]*shiver* [3]soñadas... *childhood fantasies of being a bride* [4]ligero... *slight shiver*
[5]*happiness* [6]incauta... *incautious tenderness* [7]impasible... *her husband's stern expression always restrained her* [8]*friezes* [9]*stucco* [10]sin... *the completely bare, high walls* [11]*unpleasant*

toda la casa, como si un largo abandono hubiera sensibilizado su resonancia.[12]

En ese extraño nido[13] de amor, Alicia pasó todo el otoño. Había concluido, no obstante, por echar un velo[14] sobre sus antiguos sueños, y aun vivía
20 dormida en la casa hostil, sin querer pensar en nada hasta que llegaba su marido.

No es raro que adelgazaba.[15] Tuvo un ligero ataque de influenza que se arrastró[16] insidiosamente días y días; Alicia no se reponía nunca. Al fin una tarde pudo salir al jardín apoyada en el brazo de su marido. Miraba indiferente
25 a uno y otro lado. De pronto Jordán, con honda ternura, le pasó muy lento la mano por la cabeza, y Alicia rompió en seguida en sollozos,[17] echándole los brazos al cuello. Lloró largamente todo su espanto callado, redoblando el llanto a la más leve caricia de Jordán. Luego los sollozos fueron retardándose, y aún quedó largo rato escondida en su cuello, sin moverse ni pronunciar
30 palabra.

Fue ése el último día que Alicia estuvo levantada. **Al día siguiente** amaneció desvanecida.[18] El médico de Jordán la examinó con suma atención, ordenándole calma y descanso absolutos.

—No sé —le dijo a Jordán en la puerta de calle—. Tiene una gran debili-
35 dad que no me explico. Y sin vómitos, nada... si mañana se despierta como hoy, llámeme en seguida.

Al día siguiente Alicia amanecía peor. Hubo consulta. Constatóse una anemia de marcha agudísima,[19] completamente inexplicable. Alicia no tuvo más desmayos,[20] pero se iba visiblemente a la muerte. Todo el día el dormito-
40 rio estaba con las luces prendidas y en pleno silencio. (Pasábanse) horas sin que se oyera el menor ruido. Alicia dormitaba.[21] Jordán vivía casi en la sala, también con toda la luz encendida. Paseábase sin cesar de un extremo a otro, con incansable obstinación. La alfombra ahogaba sus pasos. **A ratos** entraba en el dormitorio y proseguía su mudo vaivén[22] a lo largo de la cama, de-
45 teniéndose un instante en cada extremo a mirar a su mujer.

Pronto Alicia comenzó a tener alucinaciones, confusas y flotantes al princi-pio, y que descendieron luego a ras del suelo.[23] La joven, con los ojos
carpet desmesuradamente[24] abiertos, no hacía sino mirar la <u>alfombra</u> a uno y otro lado del respaldo[25] de la cama. Una noche quedó de repente con los ojos
50 fijos. Al rato abrió la boca para gritar, y sus narices y labios se perlaron de[26] sudor.

¡Jordán! ¡Jordán! —clamó, rígida de espanto, sin dejar de mirar la alfombra. Jordán corrió al dormitorio, y al verlo aparecer Alicia lanzó un alarido[27] de horror.

55 —¡Soy yo, Alicia, soy yo!

---

[12]como... *as if long abandonment had sensitized its resonance* [13]*nest* [14]*veil* [15]*she grew thin* [16]se... *dragged on* [17]*sobs* [18]*feeling faint* [19]Constatóse... *It was decided she had acute anemia* [20]*fainting spells* [21]*dozed* [22]proseguía... *continued his silent pacing* [23]a... *to floor level* [24]*excessively* [25]*head* [26]se... *were bathed in* [27]*scream*

carpet

Alicia lo miró con extravío,[28] miró la alfombra, volvió a mirarlo, y después de largo rato de estupefacta confrontación, **volvió en sí.** Sonrió y tomó entre las suyas la mano de su marido, acariciándola[29] por media hora, temblando.

Entre sus alucinaciones más porfiadas,[30] hubo un antropoide[31] apoyado en
60 la alfombra sobre los dedos, que tenía fijos en ella los ojos.

Los médicos volvieron inútilmente. Había allí delante de ellos una vida que se acababa, desangrándose[32] día a día, hora a hora, sin saber absolutamente cómo. En la última consulta Alicia yacía en estupor mientras ellos la pulsaban, pasándose de uno a otro la muñeca inerte.[33] La observaron largo rato en si-
65 lencio, y siguieron al comedor. *wrist   listless*

—Pst... —**se encogió de hombros** desalentado[34] el médico de cabecera[35]—. Es un caso inexplicable... Poco hay que hacer...

—¡Sólo eso me faltaba! —resopló[36] Jordán. Y tamborileó[37] bruscamente sobre la mesa. *sighed   drummed*

70 Alicia fue extinguiéndose en su delirio de anemia, agravado de tarde, pero que remitía[38] siempre en las primeras horas. Durante el día no avanzaba su enfermedad, pero cada mañana amanecía *woke up* lívida, en síncope casi.[39] Parecía que únicamente de noche se le fuera la vida en nuevas oleadas[40] de sangre. Tenía siempre al despertar la sensación de estar desplomada[41] en la cama con
75 un millón de kilos encima. Desde el tercer día este hundimiento[42] *sinking* no la aban-donó más. Apenas podía mover la cabeza. No quiso que le tocaran la cama, ni aun que le arreglaran el almohadón. Sus terrores crepusculares avanzaban ahora en forma de monstruos que se arrastraban hasta la cama, y trepaban di-ficultosamente por la colcha.[43]

80 Perdió luego el conocimiento. Los dos días finales deliró sin cesar **a media voz.** Las luces continuaban fúnebremente encendidas en el dormitorio y la sala. En el silencio agónico de la casa no se oía más que el delirio monótono que salía de la cama, y el sordo retumbo[44] de los eternos pasos de Jordán.

Alicia murió al fin. La sirvienta, cuando entró después a deshacer la cama,
85 sola ya, miró un rato extrañada el almohadón.

—¡Señor! —llamó a Jordán en voz baja—. En el almohadón hay manchas que parecen de sangre. Jordán se acercó rápidamente y se dobló[45] sobre aquél. Efectivamente, sobre la funda,[46] a ambos lados del hueco que había dejado la cabeza de Alicia, se veían manchitas oscuras.

90 —Parecen picaduras[47] —murmuró la sirvienta después de un rato de inmóvil observación.

—Levántelo a la luz —le dijo Jordán.

La sirvienta lo levantó; pero en seguida **lo dejó caer,** y se quedó mirando a aquél, lívida y temblando. Sin saber por qué, Jordán sintió que los cabellos
95 se le erizaban.[48]

---

[28]con... *confusedly* [29]*caressing it* [30]*persistent* [31]*anthropoid (resembling an ape)* [32]*bleeding to death*
[33]muñeca... *listless wrist* [34]*discouraged* [35]de... *in charge* [36]*sighed* [37]*he drummed (his fingers)* [38]*got better*
[39]amanecía... *she woke up pale, almost in a faint* [40]*waves* [41]*weighted down* [42]*sinking* [43]trepaban... *climbed upon the bedspread* [44]sordo... *soft patter* [45]se... *bent over* [46]*pillowcase* [47]*bites* [48]los... *his hair stood on end*

—¿Qué hay? —murmuró con la voz ronca.[49]

—Pesa mucho —articuló la sirvienta, sin dejar de temblar.

Jordán lo levantó; pesaba extraordinariamente. Salieron con él, y sobre la mesa del comedor Jordán cortó funda y envoltura de un tajo.[50] Las plumas
100 superiores volaron, y la sirvienta dio un grito de horror con toda la boca abierta, llevándose las manos crispadas a los bandós:[51] —sobre el fondo, entre las plumas, moviendo lentamente las patas velludas,[52] había un animal monstruoso, una bola viviente y viscosa. Estaba tan hinchado[53] que apenas se le pronunciaba la boca.[54]

105 Noche a noche, desde que Alicia había caído en cama, había aplicado sigilosamente[55] su boca —su trompa,[56] mejor dicho— a las sienes de aquélla, chupándole[57] la sangre. La picadura era casi imperceptible. La remoción[58] diaria del almohadón sin duda había impedido al principio su desarrollo; pero desde que la joven no pudo moverse, la succión fue vertiginosa.[59] En cinco
110 días, en cinco noches, había el monstruo vaciado a Alicia.

Estos parásitos de las aves, diminutos en el medio habitual, llegan a adquirir en ciertas condiciones proporciones enormes. La sangre humana parece serles particularmente favorable, y no es raro hallarlos en los almohadones de plumas.

[49]*hoarse* [50]*funda... the covering and the pillowcase with one cut* [51]*headband* [52]patas... *hairy legs* [53]*swollen* [54]apenas... *one could barely see its mouth* [55]*secretly* [56]*snout* [57]*sucking* [58]*fluffing* [59]*rapidísima*

$\mathcal{D}$ESPUÉS DE LEER

CUESTIONARIO

1. ¿Cómo fue la luna de miel de Alicia?
2. ¿Cómo se llamaba el esposo de Alicia?
3. ¿Cómo era la casa en que vivían?
4. ¿Por qué no era raro que Alicia adelgazara?
5. ¿Qué le ordenó a Alicia el médico de Jordán?
6. ¿Qué cosa aparecía en sus alucinaciones más persistentes?
7. ¿Cuándo era más fuerte la enfermedad de Alicia?
8. ¿Qué notó la sirvienta en cuanto al almohadón de Alicia?
9. ¿Qué había dentro del almohadón?
10. ¿De qué murió Alicia?

ESTUDIO DE PALABRAS

A. Complete las oraciones con palabras o expresiones de **Palabras importantes y modismos.**

1. La enfermedad de su esposa _____ mucho en su actitud hacia la vida.
2. Alicia había decidido _____ seguir con sus actividades normales a pesar de las advertencias (*warnings*) del médico.

3. Ése fue el último día que Alicia estuvo bien. _____ estaba peor.

4. Después de un largo desmayo, Alicia _____ .

5. Jordán entraba en el dormitorio para ver a Alicia de cuando en cuando. Es decir que entraba _____ para verla.

6. El médico no sabía qué hacer. En ese momento _____ y salió desanimado del cuarto.

7. Hablaba en voz baja, es decir, _____ .

8. La sirvienta levantó el almohadón; pero en seguida lo _____ .

B. Empareje las palabras o expresiones con sus sinónimos.

1.	_____ dormitorio	**a.**	sin embargo
2.	_____ sirvienta	**b.**	esposo
3.	_____ parásitos	**c.**	inmediatamente
4.	_____ terror	**d.**	visiones
5.	_____ marido	**e.**	animales
6.	_____ alucinaciones	**f.**	sala de dormir
7.	_____ inexplicable	**g.**	criada
8.	_____ no obstante	**h.**	horror
9.	_____ mirar	**i.**	observar
10.	_____ en seguida	**j.**	incomprensible

CONSIDERACIONES

1. Describa las relaciones entre estos dos personajes —Alicia y Jordán— que se amaban «mucho» y «profundamente».
2. El narrador dice que es extraño el «nido de amor» (l. 18) que tienen Alicia y Jordán y lo es en doble sentido. Comente.
3. ¿Establece o sugiere el texto alguna relación entre Jordán y la enfermedad que sufre Alicia?
4. ¿Cómo era el animal que Jordán encontró dentro del almohadón? ¿Por qué era tan grande?
5. Al final del texto se descubre la razón de la enfermedad de Alicia. Repase el texto, ahora que Ud. sabe la causa, y haga una lista de las frases que anuncian el final y sirven como prefiguración (*foreshadowing*).

ANÁLISIS DEL TEXTO

1. Comente el papel que juega el ambiente otoñal en «El almohadón de plumas». ¿Cómo es la casa en que los protagonistas viven?
2. Comente el contraste entre la figura de Jordán y la de Alicia.
3. ¿Puede hablarse de una *doble* presencia del horror en este cuento? ¿Cómo?
4. Comente la función de las alucinaciones de Alicia como prefiguración del desenlace.

5. Comente la importancia del último párrafo de «El almohadón de plumas». ¿Cómo lleva Quiroga al lector hacia el desenlace final?

PERSPECTIVA PERSONAL

1. ¿Ha experimentado Ud. alguna vez una sensación de horror similar a la que sintió la sirvienta en este cuento?
2. «En el *New York Times* del 25 de mayo de 1973, se narra el caso de Rimpy Mundi, niño de cuatro años, paralizado durante cinco días y a punto de morir. Los médicos del hospital no sabían a qué atribuir su enfermedad. Afortunadamente una enfermera, que días antes había asistido a una conferencia sobre reznos y garrapatas (*parasitic larvae and ticks*), espulgó a Rimpy y le sacó una garrapata. El enfermito recuperó su salud horas más tarde.»* Comente esta cita con relación al cuento «El almohadón de plumas».

BIBLIOGRAFÍA

Arango L., Manuel Antonio. "Lo fantástico en el tema de la muerte en dos cuentos de Horacio Quiroga: 'El almohadón de plumas' y 'La insolación.'" *Explicación de textos literarios* 8 (1979–1980):183–190.

Etcheverry, José E. "La retórica del almohadón." In *Aproximaciones a Horacio Quiroga,* ed. Ángel Flores. Caracas: Monte Ávila, 1976: 215–219.

Gambarini, Elsa K. "El discurso y su transgresión: 'El almohadón de plumas', de Horacio Quiroga." *Revista Iberoamericana* 46 (July–December 1980): 443–457.

Veiravé, Alfredo. "El almohadón de plumas, lo ficticio y lo real." In *Aproximaciones a Horacio Quiroga,* ed. Ángel Flores. Caracas: Monte Ávila, 1976: 209–214.

---

*José E. Etcheverry, "La retórica del almohadón," in *Aproximaciones a Horacio Quiroga,* ed. Ángel Flores (Caracas, Monte Ávila, 1976), 215–219.

El poderoso Río Paraná

A la deriva[1] omit

"**A** la deriva" is a quintessential example of Quiroga's mastery of the art of storytelling. It was written in 1912—a decisive period in Quiroga's personal and artistic life. At this time he was living with his wife and two young children in San Ignacio, a city in the remote subtropical province of Misiones, which serves as the backdrop for this tale of the struggle of humankind against nature. Quiroga was not only an able storyteller, but also a sophisticated theoretician of the genre. He particularly admired Edgar Allan Poe's ability to bring a story to a startling conclusion. As you read this story, try to ascertain how the narrator maintains a level of tension that keeps his reader in a state of suspense until the surprising ending.

[1]A... *Adrift*

*A*NTES DE LEER

PALABRAS IMPORTANTES Y MODISMOS

al atardecer	at dusk	**entretanto**	meanwhile
echar una ojeada a	to glance at	**ponerse + *adjetivo***	to become + *adj.*

79

| **pretender** | to attempt; to try | **reponerse del todo** | to fully recover from (an illness) |

Conclusions (*finales abiertos, cerrados, irónicos*)

A short story often relies quite heavily on an effective conclusion. Although this may also be true of novels, it is generally more imperative in short stories, given the structural constraints, such as length, imposed by the genre. The interval from beginning to end may be quite brief, as in Quiroga's "A la deriva." There is not enough time to develop characters, establish motives, and immerse the reader in complex plots and subplots. For these reasons, an effective ending can be crucial.

Endings can be broadly categorized as open, closed, or ironic, although irony can be combined with either an open or closed ending. An *open ending* brings the narrative to an acceptable and logical conclusion, while allowing for a continuation of the narrative, much as films often allow for the possibility of a sequel. A *closed ending,* on the other hand, also brings the narrative to a logical conclusion, but it does so in such a way that narrative is understood to be finished (this is not to suggest, however, that the protagonist or other characters must die). *Ironic endings* include those that contain the very sudden and satisfying twist known as *irony.* As noted, this type of ending may be devised to provide closure or to remain open.

Quiroga was a very popular writer, publishing most of his stories in magazines and newspapers. His readers were intrigued with his ability to produce surprise endings and sudden twists of fortune. Before you read this story, make a list of memorable short stories you have read (for example, "The Lottery," "The Tell-Tale Heart"). Can you recall whether the endings were open, closed, or ironic? These examples should help you better appreciate the special ending Quiroga contrives for this particular tale.

CONTEXTO CULTURAL To fully appreciate the drama played out in "A la deriva," some facts about its setting (**marco escénico**) are in order. Quiroga wrote the story while living in the isolated province of Misiones, in northeastern Argentina. Misiones is bordered by Paraguay to the west and Brazil to the north. It is subtropical and host to a large variety of animals and plants: turtles, alligators, swamp deer, poisonous snakes, and up to four-hundred bird species. The terrain is varied, consisting of swamps, canyons, savannas, and marshlands—all crisscrossed by the powerful Paraná, Iguazú, and Uruguay Rivers.

The Paraná River plays the central role of this story. This river flows south from its headwaters in Brazil and through the humid Pampas, finally emptying into the Río de la Plata. Like the mighty Mississippi in the United States, which is not merely a waterway but a symbol of adventure and escape—and also of grave danger—the Paraná is an important cultural and literary icon in Latin American literature; for many throughout Latin America, the mere mention of it evokes a series of shared associations, images, or experiences relating to the unique realities of life in the region. Thus, by selecting the Paraná as the principal backdrop to "A la deriva," Quiroga immediately establishes a mood of foreboding in his Latin American readers, who already sense, from their associations with the Paraná, how the story will end—how it *must* end. The fact that the readers foresee events that the protagonist does not—and that, unable to help him, they must watch the story unfold toward its inevitable conclusion—creates a particular type of irony known as *dramatic irony*.

A la deriva

*E*L HOMBRE PISÓ algo blanduzco,[1] y en seguida sintió la mordedura[2] en el pie. Saltó adelante, y al volverse, con un juramento vio una yaracacusú[3] que, arrollada[4] sobre sí misma, esperaba otro ataque.

El hombre **echó una** veloz **ojeada a** su pie, donde dos gotitas de sangre
5 engrosaban dificultosamente,[5] y sacó el machete de la cintura. La víbora vio la amenaza y hundió más la cabeza en el centro mismo de su espiral; pero el machete cayó de lomo,[6] dislocándole las vértebras.

El hombre se bajó hasta la mordedura, quitó las gotitas de sangre y durante un instante contempló. Un dolor agudo nacía de los dos puntitos violeta[7] y
10 comenzaba a invadir todo el pie. Apresuradamente se ligó el tobillo con su pañuelo[8] y siguió por la picada hacia su rancho.

El dolor en el pie aumentaba, con sensación de tirante abultamiento,[9] y de pronto el hombre sintió dos o tres fulgurantes puntadas que, como relámpagos, habían irradiado desde la herida hasta la mitad de la pantorrilla.[10] Movía
15 la pierna con dificultad; una metálica sequedad de garganta, seguida de sed quemante, le arrancó un nuevo juramento.

Llegó por fin al rancho y se echó de brazos sobre la rueda de un trapiche.[11] Los dos puntitos violeta desaparecían ahora en la monstruosa hinchazón[12] del pie entero. La piel parecía adelgazada y a punto de ceder, de
20 tensa.[13] Quiso llamar a su mujer, y la voz se quebró en un ronco arrastre de garganta reseca. La sed lo devoraba.

—¡Dorotea! —alcanzó a lanzar en un estentor—. ¡Dame caña[14]!

---

[1]*softish* [2]*bite* [3]*type of poisonous snake* [4]*coiled* [5]*engrosaban... were slowly forming* [6]*cayó... came down on its back* [7]*dos... two violet puncture wounds* [8]*se... tied his handkerchief tightly around his ankle*
[9]*sensación... a feeling of swelling and tightness* [10]*hasta... halfway up his calf* [11]*rueda... wheel of a sugarcane press* [12]*swelling* [13]*a... stretched to the point of breaking* [14]*rum*

Su mujer corrió con un vaso lleno, que el hombre sorbió en tres tragos. Pero no había sentido gusto alguno.

25 —¡Te pedí caña, no agua! —rugió de nuevo—. ¡Dame caña!

—¡Pero es caña, Paulino! —protestó la mujer, espantada.

—¡No, me diste agua! ¡Quiero caña, te digo!

La mujer corrió otra vez, volviendo con la damajuana.[15] El hombre tragó uno tras otro dos vasos, pero no sintió nada en la garganta.

30 —Bueno; esto **se pone** feo... —murmuró entonces, mirando su pie, lívido y ya con lustre gangrenoso. Sobre la honda ligadura del pañuelo la carne desbordaba como una monstruosa morcilla.[16]

Los dolores fulgurantes se sucedían en continuos relampagueos y llegaban ahora a la ingle.[17] La atroz sequedad de garganta, que el aliento parecía 35 caldear más, aumentaba a la par. Cuando **pretendió** incorporarse, un fulminante vómito lo mantuvo medio minuto con la frente apoyada en la rueda de palo.

Pero el hombre no quería morir, y descendiendo hasta la costa subió a su canoa. Sentóse en la popa y comenzó a palear hasta el centro del Paraná. Allí 40 la corriente del río, que en las inmediaciones del Iguazú corre seis millas, lo llevaría antes de cinco horas a Tacurú-Pucú.[18]

El hombre, con sombría energía, pudo efectivamente llegar hasta el medio del río; pero allí sus manos dormidas dejaron caer la pala[19] en la canoa, y tras un nuevo vómito —de sangre esta vez— dirigió una mirada al sol, que ya 45 trasponía el monte.[20]

La pierna entera, hasta medio muslo, era ya un bloque deforme y durísimo que reventaba la ropa.[21] El hombre cortó la ligadura y abrió el pantalón con su cuchillo: el bajo vientre desbordó hinchado, con grandes manchas lívidas y terriblemente doloroso. El hombre pensó que no podría llegar jamás él solo a 50 Tacurú-Pucú y se decidió a pedir ayuda a su compadre Alves, aunque hacía mucho tiempo que estaban disgustados.[22]

La corriente del río se precipitaba ahora hacia la costa brasileña, y el hombre pudo fácilmente atracar.[23] Se arrastró por la picada en cuesta arriba; pero a los veinte metros, exhausto, quedó tendido de pecho.

55 —¡Alves! —gritó con cuanta fuerza pudo; y prestó oído en vano—. ¡Compadre Alves! ¡No me niegues este favor! —clamó de nuevo, alzando la cabeza del suelo. En el silencio de la selva no se oyó rumor. El hombre tuvo aún valor para llegar hasta su canoa, y la corriente, cogiéndola de nuevo, la llevó velozmente a la deriva.

60 El Paraná corre allí en el fondo de una inmensa hoya,[24] cuyas paredes, altas de cien metros, encajonan fúnebremente el río.[25] Desde las orillas, bordeadas de negros bloques de basalto, asciende el bosque, negro también. Adelante, a los costados, atrás, siempre la eterna muralla lúgubre; en cuyo

---

[15]bottle   [16]la... the flesh swelled like a monstrous sausage   [17]groin   [18]the town the protagonist wishes to reach   [19]oar   [20]ya... was already crossing the mountain   [21]reventaba... was bursting his clothes   [22]hacía... they hadn't been friendly for some time   [23]pudo... was able to come ashore easily   [24]ravine   [25]encajonan... encase the river in a funereal light

fondo el río arremolinado[26] se precipita en incesantes borbollones de agua
65 fangosa. El paisaje es agresivo y reina en él un silencio de muerte. **Al atardecer,** sin embargo, su belleza sombría y calma cobra una majestad única.

El sol había caído ya cuando el hombre, semitendido[27] en el fondo de la
canoa, tuvo un violento escalofrío. Y de pronto, con asombro, enderezó pe-
sadamente la cabeza: se sentía mejor. La pierna le dolía apenas, la sed dis-
70 minuía, y su pecho, libre ya, se abría en lenta inspiración.

El veneno comenzaba a irse, no había duda. Se hallaba casi bien, y aunque
no tenía fuerzas para mover la mano, contaba con la caída del rocío para
reponerse del todo. Calculó que antes de tres horas estaría en Tacurú-Pucú.

El bienestar avanzaba, y con él una somnolencia llena de recuerdos. No
75 sentía ya nada ni en la pierna ni en el vientre. ¿Viviría aún su compadre
Gaona, en Tacurú-Pucú? Acaso viera también a su ex patrón, míster Dougald,
y al recibidor del obraje.

¿Llegaría pronto? El cielo, al poniente,[28] se abría ahora en pantalla de oro,[29]
y el río se había coloreado también. Desde la costa paraguaya, ya entenebre-
80 cida,[30] el monte dejaba caer sobre el río su frescura crepuscular en pene-
trantes efluvios de azahar y miel silvestre. Una pareja de guacamayos[31] cruzó
muy alto y en silencio hacia el Paraguay.

Allá abajo, sobre el río de oro, la canoa derivaba velozmente, girando a
ratos sobre sí misma ante el borbollón de un remolino. El hombre que iba en
85 ella se sentía cada vez mejor, y pensaba **entretanto** en el tiempo justo que
había pasado sin ver a su ex patrón Dougald. ¿Tres años? Tal vez no, no tanto.
¿Dos años y nueve meses? Acaso. ¿Ocho meses y medio? Eso sí, seguramente.

De pronto sintió que estaba helado hasta el pecho.

¿Qué sería? Y la respiración...
90 Al recibidor de maderas de míster Dougald,[32] Lorenzo Cubilla, lo había
conocido en Puerto Esperanza un Viernes Santo... ¿Viernes? Sí, o jueves...

El hombre estiró lentamente los dedos de la mano.

—Un jueves...

Y cesó de respirar.

[26]en... *at whose base the swirling river* [27]*half stretched out* [28]al... *in the west* [29]pantalla... *golden screen*
[30]*darkened* [31]*tropical birds* [32]recibidor... *Mr. Dougald's receiver of timber*

𝒟ESPUÉS DE LEER

CUESTIONARIO

1. ¿Qué incidente le ocurrió al protagonista al comienzo del cuento?
2. ¿Qué le hizo el hombre a la víbora?
3. ¿Qué síntomas sentía el hombre?
4. ¿Por qué creyó que su mujer le había dado agua en vez de caña?
5. ¿Qué intentó hacer para no morir?

6. ¿A quién decidió pedirle ayuda? ¿Por qué?
7. ¿Cómo era el paisaje que rodeaba al hombre?
8. ¿Por qué creía que el veneno comenzaba a irse?
9. ¿En qué pensaba el hombre al sentirse mejor?
10. ¿Qué le ocurrió al protagonista al final del cuento?

ESTUDIO DE PALABRAS

A. Empareje las palabras con sus sinónimos.

1. _____ echar una ojeada   **a.** mientras tanto
2. _____ ponerse feo   **b.** con el crepúsculo
3. _____ pretender   **c.** intentar
4. _____ al atardecer   **d.** recuperarse por completo
5. _____ reponerse del todo   **e.** mirar rápidamente
6. _____ entretanto   **f.** hacerse más delicado

B. Complete las oraciones con palabras o expresiones de **Palabras importantes y modismos.**

1. Cada vez que yo _____ caminar, siento un dolor paralizante en la pierna.
2. Antes de comer, quiero _____ los documentos que firmaré esta noche.
3. Después de viajar todo el día, llegamos a casa _____ .
4. Cuando la situación política _____ peligrosa, el líder escapó del país.
5. Voy a preparar la cena en una hora. _____ , quiero que tú me ayudes a poner la mesa.
6. El mes pasado mi hermana estuvo muy mal de la espalda, pero por suerte ella ya _____ .

CONSIDERACIONES

1. El cuento comienza en el momento en que la víbora muerde al hombre. Sin embargo, es evidente que la historia del protagonista se extiende más allá de lo escrito. En su opinión, ¿qué estaba haciendo fuera del rancho?
2. ¿De qué manera se describe el progreso del veneno?
3. ¿Puede Ud. encontrar ejemplos de confusión psíquica, sensorial, cognitiva, etcétera, en el protagonista? ¿Qué fin persigue el autor por medio de la confusión?
4. ¿Cómo imagina Ud. el rancho donde vivía el hombre con su mujer?
5. Sabemos que el hombre y su compadre Alves estaban distanciados, pero no sabemos por qué. Imagine una buena razón, basándose en las características de los personajes y el ambiente.
6. Al final del cuento se sabe que el hombre había trabajado para «míster Dougald» en un «obraje» (ll. 76–77). ¿Qué nueva información sobre la vida del protagonista aporta este dato?

7. ¿Qué cree Ud. que implica el uso de un anglicismo como «míster» delante del apellido extranjero del patrón?

ANÁLISIS DEL TEXTO

1. Si bien sabemos por la mujer del protagonista que éste se llama Paulino, la voz narrativa se refiere a él como «el hombre» a lo largo del cuento. ¿Qué efecto cree Ud. que produce esto?
2. El título «A la deriva» resume el viaje del hombre en su canoa por el Río Paraná en busca de salvación. ¿Cree Ud. que el título también hace referencia a la situación social del protagonista y a su angustia existencial? Explique.
3. La voz narrativa interrumpe el relato y permite el uso del diálogo en tres momentos diferentes. ¿Cuál es el efecto dramático en cada caso? ¿Qué se nos informa «entre líneas» por medio del diálogo?
4. ¿Cómo se interactúan el hombre y la naturaleza a lo largo del cuento? ¿Qué importancia tiene el río?
5. La aparente mejoría del protagonista es sólo el preludio de su muerte. ¿De qué manera contribuye esto al clímax del relato?

PERSPECTIVA PERSONAL

1. ¿Cree Ud. que existe tensión y lucha entre el ser humano y el medio ambiente? ¿De qué manera(s) se manifiesta?
2. Según Horacio Quiroga, el ser humano es vulnerable y siempre es vencido por la naturaleza. ¿Está Ud. de acuerdo? ¿Por qué?
3. ¿Recuerda Ud. alguna experiencia en que fuera a hacer algo muy de rutina y algo inesperado le ocurrió? ¿Qué pasó? ¿Cuáles fueron las consecuencias?

BIBLIOGRAFÍA

Bratosevich, Nicolás. *El estilo de Horacio Quiroga en sus cuentos*. Madrid: Gredos, 1973.

Martul Tobio, L. and Kathleen N. March. "Ejes conceptuales del pensamiento de Horacio Quiroga." *Cuadernos Hispanoamericanos* 443 (May 1987):73–87.

Morales T., Leonidas. "Misiones y las macrofiguras narrativas hispanoamericanas." *Hispamérica-Revista de Literatura* 21.63 (December 1992):25–34.

Rodríguez Monegal, Emir. *El desterrado: Vida y obra de Horacio Quiroga*. Buenos Aires: Editorial Losada, 1968.

Yurkievich, Saul. "Análisis de 'A la deriva.'" In *El realismo mágico en el cuento hispanoamericano,* ed. Ángel Flores. Tlahuapan, México: Premia, 1985: 115–121.

Más allá de la realidad

9/12

JULIO CORTÁZAR (1914–1984) was born in Brussels, Belgium, of Argentine parents. He was educated in Argentina and, after teaching French literature at the University of Cuyo, earned a degree as a public translator. In 1951, the same year that *Bestiario,* his first collection of short stories, was published, he moved to Paris, where he lived until his death.

In 1956 Cortázar published his second book of stories, *Final del juego;* a third collection, *Las armas secretas,* appeared in 1958. The main character of "El perseguidor," one of the stories in the latter collection, embodies many of the traits of Cortázar's later heroes. The metaphysical anguish that the protagonist feels in his search for artistic perfection and in his frustrated attempts to come to grips with the passage of time, coupled with his rejection of twentieth-century values and norms, remained among Cortázar's central preoccupations. "Las babas del diablo," later made by Antonioni into the motion picture *Blow-Up,* examines the creative possibilities of art, showing how different truths may be brought about by changes in perspective, thus casting doubt on the notion of objective reality. The reader becomes an active participant in the creative process of "Las babas del diablo," making choices as the author would. Cortázar's first novel, *Los premios* (1960), was followed in 1963 by *Rayuela,* a work that revolutionized Latin American writing. Other important works of his include *Todos los fuegos el fuego* (1962), *Modelo para armar* (1968), *Libro de Manuel* (1973), *Queremos tanto a Glenda* (1981), and *Fascinación de las palabras* (1985).

Try to keep the following comments in mind as you read Cortázar's stories.

In many respects an heir of Borges, Cortázar writes short stories within the framework of what has been called "magical realism": a realism that goes beyond the surface appearance of daily phenomena to lay bare the unknown and the surprising that characterize events that are our daily lot. Events are presented in allegorical, illogical terms, where the unexplainable and the fantastic (e.g., a man who is driven to suicide because he cannot keep himself from vomiting furry little rabbits) are metaphors for everyday events which we mistakenly believe are normal and reasonable. Cortázar creates an interplay between the banal and the weird, between reason and a chaotic scheme of things, between bourgeois complacency and the terrified realizations that man is not in control of events, that reality is far more an unknown than man's cliché-ridden life has led him to believe. Cortázar also displays a whimsy that is as entertaining as it is devastating of the well-ordered world of the middle-class.* ❧

---

*David W. Foster, *A Dictionary of Contemporary Latin American Authors* (Tempe: Arizona State University Press, 1975), 30.

Hombre absorto en el placer de la lectura

9/12

Continuidad de los parques

An often anthologized story, "Continuidad de los parques" is taken from *Final del juego.* Cortázar's main preoccupation in this story, as well as in later works—"Las babas del diablo," *Rayuela*—is with the subtle interplay between reality and fiction: the effect that fictional works of art have on the real world, and the tenuous line that separates them.

*A*NTES DE LEER

*P*ALABRAS *IMPORTANTES Y MODISMOS*

al alcance de	within reach of	**entibiarse**	to become
a la vez	at the same time		lukewarm
a partir de	as of (this moment,	**ponerse a**	to start, begin
	that date)	**+ *infinitivo***	to (*do*
en lo alto (de)	at the top (of)		*something*)

*E*STRATEGIAS *PARA LEER*

Narrative Suspense or Tension (*suspenso*)

The very nature of the short story—its relative brevity—immediately suggests that certain formal constraints are at play. The slow, deliberate, and exhaustive elaboration of plot and character, for example, is not possible in a short story and is understood to belong more to the novel than to the short story genre. These constraints place certain imperatives on the story. Although the reasons for this are many, a short story will often strike the reader as being much more intense than a longer narrative. The story may explore a single, unique moment or situation, with no reference to the past; or it may explore the same singular event through the contraction of time. In this second method, the evocation of the past is necessary to ground or make greater sense of events that are about to happen in the narrative present. Regardless of the method used, the compression of time and emotions results in a greater sense of immediacy and suspense. It is for this reason that endings or conclusions of short stories often strike the reader as being surprising, for the inherent brevity of the works demands a thorough, but not elaborate, preparation for events to come. There must be an internal logic but no detailed elaboration.

It is useful to be aware of this narrative suspense or tension while reading Cortázar's "Continuidad de los parques." In order to appreciate this story fully, you will need to think about the implications or possibilities of the very first sentence to this brief story. Thus, before you read the entire story, *read the first sentence only,* considering the possibilities and consequences of your own very parallel situation. If Cortázar is attempting to involve the reader and, at the same time, establish narrative suspense, how does he accomplish this in the first few sentences? The answer might seem obvious, but the implications remain part of the greater narrative suspense. Jot down any ideas you have on this subject so that you can refer to them after your first complete reading.

*C*ONTEXTO CULTURAL Argentina is a land where cattle barons and large landowners (**latifundistas**) have made fortunes, especially in the nineteenth and twentieth centuries. Many of them lived on **estancias** or **fincas** (*country houses or ranches*), often in luxurious buildings reminiscent in style to European villas or *palazzi.* Even today, these powerful oligarchs, when not away on business or traveling to foreign countries, frequently return to the **fincas,** protective havens in idyllic settings. The ambiance described is one of money, power, and elitist seclusion: the long, tree-lined approach to the main building, the classic European furnishings. Sustaining the apparatus of the **latifundio,** however, is a system that more often than not is exploitative, making the gap between rich and poor even more pronounced. Especially in the literature of the nineteenth century it was not uncommon for a member of the upper class to take on a lover at the opposite end of the social spectrum, as seems to be suggested in this story. The novel *Lady Chatterley's Lover,* by English writer D. H. Lawrence, captures this struggle extremely well.

Continuidad de los parques

ABÍA EMPEZADO A leer la novela unos días antes. La abandonó por negocios urgentes, volvió a abrirla cuando regresaba en tren a la finca; se dejaba interesar lentamente por la trama, por el dibujo de los personajes. Esa tarde, después de escribir una carta a su apoderado[1] y
5 discutir con su mayordomo una cuestión de aparcerías,[2] volvió al libro en la tranquilidad del estudio que miraba hacia el parque de los robles. Arrellanado[3] en su sillón favorito, de espaldas a la puerta que lo hubiera molestado como una irritante posibilidad de intrusiones, dejó que su mano izquierda acariciara una y otra vez el terciopelo[4] verde y **se puso a** leer los últimos capítulos. Su memoria
10 retenía sin esfuerzo los nombres y las imágenes de los protagonistas; la ilusión novelesca lo ganó casi en seguida. Gozaba del placer casi perverso de irse desgajando línea a línea de lo que lo rodeaba,[5] y sentir **a la vez** que su cabeza descansaba cómodamente en el terciopelo del alto respaldo,[6] que los cigarrillos seguían **al alcance de** la mano, que más allá de los ventanales[7] danzaba el aire
15 del atardecer bajo los robles. Palabra a palabra, absorbido por la sórdida disyuntiva[8] de los héroes, dejándose ir hacia las imágenes que se concertaban y adquirían color y movimiento, fue testigo del último encuentro en la cabaña del monte. Primero entraba la mujer, recelosa;[9] ahora llegaba el amante, lastimada la cara por el chicotazo de la rama.[10] Admirablemente restañaba[11] ella la sangre
20 con sus besos, pero él rechazaba sus caricias, no había venido para repetir la ceremonia de una pasión secreta, protegida por un mundo de hojas secas y senderos furtivos. El puñal **se entibiaba** contra su pecho y debajo latía la libertad agazapada.[12] Un diálogo anhelante[13] corría por las páginas como un arroyo de serpientes, y se sentía que todo estaba decidido desde siempre. Hasta esas
25 caricias que enredaban el cuerpo del amante como queriendo retenerlo y disuadirlo, dibujaban abominablemente la figura de otro cuerpo que era necesario destruir. Nada había sido olvidado: coartadas, azares,[14] posibles errores. **A partir de** esa hora cada instante tenía su empleo minuciosamente atribuido. El doble repaso despiadado se interrumpía apenas para que una mano acariciara
30 una mejilla. Empezaba a anochecer.

Sin mirarse ya, atados rígidamente a la tarea que los esperaba, se separaron en la puerta de la cabaña. Ella debía seguir por la senda que iba al norte. Desde la senda opuesta él se volvió un instante para verla correr con el pelo suelto. Corrió a su vez, parapetándose en los árboles y los setos, hasta distin-
35 guir en la bruma malva del crepúsculo la alameda que llevaba a la casa.[15] Los perros no debían ladrar, y no ladraron. El mayordomo no estaría a esa hora, y

[margin note: dagger]

---

[1]*business agent with power of attorney* [2]*sharecropping* [3]*Comfortably seated* [4]*velvet* [5]*Gozaba... He was enjoying the almost perverse pleasure of separating himself line by line from his surroundings* [6]*alto... high back of the chair* [7]*large windows* [8]*dilemma* [9]*suspicious* [10]*lastimada... his face scratched by the lash of a tree branch* [11]*stopped* [12]*libertad... hidden freedom* [13]*chilling* [14]*coartadas... alibis, twists of fate* [15]*Corrió... He ran in turn, sheltering himself among the trees and the hedges, until he was able to distinguish in the mauve-colored mist of the twilight the tree-lined walk that led to the house.*

no estaba. Subió los tres peldaños del porch y entró. Desde la sangre galopando en sus oídos le llegaban las palabras de la mujer: primero una sala azul, después una galería, una escalera alfombrada. **En lo alto,** dos puertas.
40 Nadie en la primera habitación, nadie en la segunda. La puerta del salón, y entonces el puñal en la mano, la luz de los ventanales, el alto respaldo de un sillón de terciopelo verde, la cabeza del hombre en el sillón leyendo una novela.

gozar, enjoy

*D*ESPUÉS DE LEER

CUESTIONARIO

1. ¿Cuándo comenzó el protagonista a leer la novela?
2. ¿Por qué abandonó la lectura?
3. ¿Qué hizo después de escribirle una carta a su apoderado?
4. ¿De qué placer perverso gozaba el protagonista?
5. Describa el último encuentro de los amantes. *lovers*
6. ¿Qué hizo el amante después de separarse de la mujer?
7. ¿Por qué no estaba el mayordomo a esa hora? *foreman, doorman*
8. ¿A quién encuentra el amante?

ESTUDIO DE PALABRAS

Complete las oraciones con palabras o expresiones de **Palabras importantes y modismos.**

ponerse a

1. Regresó de Buenos Aires para descansar y _____ leer la novela.
2. Todo ocurría simultáneamente: _____ que leía, hablaba por teléfono. *a la vez*
3. Quería fumar, pero los cigarrillos no estaban _____ la mano. *al alcance de*
4. _____ esa hora, cada instante tenía su empleo minuciosamente atribuido. *A partir de*
5. El puñal _____ contra su pecho. *se entibió*
6. _____ la escalera, allá arriba, había dos puertas. *En lo alto de*

CONSIDERACIONES

1. En la primera parte del cuento (ll. 1–18), ¿qué palabras o frases descriptivas indican lo atractivo del mundo ficticio?
2. Estas primeras líneas establecen un contraste, es decir, una relación, entre el mundo literario y la vida del protagonista. ¿Cómo es, según el tono del texto, la vida del protagonista?
3. ¿Qué siente el protagonista mientras lee la novela? Anote las expresiones que se utilizan para describir sus sensaciones.

4. Explique con sus propias palabras de qué trata la novela que está leyendo el protagonista del cuento.
5. ¿Cómo es la casa del protagonista del cuento? Descríbala con el mayor número de detalles que pueda.
6. Al final del cuento la realidad y la ficción se mezclan. ¿Cuáles son las palabras y frases clave que aparecen en la realidad y en la ficción que indican que ambas se han juntado?
7. ¿Qué le habría pasado al protagonista si no hubiera empezado a leer la novela? Explique su respuesta.
8. Pensando en el final del cuento, ¿cuál es la paradoja que se plantea?

ANÁLISIS DEL TEXTO

1. ¿Qué sugiere el título «Continuidad de los parques»?
2. ¿En qué punto del cuento se encuentra que lo ficticio se convierte en lo real?
3. ¿Cómo se mantiene el elemento de tensión en la obra?
4. Hay un marcado cambio de ritmo al final del cuento. ¿Qué efecto produce en el lector este cambio?
5. Todos los verbos en el cuento se refieren al pasado, menos el último: «la cabeza del hombre en el sillón *leyendo* una novela». ¿Qué puede sugerir esto?

PERSPECTIVA PERSONAL

1. ¿Se han mezclado en su vida alguna vez la realidad y la ficción? ¿De qué manera?
2. ¿Cree Ud. que la realidad se puede reducir a blanco o negro, o que existen otras posibilidades? Explique.

BIBLIOGRAFÍA

Epple, Juan Armando. "La actitud lúdica en el cuento de Cortázar." *Explicación de textos literarios* 5 (1976):165–173.

García Méndez, Javier. "De un cuento de Cortázar y de la teoría de lo fantástico." *Plural* 9 (October 1979):20–24.

Lagmanovich, David. "Estrategias del cuento breve en Cortázar: Un paseo por 'Continuidad de los parques.'" *Explicación de textos literarios* 17 (1988–1989):177–185.

Lunn, Patricia V. and Jane W. Albrecht. "The Grammar of Technique: Inside 'Continuidad de los parques.'" *Hispania* 80.2 (1997):227–233.

Tittler, Jonathan. "La continuidad en 'Continuidad de los parques.'" *Crítica Hispánica* 6 (1984):167–174.

Plaza de la Independencia, Montevideo, Uruguay

La puerta condenada[1] *omit*

"La puerta condenada," included in the first edition of *Final del juego,*
touches on two of Cortázar's basic themes: the relationship between the
imagined and the real, and the obsessive desire of people in a rational
society to question the very essence of truth and reality, thus challenging the
entire panoply of Western thought. If, indeed, we are no longer able to
believe in the tenets of the Judeo-Christian tradition, and if reason has failed
us, what repercussions do we feel and in what can we trust? The protagonist's obsession may well be symptomatic of the ills afflicting our age.

[1]puerta... *door no longer in service*

*A*NTES DE LEER

PALABRAS IMPORTANTES Y MODISMOS

dar a	to face	**llevar**	to take, spend
dar una vuelta	to take a walk	**+ *tiempo***	(*time*); to have been (*time*)
de al lado	next door		
dejar frente a	to stop in front of	**mirar de soslayo**	to look at out of the corner of one's eye
llamar la atención	to attract attention		

ocurrírsele a alguien	to occur to someone	**tener la culpa**	to be guilty
quedar en + infinitivo	to agree on (*doing something*)	**tomar en serio**	to take seriously

Narrative Structures (*estructuras*)

"La puerta condenada" is considerably longer than many of Cortázar's stories, and it is this greater length that allows us to explore more closely some of the very formal considerations that help to structure a short story narrative. Here, in brief, are the specific structural terms.

1. **La exposición** is the establishment of the necessary details or information that will ground the action of the story to come. For example, this might include the name of the protagonist and the specifics of the situation, such as the setting (**el marco escénico**). Although this initial information tends to vary in type from story to story, it usually plants the seeds from which the main narrative will grow.

2. **El desarrollo** is the introduction and elaboration of the actions and characters (**los personajes**) that will form the story.

3. **El suspenso,** as the term clearly implies, is the dramatic tension that defines the unfolding of events and, moreover, is the anticipation of events to follow.

4. **El punto decisivo** is the moment or point (whether an action, a word, or words) at which there is a change in the direction of the events that have been unfolding.

5. **El clímax** is the necessary and unavoidable culmination, the immediate impact or consequence, of this change in narrative direction.

6. **El desenlace** is the establishment of the ultimate and final consequences of the **punto decisivo** and **clímax.**

As you scan "La puerta condenada," attempt to locate or recognize these structural components. Bear in mind that there will not necessarily be a hard and fast delineation between specific structural components.

La puerta condenada

A PETRONE LE gustó el Hotel Cervantes por razones que hubieran desagradado a otros. Era un hotel sombrío, tranquilo, casi desierto. Un conocido del momento se lo recomendó cuando cruzaba el río en el vapor de la carrera,[1] diciéndole que estaba en la zona céntrica de Montevideo.
5 Petrone aceptó una habitación con baño en el segundo piso, que **daba** directamente **a** la sala de recepción. Por el tablero de llaves[2] en la portería supo que había poca gente en el hotel; las llaves estaban unidas a unos pesados discos de bronce con el número de la habitación, inocente recurso de la gerencia para impedir que los clientes se las echaran al bolsillo.
10 El ascensor[3] **dejaba frente a** la recepción, donde había un mostrador con los diarios del día y el tablero telefónico. Le bastaba caminar unos metros para llegar a la habitación. El agua salía hirviendo, y eso compensaba la falta de sol y de aire. En la habitación había una pequeña ventana que daba a la azotea[4] del cine contiguo; a veces una paloma se paseaba por ahí. El cuarto de baño
15 tenía una ventana más grande, que se abría tristemente a un muro y a un lejano pedazo de cielo, casi inútil. Los muebles eran buenos, había cajones y estantes de sobra.[5] Y muchas perchas,[6] cosa rara.

---

[1]vapor... *steamship on a fixed route (between Montevideo and Buenos Aires)* [2]tablero... *board on which room keys are hung* [3]*elevator* [4]*terrace roof* [5]cajones... *plenty of drawers and shelves* [6]*coat hangers*

El gerente resultó ser un hombre alto y flaco, completamente calvo. Usaba anteojos con armazón de oro[7] y hablaba con la voz fuerte y sonora de los uruguayos. Le dijo a Petrone que el segundo piso era muy tranquilo, y que en la única habitación contigua a la suya vivía una señora sola, empleada en alguna parte, que volvía al hotel a la caída de la noche. Petrone la encontró al día siguiente en el ascensor. Se dio cuenta de que era ella por el número de la llave que tenía en la palma de la mano, como si ofreciera una enorme moneda de oro. El portero tomó la llave y la de Petrone para colgarlas en el tablero, y se quedó hablando con la mujer sobre unas cartas. Petrone tuvo tiempo de ver que era todavía joven, insignificante, y que se vestía mal como todas las orientales.[8]

El contrato con los fabricantes de mosaicos llevaría más o menos una semana. Por la tarde Petrone acomodó la ropa en el armario, ordenó sus papeles en la mesa, y después de bañarse salió a recorrer el centro mientras se hacía hora de ir al escritorio[9] de los socios. El día se pasó en conversaciones, cortadas por un copetín en Pocitos[10] y una cena en casa del socio principal. Cuando lo dejaron en el hotel era más de la una. Cansado, se acostó y se durmió en seguida. Al despertarse eran casi las nueve, y en esos primeros minutos en que todavía quedan las sobras de la noche y del sueño, pensó que en algún momento lo había fastidiado el llanto de una criatura.

Antes de salir charló con el empleado que atendía la recepción y que hablaba con acento alemán. Mientras se informaba sobre líneas de ómnibus y nombres de calles, miraba distraído la gran sala en cuyo extremo estaban las puertas de su habitación y la de la señora sola. Entre las dos puertas había un pedestal con una nefasta réplica de la Venus de Milo. Otra puerta, en la pared lateral, daba a una salita con los infaltables sillones y revistas. Cuando el empleado y Petrone callaban, el silencio del hotel parecía coagularse, caer como ceniza sobre los muebles y las baldosas.[11] El ascensor resultaba casi estrepitoso, y lo mismo el ruido de las hojas de un diario o el raspar de un fósforo.[12]

Las conferencias terminaron al caer la noche y Petrone **dio una vuelta** por 18 de Julio antes de entrar a cenar en uno de los bodegones de la Plaza Independencia. Todo iba bien, y quizá pudiera volverse a Buenos Aires antes de lo que pensaba. Compró un diario argentino, un atado de cigarrillos negros,[13] y caminó despacio hasta el hotel. En el cine **de al lado** daban dos películas que ya había visto, y en realidad no tenía ganas de ir a ninguna parte. El gerente lo saludó al pasar y le preguntó si necesitaba más ropa de cama. Charlaron un momento, fumando un pitillo, y se despidieron.

Antes de acostarse Petrone puso en orden los papeles que había usado durante el día, y leyó el diario sin mucho interés. El silencio del hotel era casi excesivo, y el ruido de uno que otro tranvía que bajaba por la calle Soriano no hacía más que pausarlo, fortalecerlo para un nuevo intervalo. Sin inquietud

---

[7]con... *gold-rimmed*   [8]*i.e., Uruguayans*   [9]*office*   [10]El día... *The day was spent in meetings, ending with a cocktail in Pocitos*   [11]*floor tiles*   [12]raspar... *striking of a match*   [13]atado... *pack of strong cigarettes (in contrast to **cigarrillos rubios,** which are mild)*

pero con alguna impaciencia, tiró el diario al canasto y se desvistió mientras se
60 miraba distraído en el espejo del armario. Era un armario ya viejo, y lo habían
adosado a[14] una puerta que daba a la habitación contigua. A Petrone le sorprendió descubrir la puerta que se le había escapado en su primera inspec-
ción del cuarto. Al principio había supuesto que el edificio estaba destinado a
hotel, pero ahora se daba cuenta de que pasaba lo que en tantos hoteles
65 modestos, instalados en antiguas casas de escritorios o de familia. Pensándolo
bien, en casi todos los hoteles que había conocido en su vida —y eran
muchos— las habitaciones tenían alguna puerta condenada, a veces a la vista
pero casi siempre con un ropero, una mesa o un perchero delante, que como
en este caso les daba una cierta ambigüedad, un avergonzado deseo de disi-
70 mular su existencia como una mujer que cree taparse poniéndose las manos
en el vientre o los senos. La puerta estaba ahí, de todos modos, sobresaliendo
del nivel del armario. Alguna vez la gente había entrado y salido por ella,
golpeándola, entornándola, dándole una vida que todavía estaba presente en
su madera tan distinta de las paredes. Petrone imaginó que del otro lado
75 habría también un ropero y que la señora de la habitación pensaría lo mismo
de la puerta.

No estaba cansado pero se durmió con gusto. **Llevaría** tres o cuatro horas
cuando lo despertó una sensación de incomodidad, como si algo ya hubiera
ocurrido, algo molesto e irritante. Encendió el velador, vio que eran las doce
80 y media, y apagó otra vez. Entonces oyó en la pieza de al lado el llanto de un
niño.

En el primer momento no se dio bien cuenta. Su primer movimiento fue
de satisfacción; entonces era cierto que la noche antes un chico no lo había
dejado descansar. Todo explicado, era más fácil volver a dormirse. Pero
85 después pensó en lo otro y se sentó lentamente en la cama, sin encender la
luz, escuchando. No se engañaba, el llanto venía de la pieza de al lado. El
sonido se oía a través de la puerta condenada, se localizaba en ese sector de
la habitación al que correspondían los pies de la cama.[15] Pero no podía ser
que en la pieza de al lado hubiera un niño; el gerente había dicho claramente
90 que la señora vivía sola, que pasaba casi todo el día en su empleo. Por un
segundo se le ocurrió a Petrone que tal vez esa noche estuviera cuidando al
niño de alguna parienta o amiga. Pensó en la noche anterior. Ahora estaba
seguro de que ya había oído el llanto, porque no era un llanto fácil de con-
fundir, más bien una serie irregular de gemidos muy débiles, de hipos que-
95 josos[16] seguidos de un lloriqueo[17] momentáneo, todo ello inconsistente,
mínimo, como si el niño estuviera muy enfermo. Debía ser una criatura de
pocos meses aunque no llorara con la estridencia y los repentinos cloqueos y
ahogos[18] de un recién nacido. Petrone imaginó a un niño —un varón, no
sabía por qué— débil y enfermo, de cara consumida y movimientos apagados.

---

[14]lo... *they had placed it with its back against*   [15]pies... *foot of the bed*   [16]hipos... *convulsive crying*
[17]*whimpering*   [18]cloqueos... *clucking sounds and sobs*

100 *Eso* se quejaba en la noche, llorando pudoroso, sin **llamar** demasiado **la aten-ción.** De no estar allí la puerta condenada, el llanto no hubiera vencido las fuertes espaldas de la pared,[19] nadie hubiera sabido que en la pieza de al lado estaba llorando un niño.

Por la mañana Petrone lo pensó un rato mientras tomaba el desayuno y 105 fumaba un cigarrillo. Dormir mal no le convenía para su trabajo del día. Dos veces se había despertado en plena noche, y las dos veces, a causa del llanto. La segunda vez fue peor, porque a más del llanto se oía la voz de la mujer que trataba de calmar al niño. La voz era muy baja pero tenía un tono ansioso que le daba una calidad teatral, un susurro que atravesaba la puerta con tanta 110 fuerza como si hablara a gritos. El niño cedía por momentos al arrullo,[20] a las instancias; después volvía a empezar con un leve quejido entrecortado, una inconsolable congoja. Y de nuevo la mujer murmuraba palabras incomprensibles, el encantamiento de la madre para acallar al hijo atormentado por su cuerpo o su alma, por estar vivo o amenazado de muerte.

115 «Todo es muy bonito, pero el gerente me macaneó[21]», pensaba Petrone al salir de su cuarto. Lo fastidiaba la mentira y no lo disimuló. El gerente se quedó mirándolo.

—¿Un chico? Usted se habrá confundido. No hay chicos pequeños en este piso. Al lado de su pieza vive una señora sola, creo que ya se lo dije.

120 Petrone vaciló antes de hablar. O el otro mentía estúpidamente, o la acústica del hotel le jugaba una mala pasada.[22] El gerente lo estaba **mirando** un poco **de soslayo,** como si a su vez lo irritara la protesta. «A lo mejor me cree tímido y que ando buscando un pretexto para mandarme mudar», pensó. Era difícil, vagamente absurdo insistir frente a una negativa tan rotunda. Se 125 encogió de hombros y pidió el diario.

—Habré soñado —dijo, molesto por tener que decir eso, o cualquier otra cosa.

El cabaret era de aburrimiento mortal y sus dos anfitriones[23] no parecían demasiado entusiastas, de modo que a Petrone le resultó fácil alegar[24] el can-130 sancio del día y hacerse llevar al hotel. **Quedaron en** firmar los contratos al otro día por la tarde; el negocio estaba prácticamente terminado.

El silencio en la recepción del hotel era tan grande que Petrone se descubrió a sí mismo andando en puntillas. Le habían dejado un diario de la tarde al lado de la cama; había también una carta de Buenos Aires. Reconoció la 135 letra de su mujer.

Antes de acostarse estuvo mirando el armario y la parte sobresaliente de la puerta. Tal vez si pusiera sus dos valijas sobre el armario, bloqueando la puerta, los ruidos de la pieza de al lado disminuirían. Como siempre a esa

---

[19]De... *Had the door not been there, the crying would not have penetrated the thick walls* [20]*cooing* [21]*me... lied to me* [22]le... *was playing a nasty trick on him* [23]*hosts* [24]*to use as an excuse*

hora, no se oía nada. El hotel dormía, las cosas y las gentes dormían. Pero a
140 Petrone, ya malhumorado, **se le ocurrió** que era al revés y que todo estaba
despierto, anhelosamente despierto en el centro del silencio. Su ansiedad in-
confesada debía estarse comunicando a la casa, a las gentes de la casa,
prestándoles una calidad de acecho,[25] de vigilancia agazapada.[26] Montones de
pavadas.[27]

145   Casi no lo **tomó en serio** cuando el llanto del niño lo trajo de vuelta, a las
tres de la mañana. Sentándose en la cama se preguntó si lo mejor sería llamar
al sereno para tener un testigo de que en esa pieza no se podía dormir. El
niño lloraba tan débilmente que por momentos no se lo escuchaba, aunque
Petrone sentía que el llanto estaba ahí, continuo, y que no tardaría en crecer
150 otra vez. Pasaban diez o veinte lentísimos segundos; entonces llegaba un hipo
breve, un quejido apenas perceptible que se prolongaba dulcemente hasta
quebrarse en el verdadero llanto.

Encendiendo un cigarrillo, se preguntó si no debería dar unos golpes dis-
cretos en la pared para que la mujer hiciera callar al chico. Recién cuando los
155 pensó a los dos, a la mujer y al chico, se dio cuenta de que no creía en ellos,
de que absurdamente no creía que el gerente le hubiera mentido. Ahora se oía
la voz de la mujer, tapando por completo el llanto del niño con su arrebatado
—aunque tan discreto— consuelo.[28] La mujer estaba arrullando al niño, con-
solándolo, y Petrone se la imaginó sentada al pie de la cama, moviendo la
160 cuna del niño o teniéndolo en brazos. Pero por más que lo quisiera no conseguía imaginar al niño, como si la afirmación del hotelero fuese más cierta
que esa realidad que estaba escuchando. Poco a poco, a medida que pasaba
el tiempo y los débiles quejidos se alternaban o crecían entre los murmullos
de consuelo, Petrone empezó a sospechar que aquello era una farsa, un juego
165 ridículo y monstruoso que no alcanzaba a explicarse. Pensó en viejos relatos
de mujeres sin hijos, organizando en secreto un culto de muñecas, una inven-
tada maternidad a escondidas, mil veces peor que los mimos a perros o gatos
o sobrinos. La mujer estaba imitando el llanto de su hijo frustrado, consolando
el aire entre sus manos vacías, tal vez con la cara mojada de lágrimas porque
170 el llanto que fingía era a la vez su verdadero llanto, su grotesco dolor en la
soledad de una pieza de hotel, protegida por indiferencia y por la madrugada.

Encendiendo el velador, incapaz de volver a dormirse, Petrone se preguntó qué iba a hacer. Su malhumor era maligno, se contagiaba de ese ambiente donde de repente todo se le antojaba trucado,[29] hueco, falso: el silen-
175 cio, el llanto, el arrullo, lo único real de esa hora entre noche y día y que
lo engañaba con su mentira insoportable. Golpear en la pared le pareció
demasiado poco. No estaba completamente despierto aunque le hubiera sido
imposible dormirse; sin saber bien cómo, se encontró moviendo poco a poco
el armario hasta dejar al descubierto la puerta polvorienta y sucia. En piyama

---

[25]*ambush* [26]*vigilancia... hidden vigilance* [27]Montones... *A lot of nonsense.* [28]con... *with her annoying—
although discreet—solace* [29]todo... *everything appeared unreal to him*

180 y descalzo, se pegó a ella como un ciempiés,[30] y acercando la boca a las tablas
de pino empezó a imitar en falsete, imperceptiblemente, un quejido como el
que venía del otro lado. Subió de tono, gimió, sollozó. Del otro lado se hizo
un silencio que habría de durar toda la noche; pero en el instante que lo pre-
cedió, Petrone pudo oír que la mujer corría por la habitación con un chicotear
185 de pantuflas,[31] lanzando un grito seco e instantáneo, un comienzo de alarido
que se cortó de golpe como una cuerda tensa.

Cuando pasó por el mostrador de la gerencia eran más de las diez. Entre
sueños, después de las ocho, había oído la voz del empleado y la de la mujer.
Alguien había andado en la pieza de al lado moviendo cosas. Vio un baúl y
190 dos grandes valijas cerca del ascensor. El gerente tenía un aire que a Petrone
se le antojó de desconcierto.

—¿Durmió bien anoche?— le preguntó con el tono profesional que apenas
disimulaba la indiferencia.

Petrone se encogió de hombros. No quería insistir, cuando apenas le
195 quedaba por pasar otra noche en el hotel.

—De todas maneras ahora va a estar más tranquilo —dijo el gerente,
mirando las valijas—. La señora se nos va a mediodía.

Esperaba un comentario, y Petrone lo ayudó con los ojos.

—Llevaba aquí mucho tiempo, y se va así de golpe.[32] Nunca se sabe con
200 las mujeres.

—No —dijo Petrone—. Nunca se sabe.

En la calle se sintió mareado,[33] con un mareo que no era físico. Tragando
un café amargo empezó a darle vueltas al asunto, olvidándose del negocio, indiferente al espléndido sol. Él **tenía la culpa** de que esa mujer se fuera del
205 hotel, enloquecida de miedo, de vergüenza o de rabia. Llevaba aquí mucho
tiempo... Era una enferma, tal vez, pero inofensiva. No era ella sino él quien
hubiera debido irse del Cervantes. Tenía el deber de hablarle, de excusarse y
pedirle que se quedara, jurándole discreción. Dio unos pasos de vuelta y a la
mitad del camino se paró. Tenía miedo de hacer un papelón,[34] de que la
210 mujer reaccionara de alguna manera insospechada. Ya era hora de encontrarse
con los dos socios y no quería tenerlos esperando. Bueno, que se embromara.
No era más que una histérica, ya encontraría otro hotel donde cuidar a su hijo
imaginario.

Pero a la noche volvió a sentirse mal, y el silencio de la habitación le
215 pareció todavía más espeso. Al entrar al hotel no había podido dejar de ver el
tablero de las llaves, donde faltaba ya la de la pieza de al lado. Cambió unas
palabras con el empleado, que esperaba bostezando la hora de irse, y entró
en su pieza con poca esperanza de poder dormir. Tenía los diarios de la tarde
y una novela policial. Se entretuvo arreglando sus valijas, ordenando sus

---

[30]*centipede* [31]*chicotear... scuffling of slippers* [32]*se... all at once, she's leaving* [33]*nauseated* [34]*hacer... doing something ridiculous*

220 papeles. Hacía calor, y abrió de par en par[35] la pequeña ventana. La cama estaba bien tendida, pero la encontró incómoda y dura. Por fin tenía todo el silencio necesario para dormir a pierna suelta,[36] y le pesaba. Dando vueltas y vueltas, se sintió como vencido por ese silencio que había reclamado con astucia y que le devolvían entero y vengativo. Irónicamente pensó que ex-
225 trañaba el llanto del niño, que esa calma perfecta no le bastaba para dormir y todavía menos para estar despierto. Extrañaba el llanto del niño, y cuando mucho más tarde le oyó, débil pero inconfundible a través de la puerta con-denada, por encima del miedo, por encima de la fuga en plena noche, supo que estaba bien y que la mujer no había mentido, no se había mentido al arru-
230 llar al niño, al querer que el niño se callara para que ellos pudieran dormirse.

[35]de... *wide open*   [36]a... *soundly*

$\mathcal{D}$ESPUÉS DE LEER

CUESTIONARIO

1. ¿Dónde estaba situado el Hotel Cervantes?
2. ¿Por qué estaban unidas las llaves a unos pesados discos de bronce?
3. ¿Por qué había ido Petrone a Montevideo?
4. ¿Qué hizo Petrone después de dar una vuelta por 18 de Julio?
5. ¿Por qué hay puertas condenadas en algunas de las habitaciones del hotel?
6. ¿Por qué se despertó Petrone en medio de la noche?
7. ¿Por qué no podía ser que en la pieza de al lado hubiera un niño?
8. ¿Por qué fue peor la segunda vez que se despertó Petrone?
9. Cuando Petrone confrontó al gerente, ¿cuál fue la reacción de éste?
10. ¿Qué excusa ofreció Petrone para hacerse llevar al hotel?
11. ¿Qué hizo Petrone antes de acostarse la tercera noche?
12. ¿Qué imaginaba Petrone que estaba haciendo la mujer al otro lado de la puerta?
13. ¿Qué hizo finalmente Petrone?
14. ¿Cómo se sintió Petrone después de haber sido la causa de que la mujer se fuera del hotel?
15. ¿Por qué no pudo dormir Petrone la cuarta noche?

ESTUDIO DE PALABRAS

A. Complete las oraciones con palabras o expresiones de **Palabras impor-tantes y modismos.**

1. La habitación _____ directamente a la sala de recepción.
2. El ascensor _____ la recepción.

3. Los negocios de Petrone con sus amigos _____ más o menos una semana.
4. Después de las conferencias, Petrone _____ por la avenida 18 de Julio.
5. Cuando Petrone se queja con el gerente, éste lo _____ .
6. Un niño tímido lloraba. Lloraba en voz baja y por eso no _____ demasiado _____ .
7. En el cine _____ , daban dos películas que él ya había visto.
8. (Ellos) _____ firmar los contratos.
9. Por un segundo _____ al señor Petrone que posiblemente había un niño en el cuarto de al lado.
10. ¡No me _____ Ud.! ¡Estoy bromeando!
11. Yo sé que María mató a su novio. Estoy seguro de que ella _____ de su muerte.

B. Empareje las palabras o expresiones con sus sinónimos.

1. _____ llamar la atención	**a.** preocupación
2. _____ desagradar	**b.** barco
3. _____ a escondidas	**c.** atraer el interés
4. _____ de repente	**d.** disgustar
5. _____ vapor	**e.** periódico
6. _____ tomar en serio	**f.** súbitamente
7. _____ tener la culpa	**g.** grito
8. _____ llanto	**h.** dar énfasis a
9. _____ inquietud	**i.** no ser inocente
10. _____ diario	**j.** secretamente

CONSIDERACIONES

1. Haga una descripción detallada de la habitación de Petrone.
2. Describa el primer día de Petrone con los socios.
3. Describa detalladamente al gerente del hotel.
4. ¿Qué palabras predominan en la descripción del ambiente del hotel? ¿Cuál es el efecto de esto?
5. ¿Qué hace Petrone cuando los socios lo dejan en el hotel el primer día?
6. ¿Cómo imagina Petrone al niño después de oír su llanto?
7. Describa detalladamente lo que hace Petrone después de despertarse cuando no puede volver a dormirse (ll. 172–186).
8. ¿Por qué se sintió mareado Petrone? Describa sus acciones en la calle.
9. ¿Por qué extraña Petrone el llanto del niño?

ANÁLISIS DEL TEXTO

1. ¿Es el llanto del niño algo real o una obsesión del protagonista? Justifique su respuesta.

2. ¿Qué puede simbolizar el título «La puerta condenada»?
3. ¿Cuántas realidades distintas se presentan en este cuento? Explique.
4. Describa el carácter de Petrone. ¿Hasta qué punto es su obsesión una consecuencia de su personalidad?
5. ¿Cómo interpreta Ud. el final del cuento? ¿Por qué termina de esta manera?

PERSPECTIVA PERSONAL

1. ¿Existen «puertas condenadas» en nuestras vidas? ¿Es mejor dejarlas cerradas o intentar abrirlas? ¿Por qué?
2. ¿Cree Ud. que la verdad es algo que siempre se puede explicar de forma lógica o dogmática?
3. ¿Cómo reaccionaría Ud. si se encontrara en las mismas circunstancias del protagonista?

BIBLIOGRAFÍA

Alazraki, Jaime. *En busca del unicornio: los cuentos de Julio Cortázar.* Madrid: Gredos, 1983.

Garfield, Evelyn Picon. *¿Es Julio Cortázar un surrealista?* Madrid: Gredos, 1975. See especially 50–51.

Lagmanovich, David, ed. *Estudios sobre los cuentos de Cortázar.* Barcelona: Ediciones Hispam, 1975.

Peavler, Terry J. *Julio Cortázar.* Boston: Twayne Publishers, 1990.

Stavans, Ilan. "Cortázar. 'La puerta condenada' y los fantasmas." *Plural* 204 (September 1988):86–90.

Piedra de sacrificios precolombina

omit

La noche boca arriba[1]

"**La** noche boca arriba," included in the first edition of *Final del juego,* plays with two distinct levels of reality: the conscious, or "real" world, and the subconscious, or dream world. As you read the story, pay particular attention to the techniques used to maintain tension between those two worlds. Focus on the language employed to create an atmosphere of fear and confusion.

[1]boca... *face up*

ANTES DE LEER

PALABRAS IMPORTANTES Y MODISMOS

agacharse	to crouch	**esconderse**	to hide
a tientas	gropingly	**hacer una**	to (make a)
costarle (ue)	to be difficult for	**seña**	signal
a alguien	someone to	**hacer un**	to wet one's
+ *infinitivo*	(*do something*)	**buche**	mouth
de cuando	from time to time	**ir ganando**	to overcome
en cuando			
defenderse	to defend oneself		

ESTRATEGIAS PARA LEER

Themes (*temas*)

Although a work concretely presents the subject matter or action of its story, its theme or themes are often found on levels that are more abstract. Even though the themes might actually be stated overtly, quite often this does not prove to be the case. The need for greater understanding or unity, for example, could be seen as one of several themes arising from conflicts that normally lead to physical violence. In this particular scenario, the theme need not be stated directly, while the conflicts or physical violence *would* be mentioned.

The theme of "La noche boca arriba" is similar to that of many of Cortázar's stories in that one's understanding of reality is questioned. As you read the story quickly for the first time, take special note of the different realities that alternate—the conscious or "real" world and the subconscious or "dream" world—and of how these realities are linked in the story. What causes the temporal and spatial shifts from one reality to the other? This movement between two seemingly disparate realities, a movement that can be seen as a destabilizing force, is a source of great tension in the story. Although you will ultimately see what triggers the shifts between realities, the tension remains until the very end of the story when the theme is more fully elaborated. In other words, you will discover that your role as reader has been more active than passive.

Try to answer the following questions before your second reading. In what ways are you, the reader, suddenly forced at the end to confront the assumptions that you made earlier while reading? How is the theme more fully explored at the end of the story? After you reread "La noche boca arriba," the implications of the theme will become much more profound.

CONTEXTO CULTURAL

Cortázar begins this story with a reference to the Aztec past and the ritualistic wars in which prisoners were sacrificed to appease the gods. In the Second Letter of Cortés (October 30, 1520) to Emperor Charles V (1517–1556), who was also Charles I of Spain, there is a detailed account of the conquest of Mexico that includes descriptions of these sacrificial ceremonies. When Montezuma takes Cortés to visit one of the temples, the Spanish conqueror is sickened by the sight of the sacrificial blood and he tries to replace the figures of the idols with images of "Our Lady" and of saints. Although Cortés is appalled at the uncivilized behavior of the native peoples, he is no less cruel to them in his methodical destruction of the Aztec Empire on behalf of his king and the Catholic Church.

For another view of the conquest, and in particular the attack by Pedro de Alvarado and the subsequent massacre of the native peoples during the feast of Toxcatl in honor of Huizilopochtli, consult *The Broken Spears: The Aztec Account of the Conquest of Mexico,* edited by Miguel León-Portilla. As the natives offered gifts of food and human flesh to their god, and the warriors prepared for the feast, they were attacked and brutally slaughtered by Alvarado and his men. There are also accounts by missionaries such as Bartolomé de Las Casas that depict the cruelty of the conquest.

❧ *La noche boca arriba* ❧

Y salían en ciertas épocas a cazar enemigos; le llamaban la guerra florida.[1]

A MITAD DEL LARGO zaguán del hotel pensó que debía ser tarde, y se apuró a salir a la calle y sacar la motocicleta del rincón donde el portero de al lado le permitía guardarla. En la joyería de la esquina vio que eran las nueve menos diez; llegaría con tiempo sobrado adonde iba.[2]
5 El sol se filtraba entre los altos edificios del centro, y él —porque para sí mismo, para ir pensando, no tenía nombre— montó en la máquina saboreando el paseo. La moto ronroneaba[3] entre sus piernas, y un viento fresco le chicoteaba[4] los pantalones.

Dejó pasar los ministerios[5] (el rosa, el blanco) y la serie de comercios con
10 brillantes vitrinas de la calle Central. Ahora entraba en la parte más agradable del trayecto, el verdadero paseo: una calle larga, bordeada de árboles, con poco tráfico y amplias villas que dejaban venir los jardines hasta las aceras, apenas demarcadas por setos[6] bajos. Quizá algo distraído, pero corriendo sobre la derecha como correspondía, se dejó llevar por la tersura,[7] por la leve
15 crispación[8] de ese día apenas empezado. Tal vez su involuntario relajamiento le impidió prevenir el accidente. Cuando vio que la mujer parada en la esquina se lanzaba a la calzada[9] a pesar de las luces verdes, ya era tarde para las soluciones fáciles. Frenó con el pie y la mano, desviándose a la izquierda; oyó el grito de la mujer, y junto con el choque perdió la visión. Fue como
20 dormirse de golpe.

Volvió bruscamente del desmayo. Cuatro o cinco hombres jóvenes lo estaban sacando de debajo de la moto. Sentía gusto a sal y sangre, le dolía una rodilla, y cuando lo alzaron gritó, porque no podía soportar la presión en el brazo derecho. Voces que no parecían pertenecer a las caras suspendidas
25 sobre él, lo alentaban con bromas y seguridades. Su único alivio fue oír la confirmación de que había estado en su derecho al cruzar la esquina. Pre-

---

[1]guerra... *ritualistic Aztec wars in which victims were offered as sacrifices to the gods* [2]llegaría... *he would arrive at his destination in plenty of time* [3]*purred* [4]*whipped* [5]*government office buildings* [6]*hedges* [7]*brilliance* [8]*element of tension* [9]se... *thrust herself into the street*

guntó por la mujer, tratando de dominar la náusea que le ganaba la garganta.[10] Mientras lo llevaban boca arriba hasta una farmacia próxima, supo que la causante del accidente no tenía más que rasguños en las piernas. «Usté la agarró apenas, pero el golpe le hizo saltar la máquina de costado... » Opiniones, recuerdos, despacio, éntrenlo de espaldas,[11] así va bien, y alguien con guardapolvo[12] dándole a beber un trago que lo alivió en la penumbra de una pequeña farmacia de barrio.

La ambulancia policial llegó a los cinco minutos, y lo subieron a una camilla[13] blanda donde pudo tenderse a gusto. Con toda lucidez, pero sabiendo que estaba bajo los efectos de un shock terrible, dio sus señas al policía que lo acompañaba. El brazo casi no le dolía; de una cortadura en la ceja goteaba sangre por toda la cara. Una o dos veces se lamió[14] los labios para beberla. Se sentía bien, era un accidente, mala suerte; unas semanas quieto y nada más. El vigilante le dijo que la motocicleta no parecía muy estropeada.[15] «Natural», dijo él, «Como que me la ligué encima... »[16] Los dos se rieron, y el vigilante le dio la mano al llegar al hospital y le deseó buena suerte. Ya la náusea volvía poco a poco; mientras lo llevaban en una camilla de ruedas hasta un pabellón del fondo, pasando bajo árboles llenos de pájaros, cerró los ojos y deseó estar dormido o cloroformado.[17] Pero lo tuvieron largo rato en una pieza con olor a hospital, llenando una ficha, quitándole la ropa y vistiéndolo con una camisa grisácea y dura. Le movían cuidadosamente el brazo, sin que le doliera. Las enfermeras bromeaban todo el tiempo, y si no hubiera sido por las contracciones del estómago se habría sentido muy bien, casi contento.

Lo llevaron a la sala de radio,[18] y veinte minutos después, con la placa todavía húmeda puesta sobre el pecho como una lápida negra,[19] pasó a la sala de operaciones. Alguien de blanco, alto y delgado, se le acercó y se puso a mirar la radiografía. Manos de mujer le acomodaban la cabeza, sintió que lo pasaban de una camilla a otra. El hombre de blanco se le acercó otra vez, sonriendo, con algo que le brillaba en la mano derecha. Le palmeó la mejilla e **hizo una seña** a alguien parado atrás.

Como sueño era curioso porque estaba lleno de olores y él nunca soñaba olores. Primero un olor a pantano,[20] ya que a la izquierda de la calzada empezaban las marismas,[21] los tembladerales[22] de donde no volvía nadie. Pero el olor cesó, y en cambio vino una fragancia compuesta y oscura como la noche en que se movía huyendo de los aztecas. Y todo era tan natural, tenía que huir de los aztecas que andaban a caza de hombre, y su única probabilidad era la de **esconderse** en lo más denso de la selva, cuidando de no apartarse de la estrecha calzada que sólo ellos, los motecas,[23] conocían.

---

[10]que... *that was getting the better of him* [11]éntrenlo... *take him in backwards* [12]*dustcoat* [13]*stretcher* [14]se... *he licked* [15]*damaged* [16]Como... *That's because it fell on top of me...* [17]*anesthetized* [18]sala... *X-ray room* [19]con... *with the still-wet X-ray picture on top of his chest like a black tombstone* [20]olor... *swampy smell* [21]a... *to the left of the causeway the marshes began* [22]*quagmires* [23]*adversaries of the Aztecs in ritual wars*

Lo que más lo torturaba era el olor, como si aun en la absoluta aceptación del sueño algo se rebelara contra eso que no era habitual, que hasta entonces no había participado del juego. «Huele a guerra», pensó, tocando instintivamente el puñal de piedra atravesado en su ceñidor de lana tejida. Un sonido
70 inesperado lo hizo **agacharse** y quedar inmóvil, temblando. Tener miedo no era extraño, en sus sueños abundaba el miedo. Esperó, tapado por las ramas de un arbusto[24] y la noche sin estrellas. Muy lejos, probablemente del otro lado del gran lago, debían estar ardiendo fuegos de vivac;[25] un resplandor rojizo teñía esa parte del cielo. El sonido no se repitió. Había sido como una
75 rama quebrada. Tal vez un animal que escapaba como él del olor de la guerra. Se enderezó despacio, venteando.[26] No se oía nada, pero el miedo seguía, allí como el olor, ese incienso dulzón[27] de la guerra florida. Había que seguir, llegar al corazón de la selva evitando las ciénagas.[28] **A tientas,** agachándose a cada instante para tocar el suelo más duro de la calzada, dio algunos pasos.
80 Hubiera querido echar a correr, pero los tembladerales palpitaban a su lado. En el sendero en tinieblas, buscó el rumbo. Entonces sintió una bocanada horrible del olor que más temía, y saltó desesperado hacia adelante.

—Se va a caer de la cama —dijo el enfermo de al lado—. No brinque tanto,[29] amigo.
85　　Abrió los ojos y era de tarde, con el sol ya bajo en los ventanales de la larga sala. Mientras trataba de sonreír a su vecino, se despegó casi físicamente de la última visión de la pesadilla. El brazo, enyesado, colgaba de un aparato con pesas y poleas.[30] Sintió sed, como si hubiera estado corriendo kilómetros, pero no querían darle mucha agua, apenas para mojarse los labios y **hacer un**
90 **buche.** La fiebre **lo iba ganando** despacio y hubiera podido dormirse otra vez, pero saboreaba el placer de quedarse despierto, entornados los ojos, escuchando el diálogo de los otros enfermos, respondiendo **de cuando en cuando** a alguna pregunta. Vio llegar un carrito blanco que pusieron al lado de su cama, una enfermera rubia le frotó con alcohol la cara anterior del
95 muslo y le clavó una gruesa aguja conectada con un tubo que subía hasta un frasco lleno de líquido opalino. Un médico joven vino con un aparato de metal y cuero que le ajustó al brazo sano para verificar alguna cosa. Caía la noche, y la fiebre lo iba arrastrando blandamente a un estado donde las cosas tenían un relieve como de gemelos de teatro,[31] eran reales y dulces y a la vez
100 ligeramente repugnantes; como estar viendo una película aburrida y pensar que sin embargo en la calle es peor; y quedarse.

Vino una taza de maravilloso caldo de oro oliendo a puerro, a apio, a perejil. Un trocito de pan, más precioso que todo un banquete, se fue desmigajando poco a poco.[32] El brazo no le dolía nada y solamente en la ceja,
105 donde lo habían suturado, chirriaba a veces una punzada caliente y rápida. Cuando los ventanales de enfrente viraron a manchas de un azul oscuro,

---

[24]*shrub* [25]*fuegos... bivouac fires* [26]*sniffing* [27]*incienso... sweetish incense* [28]*marshes* [29]*No... Don't jump around so much* [30]*pesas... weights and pulleys* [31]*tenían... were brought into focus as if seen through opera glasses* [32]*se... was crumbling, little by little*

pensó que no le iba a ser difícil dormirse. Un poco incómodo, de espaldas, pero al pasarse la lengua por los labios resecos y calientes sintió el sabor del caldo, y suspiró de felicidad, abandonándose.

110 Primero fue una confusión, un atraer hacia sí todas las sensaciones por un instante embotadas[33] o confundidas. Comprendía que estaba corriendo en plena oscuridad, aunque arriba el cielo cruzado de copas de árboles era menos negro que el resto. «La calzada», pensó. «Me salí de la calzada.» Sus pies se hundían en un colchón de hojas y barro, y ya no podía dar un paso sin

115 que las ramas de los arbustos le azotaran el torso y las piernas. Jadeante, sabiéndose acorralado a pesar de la oscuridad y el silencio, se agachó para escuchar. Tal vez la calzada estaba cerca, con la primera luz del día iba a verla otra vez. Nada podía ayudarlo ahora a encontrarla. La mano que sin saberlo él aferraba el mango del puñal, subió como el escorpión de los pantanos hasta

120 su cuello, donde colgaba el amuleto protector.[34] Moviendo apenas los labios musitó la plegaria del maíz que trae las lunas felices,[35] y la súplica a la Muy Alta, a la dispensadora de los bienes motecas. Pero sentía al mismo tiempo que los tobillos se le estaban hundiendo despacio en el barro, y la espera en la oscuridad del chaparral[36] desconocido se le hacía insoportable. La guerra

125 florida había empezado con la luna y llevaba ya tres días y tres noches. Si conseguía refugiarse en lo profundo de la selva, abandonando la calzada más allá de la región de las ciénagas, quizá los guerreros no le siguieran el rastro. Pensó en los muchos prisioneros que ya habrían hecho. Pero la cantidad no contaba, sino el tiempo sagrado. La caza continuaría hasta que los sacerdotes

130 dieran la señal del regreso. Todo tenía su número y su fin, y él estaba dentro del tiempo sagrado, del otro lado de los cazadores.

Oyó los gritos y se enderezó de un salto, puñal en mano. Como si el cielo se incendiara en el horizonte, vio antorchas moviéndose entre las ramas, muy cerca. El olor a guerra era insoportable, y cuando el primer enemigo le saltó al

135 cuello casi sintió placer en hundirle la hoja de piedra en pleno pecho. Ya lo rodeaban las luces, los gritos alegres. Alcanzó a cortar el aire una o dos veces, y entonces una soga lo atrapó desde atrás.

—Es la fiebre —dijo el de la cama de al lado—. A mí me pasaba igual cuando me operé del duodeno. Tome agua y va a ver que duerme bien.

140 Al lado de la noche de donde volvía, la penumbra tibia de la sala le pareció deliciosa. Una lámpara violeta velaba en lo alto de la pared del fondo como un ojo protector. Se oía toser, respirar fuerte, a veces un diálogo en voz baja. Todo era grato y seguro, sin ese acoso, sin... Pero no quería seguir pensando en la pesadilla. Había tantas cosas en que entretenerse. Se puso a mirar

145 el yeso del brazo,[37] las poleas que tan cómodamente se lo sostenían en el aire. Le habían puesto una botella de agua mineral en la mesa de noche. Bebió del gollete,[38] golosamente. Distinguía ahora las formas de la sala, las treinta

---

[33]*dull* [34]*amuleto... good luck charm* [35]*musitó... he mumbled the prayer to the corn that brings many happy moons* [36]*thicket* [37]*yeso... cast on his arm* [38]*long neck of the bottle*

camas, los armarios con vitrinas. Ya no debía tener tanta fiebre, sentía fresca la
cara. La ceja le dolía apenas, como un recuerdo. Se vio otra vez saliendo del
150 hotel, sacando la moto. ¿Quién hubiera pensado que la cosa iba a acabar así?
Trataba de fijar el momento del accidente, y le dio rabia advertir que había ahí
como un hueco, un vacío que no alcanzaba a rellenar. Entre el choque y el
momento en que lo habían levantado del suelo, un desmayo o lo que fuera no
le dejaba ver nada. Y al mismo tiempo tenía la sensación de que ese hueco,
155 esa nada, había durado una eternidad. No, ni siquiera tiempo, más bien como
si en ese hueco él hubiera pasado a través de algo o recorrido distancias in-
mensas. El choque, el golpe brutal contra el pavimento. De todas maneras al
salir del pozo negro había sentido casi un alivio mientras los hombres lo
alzaban del suelo. Con el dolor del brazo roto, la sangre de la ceja partida, la
160 contusión en la rodilla; con todo eso, un alivio al volver al día y sentirse
sostenido y auxiliado. Y era raro. Le preguntaría alguna vez al médico de la
oficina. Ahora volvía a ganarlo el sueño, a tirarlo despacio hacia abajo. La almohada era tan blanda, y en su garganta afiebrada la frescura del agua
mineral. Quizá pudiera descansar de veras, sin las malditas pesadillas. La luz
165 violeta de la lámpara en lo alto se iba apagando poco a poco.

Como dormía de espaldas, no lo sorprendió la posición en que volvía
a reconocerse, pero en cambio el olor a humedad, a piedra rezumante de
filtraciones,³⁹ le cerró la garganta y lo obligó a comprender. Inútil abrir los
ojos y mirar en todas direcciones; lo envolvía una oscuridad absoluta. Quiso
170 enderezarse y sintió las sogas en las muñecas y los tobillos. Estaba esta-
queado en el suelo, en un piso de lajas⁴⁰ helado y húmedo. El frío le ganaba
la espalda desnuda, las piernas. Con el mentón buscó torpemente el contacto con su amuleto, y supo que se lo habían arrancado. Ahora estaba
perdido, ninguna plegaria podía salvarlo del final. Lejanamente, como filtrán-
175 dose entre las piedras del calabozo,⁴¹ oyó los atabales⁴² de la fiesta. Lo habían
traído al teocalli,⁴³ estaba en las mazmorras⁴⁴ del templo a la espera de su
turno.

Oyó gritar, un grito ronco que rebotaba en las paredes. Otro grito, aca-
bando en un quejido. Era él que gritaba en las tinieblas, gritaba porque estaba
180 vivo, todo su cuerpo **se defendía** con el grito de lo que iba a venir, del final
inevitable. Pensó en sus compañeros que llenarían otras mazmorras, y en los
que ascendían ya los peldaños del sacrificio. Gritó de nuevo sofocadamente,
casi no podía abrir la boca, tenía las mandíbulas agarrotadas⁴⁵ y a la vez como
si fueran de goma y se abrieran lentamente, con un esfuerzo interminable. El
185 chirriar de los cerrojos lo sacudió como un látigo. Convulso, retorciéndose,
luchó por zafarse de las cuerdas⁴⁶ que se le hundían en la carne. Su brazo
derecho, el más fuerte, tiraba hasta que el dolor se hizo intolerable y tuvo que
ceder. Vio abrirse la doble puerta, y el olor de las antorchas le llegó antes que

---

³⁹olor... *damp, cave-like smell* ⁴⁰Estaba... *He was staked to the ground, on a stone slab floor* ⁴¹*cell*
⁴²*kettledrums* ⁴³*Aztec ceremonial building* ⁴⁴*underground dungeons* ⁴⁵*stiff* ⁴⁶luchó... *he fought to break
loose from the ropes*

la luz. Apenas ceñidos con el taparrabos[47] de la ceremonia, los acólitos[48] de
190 los sacerdotes se le acercaron mirándolo con desprecio. Las luces se reflejaban
en los torsos sudados, en el pelo negro lleno de plumas. Cedieron las sogas,
y en su lugar lo aferraron manos calientes, duras como bronce; se sintió
alzado, siempre boca arriba, tironeado[49] por los cuatro acólitos que lo llevaron
por el pasadizo. Los portadores de antorchas iban adelante, alumbrando
195 vagamente el corredor de paredes mojadas y techo tan bajo que los acólitos
debían agachar la cabeza. Ahora lo llevaban, lo llevaban, era el final. Boca
arriba, a un metro del techo de roca viva que por momentos se iluminaba con
un reflejo de antorcha. Cuando en vez de techo nacieran las estrellas y se
alzara frente a él la escalinata incendiada de gritos y danzas, sería el fin. El
200 pasadizo no acababa nunca, pero ya iba a acabar, de repente olería el aire
lleno de estrellas, pero todavía no, andaban llevándolo sin fin en la penumbra
roja, tironeándolo bruscamente, y él no quería, pero cómo impedirlo si le
habían arrancado el amuleto que era su verdadero corazón, el centro de la
vida.
205   Salió de un brinco a la noche del hospital, al alto cielo raso dulce, a la
sombra blanda que lo rodeaba. Pensó que debía haber gritado, pero sus
vecinos dormían callados. En la mesa de noche, la botella de agua tenía algo
de burbuja, de imagen traslúcida contra la sombra azulada de los ventanales.
Jadeó, buscando el alivio de los pulmones, el olvido de esas imágenes que
210 seguían pegadas a sus párpados. Cada vez que cerraba los ojos las veía for-
marse instantáneamente, y se enderezaba aterrado pero gozando a la vez del
saber que ahora estaba despierto, que la vigilia lo protegía, que pronto iba a
amanecer, con el buen sueño profundo que se tiene a esa hora, sin imágenes,
sin nada... **Le costaba** mantener los ojos abiertos, la modorra[50] era más fuerte
215 que él. Hizo un último esfuerzo, con la mano sana esbozó un gesto[51] hacia la
botella de agua; no llegó a tomarla, sus dedos se cerraron en un vacío otra vez
negro, y el pasadizo seguía interminable, roca tras roca, con súbitas fulgura-
ciones rojizas, y él boca arriba gimió apagadamente porque el techo iba a
acabarse, subía, abriéndose como una boca de sombra, y los acólitos se en-
220 derezaban y de la altura una luna menguante[52] le cayó en la cara donde los
ojos no querían verla, desesperadamente se cerraban y abrían buscando pasar
al otro lado, descubrir de nuevo el cielo raso protector de la sala. Y cada vez
que se abrían era la noche y la luna mientras lo subían por la escalinata, ahora
con la cabeza colgando hacia abajo, y en lo alto estaban las hogueras, las rojas
225 columnas de humo perfumado, y de golpe vio la piedra roja, brillante de
sangre que chorreaba, y el vaivén de los pies del sacrificado que arrastraban
para tirarlo rodando por las escalinatas del norte. Con una última esperanza
apretó los párpados, gimiendo por despertar. Durante un segundo creyó que
lo lograría, porque otra vez estaba inmóvil en la cama, a salvo del balanceo
230 cabeza abajo. Pero olía la muerte, y cuando abrió los ojos vio la figura ensan-

---

[47]*loincloth* [48]*temple attendants* [49]*hauled* [50]*drowsiness* [51]esbozó... *he made an attempt* [52]*waning*

grentada del sacrificador que venía hacia él con el cuchillo de piedra en la mano. Alcanzó a cerrar otra vez los párpados, aunque ahora sabía que no iba a despertarse, que estaba despierto, que el sueño maravilloso había sido el otro, absurdo como todos los sueños; un sueño en el que había andado
235 por extrañas avenidas de una ciudad asombrosa, con luces verdes y rojas que ardían sin llama ni humo, con un enorme insecto de metal que zumbaba bajo sus piernas. En la mentira infinita de ese sueño también lo habían alzado del suelo, también alguien se le había acercado con un cuchillo en la mano, a él tendido boca arriba, a él boca arriba con los ojos cerrados entre las
240 hogueras.

*D*ESPUÉS DE LEER

CUESTIONARIO

1. ¿Cómo trató el hombre de evitar el accidente?
2. Describa la condición del hombre después del accidente.
3. ¿Cuál es el papel de los olores en el sueño del hombre?
4. ¿Qué le hizo la enfermera rubia al hombre?
5. ¿Qué le pasó al hombre después de haber tomado una taza del maravilloso caldo?
6. Describa el ambiente del segundo sueño.
7. ¿Cómo pensaba salvarse el hombre de la guerra florida?
8. ¿Por qué tuvo dificultad el hombre al tratar de determinar el momento exacto del accidente?
9. ¿Por qué no pudo enderezarse el hombre?
10. ¿Cómo estaban vestidos los acólitos?
11. ¿Qué hicieron con el hombre los portadores de antorchas?
12. ¿Cómo era la última escena del sacrificio?

ESTUDIO DE PALABRAS

Complete las oraciones con palabras o expresiones de **Palabras importantes y modismos.**

1. El hombre quería comunicarnos algo y por necesidad _____ con las manos.
2. Su única probabilidad de salvarse era la de _____ en lo más denso de la selva.
3. Oyó un sonido inesperado y _____ , temblando.
4. El enfermo _____ con un poco de agua.
5. La fiebre _____ al enfermo despacio.
6. El hombre no podía ver bien y _____ dio algunos pasos.

7. Cuando llegaron para sacrificarlo, _____ con las manos; resistió hasta el último momento.
8. Los médicos entraban a veces en su cuarto; es decir, entraban _____ .
9. Tenía sueño y por eso _____ mantener los ojos abiertos.

CONSIDERACIONES

1. Describa detalladamente el paseo de la calle Central.
2. Describa con sus propias palabras cómo ocurrió el accidente.
3. ¿Cuáles son las palabras que describen los efectos del estado de shock en el hombre?
4. ¿Qué palabras describen los olores que permeaban el ambiente de la guerra florida?
5. ¿Qué importancia le da el hombre a su amuleto?
6. ¿Qué diferencias básicas hay entre las dos realidades?
7. ¿Qué palabras se utilizan para describir el estado del protagonista cuando se entera de que no está soñando?

ANÁLISIS DEL TEXTO

1. ¿Cómo se crea el ambiente de terror en este cuento? Dé ejemplos específicos.
2. Explique la función de las descripciones del medio ambiente en cuanto a su relación con los dos niveles de la realidad presentados en el cuento.
3. ¿Cuál es el punto culminante del cuento? Explique.

PERSPECTIVA PERSONAL

1. ¿Con qué frecuencia sueña Ud.? ¿Qué importancia tienen para Ud. sus sueños?
2. ¿Cómo se siente Ud. en aquellas ocasiones en que no tiene control completo sobre sus acciones o su destino?

BIBLIOGRAFÍA

García, Erica and Dorine Nieuwenhuijsen. "Revolución en 'La noche boca arriba.'" *Nueva Revista de Filología Hispánica* 36.2 (1988):1277–1300.

Gyurko, Lanin A. "Cyclic Time and Blood Sacrifice in Three Stories by Cortázar." *Revista Hispánica Moderna* 4 (October–December 1969):341–342.

El mundo de los espejos

JORGE **L**UIS **B**ORGES (1899–1986) was born into an illustrious Buenos Aires family. His early education was influenced by his English-born grandmother, who instilled in him a love of the English language and culture that remained with him throughout the years. In 1914 the family moved to Geneva, Switzerland, where Borges broadened the scope of his education, studying the French Symbolist poets, the works of Heine, and the writings of Whitman, Chesterton, and Schopenhauer.

During his seven-year residence in Europe Borges traveled to Spain, where he had direct experience of the various avant-garde literary movements that were revolutionizing the course of modern writing. Influenced by the innovative techniques of the Spanish **ultraísta** movement, headed by Rafael Cansinos-Asséns and Isaac del Vando-Villar, Borges is credited with perfecting its techniques and introducing them to Latin America upon his return to Buenos Aires in 1921. *Fervor de Buenos Aires* (1923), *Luna de enfrente* (1925), and *Cuaderno de San Martín* (1929) are collections of poems whose emphasis on striking metaphors reflects **ultraísta** tendencies. In these books of poems Borges also introduced some of his favorite recurring themes: a cyclical vision of time; our search for the absolute; the world as labyrinth; and playing with and reversing the roles of author and reader.

Borges was a careful editor of his own works. His entire literary production can be seen as an all-encompassing single work that tries to impose order on what he perceived to be a chaotic universe beyond our comprehension. As an essayist, poet, and short story writer, Borges demonstrated an acute awareness of the metaphysical problems affecting humanity today. By constantly reworking his texts, Borges may have been striving for the order and perfection that seem out of reach for most of us. ❧

El barrio de San Telmo representa
la elegancia colonial de Buenos Aires

9/14 *Emma Zunz*

Borges' most successful collections of short stories have been *Ficciones*
(1944) and *El Aleph* (1949). "Emma Zunz" was one of Borges' favorite stories.
He anthologized it from the time of its first publication in *El Aleph,* and it is
among those of his stories that have been adapted for film. Female characters
generally do not receive much attention in Borges' work, but Emma Zunz is
an exception. Her psychological depths clearly define her struggle between
the rational and the emotional.

This story (one of Borges' most realistic) and "Historia del guerrero y de
la cautiva" are the only two stories in *El Aleph* that do not fit into the "fantastic" category. As you read the story, pay close attention to the meticulous
plan of revenge carried out by Emma Zunz. Note also the theme of the
labyrinth in this work, as well as Borges' emphasis on the rational mind's
limited ability to maintain control of situations.

*A*NTES DE LEER

PALABRAS IMPORTANTES Y MODISMOS

acto continuo	immediately afterward	**a primera vista**	at first glance

a trueque de	in exchange for		hacer fuego	to shoot
declararse	to come out		romper a +	to start to (*do*
contra	against		*infinitivo*	*something*)
de vuelta	back		sin que	without

ESTRATEGIAS PARA LEER

Second Reading

As you read this story for the first time, try to establish a connection between Emma's name and that of her father. What does this suggest about a possible relationship that could have existed between the two? What does Emma achieve by murdering Loewenthal? Try to decipher the last paragraph of the story, especially the suggestion that the substance of the story was correct and that only the circumstances, the hour, and one or two names were false. Then reread the story to see if you can pick up clues that would lead you to question its logical progression.

CONTEXTO CULTURAL Argentina is a land of immigrants, and its capital, Buenos Aires, is a cosmopolitan city with many ethnic neighborhoods. At the turn of the twentieth century, a considerable number of immigrants from Eastern Europe were of Jewish origin. During the first half of the century a number of newspapers were published in Yiddish, and a Yiddish theater flourished. The Jewish population of Buenos Aires is still quite large. Even today, Argentine Jews represent a wide spectrum of society, being particularly active in the arts, politics, education, and business. Buenos Aires is the largest port in Argentina, a favorite port of call for ships from all over the world.

❧ *Emma Zunz* ❧

E L CATORCE DE enero de 1922, Emma Zunz, al volver de la fábrica de tejidos Tarbuch y Loewenthal, halló en el fondo del zaguán una carta, fechada en el Brasil, por la que supo que su padre había muerto. La engañaron, **a primera vista,** el sello y el sobre; luego, la inquietó la letra
5 desconocida. Nueve o diez líneas borroneadas[1] querían colmar la hoja; Emma leyó que el señor Maier había ingerido por error una fuerte dosis de veronal[2]

---

[1]Nueve... *Nine or ten scribbled lines* [2]*a barbiturate*

y había fallecido el tres del corriente en el hospital de Bagé. Un compañero de pensión de su padre firmaba la noticia, un tal Fein o Fain, de Río Grande, que no podía saber que se dirigía a la hija del muerto.

10   Emma dejó caer el papel. Su primera impresión fue de malestar en el vientre y en las rodillas; luego de ciega culpa, de irrealidad, de frío, de temor; luego, quiso ya estar en el día siguiente. **Acto continuo** comprendió que esa voluntad era inútil porque la muerte de su padre era lo único que había sucedido en el mundo, y seguiría sucediendo sin fin. Recogió el papel y se fue a
15 su cuarto. Furtivamente lo guardó en un cajón, como si de algún modo ya conociera los hechos ulteriores. Ya había empezado a vislumbrarlos, tal vez; ya era la que sería.

En la creciente oscuridad, Emma lloró hasta el fin de aquel día el suicidio de Manuel Maier, que en los antiguos días felices fue Emanuel Zunz. Recordó
20 veraneos en una chacra,[3] cerca de Gualeguay, recordó (trató de recordar) a su madre, recordó la casita de Lanús que les remataron,[4] recordó los amarillos losanges[5] de una ventana, recordó el auto de prisión, el oprobio, recordó los anónimos con el suelto sobre «el desfalco del cajero»,[6] recordó (pero eso jamás lo olvidaba) que su padre, la última noche, le había jurado que el ladrón
25 era Loewenthal. Loewenthal, Aarón Loewenthal, antes gerente de la fábrica y ahora uno de los dueños. Emma, desde 1916, guardaba el secreto. A nadie se lo había revelado, ni siquiera a su mejor amiga, Elsa Urstein. Quizá rehuía la profana incredulidad; quizá creía que el secreto era un vínculo entre ella y el ausente. Loewenthal no sabía que ella sabía; Emma Zunz derivaba de ese
30 hecho ínfimo un sentimiento de poder.

No durmió aquella noche, y cuando la primera luz definió el rectángulo de la ventana, ya estaba perfecto su plan. Procuró que ese día, que le pareció interminable, fuera como los otros. Había en la fábrica rumores de huelga; Emma **se declaró,** como siempre, **contra** toda violencia. A las seis, concluido
35 el trabajo, fue con Elsa a un club de mujeres, que tiene gimnasio y pileta.[7] Se inscribieron; tuvo que repetir y deletrear su nombre y su apellido, tuvo que festejar las bromas vulgares que comentan la revisación.[8] Con Elsa y con la menor de las Kronfuss discutió a qué cinematógrafo irían el domingo a la tarde. Luego, se habló de novios y nadie esperó que Emma hablara. En abril
40 cumpliría diecinueve años, pero los hombres le inspiraban, aún, un temor casi patológico... **De vuelta,** preparó una sopa de tapioca y unas legumbres, comió temprano, se acostó y se obligó a dormir. Así, laborioso y trivial, pasó el viernes quince, la víspera.

El sábado, la impaciencia la despertó. La impaciencia, no la inquietud, y
45 el singular alivio de estar en aquel día, por fin. Ya no tenía que tramar y que imaginar; dentro de algunas horas alcanzaría la simplicidad de los hechos. Leyó en *La Prensa* que el *Nordstjärnan,* de Malmö, zarparía[9] esa noche del

---

[3]*farm* [4]*they auctioned off* [5]*diamond-shaped panes* [6]*anónimos... anonymous newspaper articles about the "cashier's embezzlement"* [7]*a pool* [8]*physical checkup before participating* [9]*would sail*

dique 3; llamó por teléfono a Loewenthal, insinuó que deseaba comunicar, **sin que** lo supieran las otras, algo sobre la huelga y prometió pasar por el
50 escritorio, al oscurecer. Le temblaba la voz; el temblor convenía a una delatora.[10] Ningún otro hecho memorable ocurrió esa mañana. Emma trabajó hasta las doce y fijó con Elsa y con Perla Kronfuss los pormenores del paseo del domingo. Se acostó después de almorzar y recapituló, cerrados los ojos, el plan que había tramado. Pensó que la etapa final sería menos horrible que
55 la primera y que le depararía, sin duda, el sabor de la victoria y de la justicia. De pronto, alarmada, se levantó y corrió al cajón de la cómoda. Lo abrió; debajo del retrato de Milton Sills,[11] donde la había dejado la antenoche, estaba la carta de Fain. Nadie podía haberla visto; la empezó a leer y la rompió.

60   Referir con alguna realidad los hechos de esa tarde sería difícil y quizá improcedente. Un atributo de lo infernal es la irrealidad, un atributo que parece mitigar sus terrores y que los agrava tal vez. ¿Cómo hacer verosímil una acción en la que casi no creyó quien la ejecutaba, cómo recuperar ese breve caos que hoy la memoria de Emma Zunz repudia y confunde? Emma vivía por Almagro,
65 en la calle Liniers; nos consta[12] que esa tarde fue al puerto. Acaso en el infame Paseo de Julio se vio multiplicada en espejos, publicada por luces y desnudada por los ojos hambrientos, pero más razonable es conjeturar que al principio erró, inadvertida, por la indiferente recova[13]... Entró en dos o tres bares, vio la rutina o los manejos[14] de otras mujeres. Dio al fin con hombres
70 del *Nordstjärnan.* De uno, muy joven, temió que le inspirara alguna ternura y optó por otro, quizá más bajo que ella y grosero, para que la pureza del horror no fuera mitigada. El hombre la condujo a una puerta y después a un turbio zaguán y después a una escalera tortuosa y después a un vestíbulo (en el que había una vidriera con losanges idénticos a los de la casa en Lanús) y
75 después a un pasillo y después a una puerta que se cerró. Los hechos graves están fuera del tiempo, ya porque en ellos el pasado inmediato queda como tronchado del porvenir, ya porque no parecen consecutivas las partes que los forman.

    ¿En aquel tiempo fuera del tiempo, en aquel desorden perplejo de sensaciones inconexas y atroces, pensó Emma Zunz *una sola vez* en el muerto que
80 motivaba el sacrificio? Yo tengo para mí que pensó una vez y que en ese momento peligró su desesperado propósito. Pensó (no pudo no pensar) que su padre le había hecho a su madre la cosa horrible que a ella ahora le hacían. Lo pensó con débil asombro y se refugió, en seguida, en el vértigo. El hombre,
85 sueco o finlandés, no hablaba español; fue una herramienta para Emma como ésta lo fue para él, pero ella sirvió para el goce y él para la justicia.

    Cuando se quedó sola, Emma no abrió en seguida los ojos. En la mesa de luz estaba el dinero que había dejado el hombre: Emma se incorporó y lo

---

[10]*informer*   [11]Milton... *silent film star*   [12]nos... *we know for certain*   [13]erró... *she wandered unnoticed through the indifferent marketplace*   [14]*routines, tricks*

rompió como antes había roto la carta. Romper dinero es una impiedad, como
90 tirar el pan; Emma se arrepintió, apenas lo hizo. Un acto de soberbia y en
aquel día... El temor se perdió en la tristeza de su cuerpo, en el asco. El asco
y la tristeza la encadenaban, pero Emma lentamente se levantó y procedió a
vestirse. En el cuarto no quedaban colores vivos; el último crepúsculo se
agravaba. Emma pudo salir sin que la advirtieran; en la esquina subió a un
95 Lacroze,[15] que iba al oeste. Eligió, conforme a su plan, el asiento más delantero, para que no le vieran la cara. Quizá le confortó verificar, en el insípido
trajín de las calles, que lo acaecido no había contaminado las cosas. Viajó por
barrios decrecientes y opacos, viéndolos y olvidándolos en el acto, y se apeó
en una de las bocacalles de Warnes. Paradójicamente su fatiga venía a ser una
100 fuerza, pues la obligada a concentrarse en los pormenores de la aventura y le
ocultaba el fondo y el fin.

Aarón Loewenthal era, para todos, un hombre serio; para sus pocos
íntimos, un avaro. Vivía en los altos de la fábrica, solo. Establecido en el desmantelado arrabal,[16] temía a los ladrones; en el patio de la fábrica había un
105 gran perro y en el cajón de su escritorio, nadie lo ignoraba, un revólver. Había
llorado con decoro, el año anterior, la inesperada muerte de su mujer —una
Gauss, que le trajo una buena dote—, pero el dinero era su verdadera pasión.
Con íntimo bochorno[17] se sabía menos apto para ganarlo que para conser-
varlo. Era muy religioso; creía tener con el Señor un pacto secreto, que lo
110 eximía de obrar bien, **a trueque de** oraciones y devociones. Calvo, corpulento, enlutado, de quevedos ahumados[18] y barba rubia, esperaba de pie,
junto a la ventana, el informe confidencial de la obrera Zunz.

La vio empujar la verja (que él había entornado a propósito) y cruzar
el patio sombrío. La vio hacer un pequeño rodeo cuando el perro atado
115 ladró. Los labios de Emma se atareaban[19] como los de quien reza en voz
baja; cansados, repetían la sentencia que el señor Loewenthal oiría antes de
morir.

Las cosas no ocurrieron como había previsto Emma Zunz. Desde la madrugada anterior, ella se había soñado muchas veces, dirigiendo el firme revólver,
120 forzando al miserable a confesar la miserable culpa y exponiendo la intrépida
estratagema que permitiría a la Justicia de Dios triunfar de la justicia humana.
(No por temor, sino por ser un instrumento de la Justicia, ella no quería ser
castigada.) Luego, un solo balazo en mitad del pecho rubricaría[20] la suerte de
Loewenthal. Pero las cosas no ocurrieron así.

125 Ante Aarón Loewenthal, más que la urgencia de vengar a su padre, Emma
sintió la de castigar el ultraje padecido por ello. No podía matarlo, después de
esa minuciosa deshonra. Tampoco tenía tiempo que perder en teatralerías.
Sentada, tímida, pidió excusas a Loewenthal, invocó (a fuer de delatora) las
obligaciones de la lealtad, pronunció algunos nombres, dio a entender otros y

---

[15]*type of bus, named for its route or destination* [16]desmantelado... *dilapidated neighborhood*
[17]*embarrassment* [18]quevedos... *dark glasses* [19]se... *moved rapidly* [20]*would seal*

130 se cortó como si la venciera el temor. Logró que Loewenthal saliera a buscar una copa de agua. Cuando éste, incrédulo de tales aspavientos,[21] pero indulgente, volvió del comedor, Emma ya había sacado del cajón el pesado revólver. Apretó el gatillo dos veces. El considerable cuerpo se desplomó como si los estampidos[22] y el humo lo hubieran roto, el vaso de agua se

135 rompió, la cara la miró con asombro y cólera, la boca de la cara la injurió en español y en ídisch. Las malas palabras no cejaban;[23] Emma tuvo que **hacer fuego** otra vez. En el patio, el perro encadenado **rompió a** ladrar, y una efusión de brusca sangre manó de los labios obscenos y manchó la barba y la ropa. Emma inició la acusación que tenía preparada («He vengado a mi padre

140 y no me podrán castigar...»), pero no la acabó, porque el señor Loewenthal ya había muerto. No supo nunca si alcanzó a comprender.

Los ladridos tirantes le recordaron que no podía, aún, descansar. Desordenó el diván, desabrochó el saco del cadáver, le quitó los quevedos salpicados y los dejó sobre el fichero. Luego tomó el teléfono y repitió lo que tantas

145 veces repetiría, con esas y con otras palabras: *Ha ocurrido una cosa que es increíble... El señor Loewenthal me hizo venir con el pretexto de la huelga... Abusó de mí, lo maté...*

La historia era increíble, en efecto, pero se impuso a todos, porque sustancialmente era cierta. Verdadero era el tono de Emma Zunz, verdadero el

150 pudor, verdadero el odio. Verdadero también era el ultraje que había padecido; sólo eran falsas las circunstancias, la hora y uno o dos nombres propios.[24]

[21] *fuss*   [22] *gunshots*   [23] *no... didn't cease*   [24] *la... the time and one or two proper names*

$\mathcal{D}$ESPUÉS DE LEER

CUESTIONARIO

1. ¿Qué cosa encuentra Emma Zunz al volver de la fábrica la tarde del 14 de enero de 1922?
2. ¿Cómo había muerto el señor Maier?
3. ¿Por qué tuvo Emanuel Zunz que cambiar su nombre por el de Manuel Maier?
4. ¿Qué secreto guardaba Emma Zunz desde 1916?
5. ¿Cuántos años tiene Emma?
6. ¿Por qué llamó Emma por teléfono a Loewenthal?
7. ¿Qué hizo Emma con el hombre del *Nordstjärnan*?
8. ¿Qué tipo de hombre era Aarón Loewenthal?
9. Describa cómo vivía Loewenthal.
10. ¿Cuál era el plan de Emma?
11. ¿Qué hizo Emma después de matar a Loewenthal?

ESTUDIO DE PALABRAS

Complete las oraciones con palabras o expresiones de **Palabras importantes y modismos.**

1. _____ el sello y el sobre engañaron a Emma Zunz; luego, la inquietó la letra desconocida.
2. Por un instante quiso ya estar en el día siguiente, pero, _____ , comprendió que ese deseo era inútil.
3. Cuando oyó de la huelga, Emma _____ toda violencia.
4. _____ en su casa, preparó una sopa de tapioca y unas legumbres, comió temprano, se acostó y se obligó a dormir.
5. Emma pudo salir _____ la advirtieran.
6. Era muy religioso; creía tener con el Señor un pacto secreto que lo eximía de obrar bien _____ oraciones y devociones.
7. Emma tuvo que _____ otra vez.
8. En el patio, el perro encadenado _____ ladrar.

CONSIDERACIONES

1. Describa detalladamente la reacción de Emma después de enterarse de la muerte de su padre.
2. ¿Cuáles son algunos de los rasgos de la personalidad de Emma?
3. ¿Qué hace Emma a partir del momento en que sale de su casa hasta el encuentro con el marinero del *Nordstjärnan*?
4. ¿En qué sentido queda frustrado el plan de Emma?
5. Haga una descripción de la casa de Loewenthal.
6. Haga una descripción física de Loewenthal.
7. Describa las acciones de Emma a partir de su enfrentamiento con Loewenthal.
8. Describa en detalle algunos de los «laberintos» que se plantean en este cuento.

ANÁLISIS DEL TEXTO

1. ¿Cuál es el tema principal de este cuento?
2. ¿A qué se puede atribuir la actitud de Emma Zunz hacia el sexo?
3. ¿Quedó frustrada Emma Zunz en su meticuloso plan de venganza? ¿Por qué?
4. Comente el aspecto racional y emotivo en las acciones de Emma Zunz.
5. ¿Cómo se contrasta el ambiente realista de la obra con el estado del alma de Emma Zunz?

PERSPECTIVA PERSONAL

1. ¿Es Ud. una persona racional o más bien emotiva? Explique.
2. Comente hasta qué punto hay un conflicto entre lo racional y lo sentimental en su propia vida.
3. ¿Qué haría Ud. si se encontrara en las mismas circunstancias que Emma Zunz?

BIBLIOGRAFÍA

Álvarez, Nicolás Emilio. "La realidad trascendida: dualismo y rectangularidad en 'Emma Zunz.'" *Explicación de textos literarios* 12 (1983–1984):27–36.

Anton, Karl-Heinz. "En el laberinto de Borges." *Explicación de textos literarios* 2 (1973):45–49.

Costa, Horacio and Grino Rojo. "Sobre 'Emma Zunz.'" *Revista Chilena de Literatura* 45 (November 1994):87–106.

Martínez, Zulma Nelly. "El símbolo de la trama y el tema de la venganza en dos historias de Borges." *Sin nombre* 1 (January–March 1971):80–85.

McMurray, George R. *Jorge Luis Borges.* New York: Frederick Ungar, 1980. See especially 35–37.

Murillo, L. A. "The Labyrinths of Jorge Luis Borges. An Introduction to the Stories of *El Aleph.*" *Modern Language Quarterly* 20 (September 1959):259–266.

Páramo Ortega, Raúl. "Intento de interpretación psicoanalítica de un cuento de J. L. Borges." *Eco* 23 (October–November 1971):587–599.

La gente indígena de la Argentina

Historia del guerrero y de la cautiva

This is one of only a few stories by Borges in which women appear as main characters. Even in his poetry there are few concrete references to women. What is unusual in this story is the fact that women are portrayed in a good light. Also of significance is the historical setting, with specific references to the Argentine Pampas.

ANTES DE LEER

PALABRAS IMPORTANTES Y MODISMOS

ajorca	metal bracelet	**exhortar**	to admonish, urge
arrebatar	to lead; to pull, draw		
		impresionar	to impress
atravesar (ie)	to cross	**a alguien**	someone
bastarle a	to be sufficient	**soler (ue)**	to be in the
alguien	for someone	**+ infinitivo**	habit of
capitel	part of a column		(*doing*
conmover	to touch emotionally		*something*)
(ue)		**traer**	to bring

123

Narrative Structure

"Historia del guerrero y de la cautiva," part of the collection *El Aleph* (1949), treats one of Borges' favorite themes, as stated in the last line of the story: "El anverso y el reverso de esta moneda son, para Dios, iguales." Different versions of this theme occur in the stories "La muerte y la brújula," in which the hunter becomes the hunted; "Tema del traidor y del héroe," in which a traitor is really a hero; and "Tres versiones de Judas," where three possible versions of the Judas story force us to speculate about the fine line between truth and fiction and our limitations when we rely on reason alone in our attempts to understand the world. As you read this story, concentrate on the mirror image so carefully presented in the narrative structure. The story could easily be divided into two distinct parts, each a complete reversal of the other in thematic as well as in the conceptual presentation of the world. The question of whether the "civilized" world is better than the "barbaric" world is left open, but each is seen to have value.

CONTEXTO CULTURAL This story makes specific references to the vandal tribes that swept across the Roman Empire in 410 A.D. They came from the region north of the Danube at the time considered the boundary of civilization. The Visigoths, under the leadership of Alaric, invaded Gaul (France) and Spain, where they remained until 711—the date of the Moorish invasion and conquest, and the beginning of the "**Reconquista.**" The Lombards settled in what is now Northern Italy. With time, their descendants were integrated into the "civilized" world.

In Argentine history and literature, one finds references to native tribes that took European women as captives when they attacked outposts across the Pampas. Many of these women spent the rest of their lives with their captors. In this story Borges refers specifically to his paternal grandmother, Fanny Haslam, who was born in Staffordshire, England. She met and married Colonel Francisco Borges in Paraná. She was influential in her grandson's being educated in Europe, which likely enhanced his appreciation of the coexistence of multiple "realities" or points of view concerning the same facts.

Historia del guerrero y de la cautiva

$\mathcal{E}$N LA PÁGINA 278 del libro *La poesía* (Bari, 1942), Croce,[1] abreviando un texto latino del historiador Pablo el Diácono,[2] narra la suerte y cita el epitafio de Droctulft;[3] éstos **me conmovieron** singularmente, luego entendí por qué. Fue Droctulft un guerrero lombardo que en el asedio[4] de
5 Ravena[5] abandonó a los suyos y murió defendiendo la ciudad que antes había atacado. Los raveneses le dieron sepultura en un templo y compusieron un epitafio en el que manifestaron su gratitud («*contempsit caros, dum nos amat ille, parentes*»)[6] y el peculiar contraste que se advertía entre la figura atroz de aquel bárbaro y su simplicidad y bondad:[7]

10   *Terribilis visu facies mente benignus,*
         Longaque robusto pectores barba fuit![8]

Tal es la historia del destino de Droctulft, bárbaro que murió defendiendo a Roma, o tal es el fragmento de su historia que pudo rescatar Pablo el Diácono. Ni siquiera sé en qué tiempo ocurrió: si al promediar[9] el siglo VI,
15 cuando los longobardos desolaron las llanuras de Italia; si en el VIII, antes de la rendición de Ravena. Imaginemos (éste no es un trabajo histórico) lo primero.

Imaginemos, *sub specie aeternitatis*,[10] a Droctulft, no al individuo Droctulft, que sin duda fue único e insondable (todos los individuos lo son),
20 sino al tipo genérico que de él y de otros muchos como él ha hecho la tradición, que es obra del olvido y de la memoria. A través de una oscura geografía de selvas y de ciénagas, las guerras lo **trajeron** a Italia, desde las márgenes del Danubio y del Elba, y tal vez no sabía que iba al Sur y tal vez no sabía que guerreaba contra el nombre romano. Quizá profesaba
25 el arrianismo, que mantiene que la gloria del Hijo es reflejo de la gloria del Padre, pero más congruente es imaginarlo devoto de la Tierra, de Hertha, cuyo ídolo tapado iba de cabaña en cabaña en un carro tirado por vacas, o de los dioses de la guerra y del trueno, que eran torpes figuras de madera, envueltas en ropa tejida y recargadas de monedas y ajorcas. Venía de las
30 selvas inextricables del jabalí y del uro; era blanco, animoso, inocente, cruel, leal a su capitán y a su tribu, no al universo. Las guerras lo traen a Ravena y ahí ve algo que no ha visto jamás, o que no ha visto con plenitud. Ve

---

[1] *Benedetto Croce (1866–1952), Italian philosopher, critic, and politician most famous for his essays on aesthetics.* [2] *Pablo el Diácono (A.D. 720?–799?), Lombard historian.* [3] *Droctulft, a fourth-generation Lombard who became "civilized" (Gibbon,* The Decline and Fall of the Roman Empire*).* [4] *siege* [5] *City in northern Italy; the place of Dante's tomb.* [6] *contempsit... "despises his dear parents, while he loves us" (refers to Droctulft's reaction upon seeing a portrait of his ancestors).* [7] *goodness* [8] *Terribilis... Rough of aspect, benign of mind. Long of beard, robust of chest. (According to Gibbon, a portrait of Droctulft's ancestors hangs in the palace of Monza, near Milan.)* [9] *al... halfway through* [10] *sub... under the category of eternity*

el día y los cipreses y el mármol. Ve un conjunto que es múltiple sin desorden; ve una ciudad, un organismo hecho de estatuas, de templos, de jardines,
35 de habitaciones, de gradas, de jarrones, de **capiteles,** de espacios regulares y abiertos. Ninguna de esas fábricas (lo sé) **lo impresiona** por bella; lo tocan como ahora nos tocaría una maquinaria compleja, cuyo fin ignoráramos, pero en cuyo diseño se adivinara una inteligencia inmortal. Quizá **le basta** ver un solo arco, con una incomprensible inscripción en eternas letras
40 romanas. Bruscamente lo ciega y lo renueva esa revelación, la Ciudad. Sabe que en ella será un perro, o un niño, y que no empezará siquiera a entenderla, pero sabe también que ella vale más que sus dioses y que la fe jurada y que todas las ciénagas de Alemania. Droctulft abandona a los suyos y pelea por Ravena. Muere, y en la sepultura graban palabras que él no hubiera en-
45 tendido:

> Contempsit caros, dum nos amat ille, parentes,
> Hanc patriam reputans esse, Ravenna, suam.[11]

No fue un traidor (los traidores no suelen inspirar epitafios piadosos); fue un iluminado, un converso. Al cabo de unas cuantas generaciones, los longo-
50 bardos que culparon al tránsfuga procedieron como él; se hicieron italianos, lombardos y acaso alguno de su sangre —Aldíger— pudo engendrar a quienes engendraron al Alighieri[12]... Muchas conjeturas cabe aplicar al acto de Droctulft; la mía es la más económica; si no es verdadera como hecho, lo será como símbolo.
55 Cuando leí en el libro de Croce la historia del guerrero, ésta me conmovió de manera insólita y tuve la impresión de recuperar, bajo forma diversa, algo que había sido mío. Fugazmente pensé en los jinetes mogoles que querían hacer de la China un infinito campo de pastoreo y luego envejecieron en las ciudades que habían anhelado destruir; no era ésta la memoria que yo
60 buscaba. La encontré al fin; era un relato que le oí alguna vez a mi abuela inglesa, que ha muerto.
En 1872 mi abuelo Borges era jefe de las fronteras Norte y Oeste de Buenos Aires y Sur de Santa Fe. La comandancia estaba en Junín; más allá, a cuatro o cinco leguas uno de otro, la cadena de los fortines;
65 más allá, lo que se denominaba entonces la Pampa y también Tierra Adentro. Alguna vez, entre maravillada y burlona, mi abuela comentó su destino de inglesa desterrada a ese fin del mundo; le dijeron que no era la única y le señalaron, meses después, una muchacha india que **atrave-saba** lentamente la plaza. Vestía dos mantas coloradas e iba descalza; sus
70 crenchas eran rubias. Un soldado le dijo que otra inglesa quería hablar con ella. La mujer asintió; entró en la comandancia sin temor, pero no sin recelo. En la cobriza cara, pintarrajeada de colores feroces, los ojos

---

[11]*Hanc... Thinking that this country, Ravenna, is his* [12]*Dante Alighieri (1265–1321), Italian poet, author of the* Divine Comedy.

eran de ese azul desganado que los ingleses llaman gris. El cuerpo era ligero, como de cierva; las manos, fuertes y huesudas. Venía del desierto, de Tierra Adentro y todo parecía quedarle chico: las puertas, las paredes, los muebles.

Quizá las dos mujeres por un instante se sintieron hermanas, estaban lejos de su isla querida y en un increíble país. Mi abuela enunció alguna pregunta; la otra le respondió con dificultad, buscando las palabras y repitiéndolas, como asombrada de un antiguo sabor. Haría quince años que no hablaba el idioma natal y no le era fácil recuperarlo. Dijo que era de Yorkshire,[13] que sus padres emigraron a Buenos Aires, que los había perdido en un malón,[14] que la habían llevado los indios y que ahora era mujer de un capitanejo, a quien ya había dado dos hijos y que era muy valiente. Eso lo fue diciendo en un inglés rústico, entreverado de araucano o de pampa, y detrás del relato se vislumbraba una vida feral:[15] los toldos de cuero de caballo,[16] las hogueras de estiércol, los festines de carne chamuscada o de vísceras crudas,[17] las sigilosas marchas al alba; el asalto de los corrales, el alarido y el saqueo, la guerra, el caudaloso arreo de las haciendas por jinetes desnudos, la poligamia, la hediondez y la magia. A esa barbarie se había rebajado una inglesa. Movida por la lástima y el escándalo, mi abuela la **exhortó** a no volver. Juró ampararla, juró rescatar a sus hijos. La otra le contestó que era feliz y volvió, esa noche, al desierto. Francisco Borges moriría poco después, en la revolución del 74; quizá mi abuela, entonces, pudo percibir en la otra mujer, también arrebatada y transformada por este continente implacable, un espejo monstruoso de su destino...

Todos los años, la india rubia **solía** llegar a las pulperías de Junín, o del Fuerte Lavalle, en procura de baratijas y «vicios»;[18] no apareció, desde la conversación con mi abuela. Sin embargo, se vieron otra vez. Mi abuela había salido a cazar; en un rancho, cerca de los bañados, un hombre degollaba una oveja. Como en un sueño, pasó la india a caballo. Se tiró al suelo y bebió la sangre caliente. No sé si lo hizo porque ya no podía obrar de otro modo, o como un desafío y un signo.

Mil trescientos años y el mar median entre el destino de la cautiva y el destino de Droctulft. Los dos, ahora, son igualmente irrecuperables. La figura del bárbaro que abraza la causa de Ravena, la figura de la mujer europea que opta por el desierto, pueden parecer antagónicos. Sin embargo, a los dos los **arrebató** un ímpetu secreto, un ímpetu más hondo que la razón, y los dos acataron ese ímpetu que no hubieran sabido justificar. Acaso las historias que he referido son una sola historia. El anverso y el reverso de esta moneda son, para Dios, iguales.

A Ulrike von Kühlmann.

[13]*County in northeastern England* [14]*raid that often included the capture of prisoners* [15]vida... *untamed or cruel life* [16]toldos... *huts made from horsehide* [17]festines... *feeding orgies of burnt meat and raw entrails* [18]en... *in search of some cheap tokens or something to indulge some vices*

Después de leer

Cuestionario

1. ¿Qué narraba Pablo el Diácono en su historia?
2. ¿Quién era Droctulft? ¿Cómo había llegado a Italia?
3. ¿Qué pasó con los lombardos después de varias generaciones?
4. ¿Qué querían hacer los jinetes mogoles de la China?
5. ¿Qué oficio tenía el abuelo de Borges?
6. ¿Desde cuándo no hablaba la cautiva su idioma natal?
7. ¿Qué les pasó a los padres de la cautiva?
8. ¿Qué vio la abuela cuando salió a cazar?
9. ¿Qué le pasó a Francisco Borges en la revolución del 74?

Estudio de palabras

Complete las oraciones con palabras o expresiones de **Palabras importantes y modismos.**

1. La cita y el epitafio de Droctulft me _____ .
2. Las guerras _____ a Droctulft a Italia desde las márgenes del Danubio.
3. Los ídolos eran figuras de madera envueltas en ropa tejida y recargadas de _____ .
4. Droctulft ve una ciudad de templos, de jardines, de _____ y de espacios regulares y abiertos.
5. Ninguna de estas fábricas _____ a Droctulft por bella.
6. Para adivinar una inteligencia inmortal, es probable que _____ ver un solo arco.
7. Meses después, le señalaron a la abuela una india que _____ la plaza.
8. Mi abuela _____ a la india a que no volviera.
9. La india _____ ir a la pulpería todos los años.
10. Un ímpetu más hondo que la razón los _____ a los dos.

Consideraciones

1. ¿Qué narra Croce en su libro *La poesía*?
2. Describa lo que hicieron los raveneses a la muerte de Droctulft.
3. ¿Qué se sabe de la vida de Droctulft?
4. ¿En qué creen los que profesan el arrianismo? ¿Y los devotos de Hertha?
5. Describa en detalle la ciudad que vio Droctulft.
6. ¿Qué reacción tuvo el narrador cuando leyó el libro de Croce?
7. Haga una descripción física de la india.
8. ¿De dónde vinieron los padres de la cautiva? ¿Qué le pasó a su hija?

9. ¿Qué pudo percibir la abuela cuando la cautiva volvió al desierto?
10. Describa lo que vio la abuela la última vez que se encontró con la cautiva.

ANÁLISIS DEL TEXTO

1. ¿Qué efecto tienen los datos históricos en este cuento?
2. Haga un contraste entre los dos mundos representados por el guerrero y la cautiva. ¿Se resuelve este conflicto? Explique.
3. Comente los distintos puntos de vista de narración en este cuento y lo que se logra con el cambio entre la primera y la tercera persona.
4. ¿Por qué es tan importante la búsqueda de valores autóctonos (indígenas) en este cuento?
5. ¿Cómo interpreta Ud. el final del cuento?

PERSPECTIVA PERSONAL

1. ¿Alguna vez ha sentido Ud. la necesidad de encontrar sus raíces culturales?
2. ¿Qué piensa Ud. de los distintos grupos raciales que han inmigrado recientemente a este país? ¿Ve su llegada como algo positivo o negativo? Comente.

BIBLIOGRAFÍA

Anton, Karl-Heinz. "En el laberinto de Borges." *Explicación de textos literarios* 2 (1973):45–49.

McMurray, George R. *Jorge Luis Borges.* New York: Frederick Ungar, 1980. See especially 35–37.

Murillo, L. A. "The Labyrinths of Jorge Luis Borges. An Introduction to the Stories of *El Aleph.*" *Modern Language Quarterly* 20 (September 1959):259–266.

Un gaucho argentino

El Sur

9/14

"**El** Sur" is one of Borges' most structured stories. The author suggests that it might also be his best story, one that can be read on a number of levels. The story contains a reference to an accident that actually happened in Borges' life, one of the few autobiographical allusions in any of his stories.

ANTES DE LEER

PALABRAS IMPORTANTES Y MODISMOS

a costa de	at the expense of	**echarse a**	to begin to cry
acurrucarse	to hunker, squat on one's haunches	**llorar**	
		hacer a un	to push
auscultar	to listen with a stethoscope	**lado a alguien**	someone aside
desembarcar	to go ashore, disembark	**hundirse**	to set (*sun*)
detenerse	to come to a stop		

130

Considering Multiple Interpretations of a Story

Ficciones (1944) contains many of Borges' best short stories such as "Tlön, Uqbar, Orbis Tertius," "Las ruinas circulares," "La lotería en Babilonia," "Pierre Menard, autor del Quijote," "La muerte y la brújula (*compass*)," "La Biblioteca de Babel," "El jardín de senderos que se bifurcan (*forking paths*)," and the often anthologized "El Sur." For the most part, these stories have profound philosophical significance. "La lotería," "La Biblioteca," and "Tlön" demonstrate humankind's futile attempts to establish some order in the world. What appears to be created with a definite design and purpose turns out to be chaotic or ambiguous. "La muerte y la brújula" questions humanity's rational limits as the main character of this classic detective story becomes entangled in his own machinations. "El Sur" is a complex work subject to many interpretations. Borges includes references to his own ancestors, whose epic past he tries to recapture. Critics have suggested that this story could symbolize the desire to recover autochthonous values represented by the gaucho past. As you read the story, keep in mind the subtle interplay between dreams and reality. Is the main character able to establish contact with the past, or is it all a dream? Make a list of elements that belong to the world of reality and another of those that could be classified as part of a dream. These are the elements that contribute to the tension of the story.

 **ONTEXTO CULTURAL** The Pampas, south of Buenos Aires, has long been the home of the gaucho, the Argentine cowboy immortalized by José Hernández (1834–1886) in his epic poem *Martín Fierro*. The main character of the poem was elevated to the level of myth as Argentines strove to define a national character. The story "El Sur" underscores the basic difference between the "civilized" world of Buenos Aires, home of the protagonist, and the Pampas, the "barbaric" home of the gauchos with its traditional values. The expression "civilization versus barbarism" was first employed by Argentine writer and political leader Domingo Faustino Sarmiento in his most well-known work, *Facundo: civilización y barbarie* (1845).

El Sur

*E*L HOMBRE QUE **desembarcó** en Buenos Aires en 1871 se llamaba Johannes Dahlmann y era pastor de la iglesia evangélica; en 1939, uno de sus nietos, Juan Dahlmann, era secretario de una biblioteca municipal en

la calle Córdoba y se sentía hondamente argentino. Su abuelo materno había
sido aquel Francisco Flores, del 2 de infantería de línea, que murió en la frontera
de Buenos Aires, lanceado por indios de Catriel; en la discordia de sus dos
linajes, Juan Dahlmann (tal vez a impulso de la sangre germánica) eligió el de
ese antepasado romántico, o de muerte romántica. Un estuche con el dague-
rrotipo de un hombre inexpresivo y barbado, una vieja espada, la dicha y el
coraje de ciertas músicas, el hábito de estrofas del *Martín Fierro,* los años, el
desgano y la soledad, fomentaron ese criollismo algo voluntario, pero nunca os-
tentoso. **A costa de** algunas privaciones, Dahlmann había logrado salvar el
casco de una estancia en el Sur, que fue de los Flores; una de las costumbres de
su memoria era la imagen de los eucaliptos balsámicos y de la larga casa rosada
que alguna vez fue carmesí. Las tareas y acaso la indolencia lo retenían en la
ciudad. Verano tras verano se contentaba con la idea abstracta de posesión y
con la certidumbre de que su casa estaba esperándolo, en un sitio preciso de la
llanura. En los últimos días de febrero de 1939, algo le aconteció.

Ciego a las culpas[1] del destino puede ser despiadado con las mínimas dis-
tracciones. Dahlmann había conseguido, esa tarde, un ejemplar descabalado de
las *Mil y Una Noches* de Weil; ávido de examinar ese hallazgo, no esperó que
bajara el ascensor y subió con apuro las escaleras; algo en la oscuridad le rozó la
frente ¿un murciélago, un pájaro? En la cara de la mujer que le abrió la puerta
vio grabado el horror, y la mano que se pasó por la frente salió roja de sangre.
La arista de un batiente recién pintado que alguien se olvidó de cerrar le habría
hecho esa herida. Dahlmann logró dormir, pero a la madrugada estaba despierto y desde aquella hora el sabor de todas las cosas fue atroz. La fiebre lo
gastó y las ilustraciones de las *Mil y Una Noches* sirvieron para decorar pesadillas. Amigos y parientes lo visitaban y con exagerada sonrisa le repetían que lo
hallaban muy bien. Dahlmann los oía con una especie de débil estupor y le
maravillaba que no supieran que estaba en el infierno. Ocho días pasaron,
como ocho siglos. Una tarde, el médico habitual se presentó con un médico
nuevo y lo condujeron a un sanatorio de la calle Ecuador, porque era indispen-
sable sacarle una radiografía. Dahlmann, en el coche de plaza[2] que los llevó,
pensó que en una habitación que no fuera la suya podría, al fin, dormir. Se
sintió feliz y conversador; en cuanto llegó, lo desvistieron, le raparon la cabeza,
lo sujetaron con metales a una camilla, lo iluminaron hasta la ceguera y el
vértigo, lo **auscultaron** y un hombre enmascarado le clavó una aguja en el
brazo. Se despertó con náuseas, vendado, en una celda que tenía algo de pozo
y, en los días y noches que siguieron a la operación pudo entender que apenas
había estado, hasta entonces, en un arrabal del infierno. El hielo no dejaba en su
boca el menor rastro de frescura. En esos días, Dahlmann minuciosamente se
odió; odió su identidad, sus necesidades corporales, su humillación, la barba
que le erizaba la cara. Sufrió con estoicismo las curaciones, que eran muy do-
lorosas, pero cuando el cirujano le dijo que había estado a punto de morir de
una septicemia,[3] Dahlmann **se echó a llorar,** condolido de su destino. Las mi-

---

[1]Ciego... *Blind to faults* [2]coche... *taxi* [3]*blood poisoning*

serias físicas y la incesante previsión de las malas noches no le habían dejado pensar en algo tan abstracto como la muerte. Otro día, el cirujano le dijo que estaba reponiéndose y que, muy pronto, podría ir a convalecer a la estancia. Increíblemente, el día prometido llegó.

A la realidad le gustan las simetrías y los leves anacronismos; Dahlmann había llegado al sanatorio en un coche de plaza y ahora un coche de plaza lo llevaba a Constitución.[4] La primera frescura del otoño, después de la opresión del verano, era como un símbolo natural de su destino rescatado de la muerte y la fiebre. La ciudad, a las siete de la mañana, no había perdido ese aire de casa vieja que le infunde la noche; las calles eran como largos zaguanes, las plazas como patios. Dahlmann la reconocía con felicidad y con un principio de vértigo; unos segundos antes de que las registraran sus ojos, recordaba las esquinas, las carteleras, las modestas diferencias de Buenos Aires. En la luz amarilla del nuevo día, todas las cosas regresaban a él.

Nadie ignora que el Sur empieza del otro lado de Rivadavia.[5] Dahlmann solía repetir que ello no es una convención y que quien atraviesa esa calle entra en un mundo más antiguo y más firme. Desde el coche buscaba entre la nueva edificación, la ventana de rejas, el llamador, el arco de la puerta, el zaguán, el íntimo patio.

En el *hall* de la estación advirtió que faltaban treinta minutos. Recordó bruscamente que en un café de la calle Brasil (a pocos metros de la casa de Yrigoyen[6]) había un enorme gato que se dejaba acariciar por la gente, como una divinidad desdeñosa. Entró. Ahí estaba el gato, dormido. Pidió una taza de café, la endulzó lentamente, la probó (ese placer le había sido vedado en la clínica) y pensó, mientras alisaba el negro pelaje, que aquel contacto era ilusorio y que estaban como separados por un cristal, porque el hombre vive en el tiempo, en la sucesión, y el mágico animal, en la actualidad, en la eternidad del instante.

A lo largo del penúltimo andén el tren esperaba. Dahlmann recorrió los vagones y dio con uno casi vacío. Acomodó en la red la valija;[7] cuando los coches arrancaron, la abrió y sacó, tras alguna vacilación, el primer tomo de las *Mil y Una Noches*. Viajar con este libro, tan vinculado a la historia de su desdicha, era una afirmación de que esa desdicha había sido anulada y un desafío alegre y secreto a las frustradas fuerzas del mal.

A los lados del tren, la ciudad se desgarraba en suburbios;[8] esta visión y luego la de jardines y quintas[9] demoraron el principio de la lectura. La verdad es que Dahlmann leyó poco; la montaña de piedra imán y el genio que ha jurado matar a su bienhechor eran, quién lo niega, maravillosos, pero no mucho más que la mañana y que el hecho de ser. La felicidad lo distraía de Shahrazad y de sus milagros superfluos; Dahlmann cerraba el libro y se dejaba simplemente vivir.

---

[4]*one of Buenos Aires's train stations* [5]*one of Buenos Aires's main avenues* [6]*Hipólito Yrigoyen (1852–1933), leader of the Radical party in Argentina. Twice elected president (1916–1922 and 1928–1930).* [7]*Acomodó... He placed the suitcase in the overhead baggage net* [8]*se... was breaking up into suburbs* [9]*farm houses*

El almuerzo (con el caldo servido en boles de metal[10] reluciente, como en los ya remotos veraneos de la niñez) fue otro goce tranquilo y agradecido.

90   *Mañana me despertaré en la estancia,* pensaba, y era como si a un tiempo fuera dos hombres: el que avanzaba por el día otoñal y por la geografía de la patria, y el otro, encarcelado en un sanatorio y sujeto a metódicas servidumbres. Vio casas de ladrillo sin revocar, esquinadas y largas, infinitamente mirando pasar los trenes; vio jinetes en los terrosos caminos; vio zanjas y lagunas y ha-
95 ciendas; vio largas nubes luminosas que parecían de mármol, y todas estas cosas eran casuales, como sueños de la llanura. También creyó reconocer árboles y sembrados que no hubiera podido nombrar, porque su directo conocimiento de la campiña era harto inferior a su conocimiento nostálgico y literario.

   Alguna vez durmió y en sus sueños estaba el ímpetu del tren. Ya el blanco
100 sol intolerable de las doce del día era el sol amarillo que precede al anochecer y no tardaría en ser rojo. También el coche era distinto; no era el que fue en Constitución, al dejar el andén: la llanura y las horas lo habían atravesado y transfigurado. Afuera la móvil sombra del vagón se alargaba hacia el horizonte. No turbaban la tierra elemental ni poblaciones ni otros signos
105 humanos. Todo era vasto, pero al mismo tiempo era íntimo y, de alguna manera, secreto. En el campo desaforado,[11] a veces no había otra cosa que un toro. La soledad era perfecta y tal vez hostil, y Dahlmann pudo sospechar que viajaba al pasado y no sólo al Sur. De esa conjetura fantástica lo distrajo el inspector, que al ver su boleto, le advirtió que el tren no lo dejaría en la estación
110 de siempre sino en otra, un poco anterior y apenas conocida por Dahlmann. (El hombre añadió una explicación que Dahlmann no trató de entender ni siquiera de oír, porque el mecanismo de los hechos no le importaba.)

   El tren laboriosamente **se detuvo,** casi en medio del campo. Del otro lado de las vías quedaba la estación, que era poco más que un andén con un
115 cobertizo. Ningún vehículo tenían, pero el jefe opinó que tal vez pudiera conseguir uno en un comercio que le indicó a unas diez, doce, cuadras.

   Dahlmann aceptó la caminata como una pequeña aventura. Ya **se había hundido** el sol, pero un esplendor final exaltaba la viva y silenciosa llanura, antes de que la borrara la noche. Menos para no fatigarse que para hacer
120 durar esas cosas, Dahlmann caminaba despacio, aspirando con grave felicidad el olor del trébol.

   El almacén, alguna vez, había sido punzó,[12] pero los años habían mitigado para su bien ese color violento. Algo en su pobre arquitectura le recordó un grabado en acero, acaso de una vieja edición de *Pablo y Virginia.*[13] Atados al
125 palenque había unos caballos. Dahlmann, adentro, creyó reconocer al patrón; luego comprendió que lo había engañado su parecido con uno de los empleados del sanatorio. El hombre, oído el caso, dijo que le haría atar la jardinera; para agregar otro hecho a aquel día y para llenar ese tiempo, Dahlmann resolvió comer en el almacén.

---

[10]boles... *metal bowls* (anglicism) [11]En... *In the vastness of the countryside* [12]*brilliant red* [13]Pablo... *a romantic French novel by Bernardin de Saint-Pierre (1737–1814).*

130   En una mesa comían y bebían ruidosamente unos muchachones, en los que Dahlmann, al principio, no se fijó. En el suelo, apoyado en el mostrador, **se acurrucaba,** inmóvil como una cosa, un hombre muy viejo. Los muchos años lo habían reducido y pulido como las aguas a una piedra o las generaciones de los hombres a una sentencia. Era oscuro, chico y reseco, y estaba

135 como fuera del tiempo, en una eternidad. Dahlmann registró con satisfacción la vincha, el poncho de bayeta, el largo chiripá y la bota de potro[14] y se dijo, rememorando inútiles discusiones con gente de los partidos del Norte o con entrerrianos,[15] que gauchos de esos ya no quedan más que en el Sur.

    Dahlmann se acomodó junto a la ventana. La oscuridad fue quedándose

140 con el campo, pero su olor y sus rumores aún le llegaban entre los barrotes de hierro. El patrón le trajo sardinas y después carne asada; Dahlmann las empujó con unos vasos de vino tinto. Ocioso, paladeaba el áspero sabor y dejaba errar la mirada por el local, ya un poco soñolienta. La lámpara de kerosén pendía de uno de los tirantes; los parroquianos de la otra mesa eran

145 tres: dos parecían peones de chacra; otro, de rasgos achinados[16] y torpes, bebía con el chambergo puesto. Dahlmann, de pronto, sintió un leve roce en la cara. Junto al vaso ordinario de vidrio turbio, sobre una de las rayas del mantel, había una bolita de miga. Eso era todo, pero alguien se la había tirado.

    Los de la otra mesa parecían ajenos a él. Dahlmann, perplejo, decidió que

150 nada había ocurrido y abrió el volumen de las *Mil y Una Noches,* como para tapar la realidad. Otra bolita lo alcanzó a los pocos minutos, y esta vez los peones se rieron. Dahlmann se dijo que no estaba asustado, pero que sería un disparate que él, un convaleciente, se dejara arrastrar por desconocidos a una pelea confusa. Resolvió salir; ya estaba de pie cuando el patrón se le acercó y

155 lo exhortó con voz alarmada:

    —Señor Dahlmann, no les haga caso a esos mozos, que están medio alegres.[17]

    Dahlmann no se extrañó de que el otro, ahora, lo conociera, pero sintió que estas palabras conciliadoras agravaban, de hecho, la situación. Antes, la provo-

160 cación de los peones era a una cara accidental, casi a nadie; ahora iba contra él y contra su nombre y lo sabrían los vecinos. Dahlmann **hizo a un lado** al patrón, se enfrentó con los peones y les preguntó qué andaban buscando.

    El compadrito de la cara achinada se paró, tambaleándose.[18] A un paso de Juan Dahlmann, lo injurió a gritos, como si estuviera muy lejos. Jugaba a exa-

165 gerar su borrachera y esa exageración era una ferocidad y una burla. Entre malas palabras y obscenidades, tiró al aire un largo cuchillo, lo siguió con los ojos, lo barajó,[19] e invitó a Dahlmann a pelear. El patrón objetó con trémula voz que Dahlmann estaba desarmado. En ese punto, algo imprevisible ocurrió.

    Desde un rincón, el viejo gaucho extático, en el que Dahlmann vio una

170 cifra del Sur (del Sur que era suyo), le tiró una daga desnuda que vino a caer a sus pies. Era como si el Sur hubiera resuelto que Dahlmann aceptara el

---

[14]vincha... *beadband, the woolen poncho, the large chaps, and the leather boots (typical gaucho apparel)*
[15]*inhabitants of the province of Entre Ríos*   [16]rasgos... *dark features*   [17]medio... *half drunk*   [18]*losing his balance*   [19]lo... *he caught it in mid air*

duelo. Dahlmann se inclinó a recoger la daga y sintió dos cosas. La primera, que ese acto casi instintivo lo comprometía a pelear. La segunda, que el arma, en su mano torpe, no serviría para defenderlo, sino para justificar que lo

175 mataran. Alguna vez había jugado con un puñal, como todos los hombres, pero su esgrima no pasaba de una noción de que los golpes deben ir hacia arriba y con el filo para adentro. *No hubieran permitido en el sanatorio que me pasaran estas cosas,* pensó.

—Vamos saliendo —dijo el otro.

180 Salieron, y si en Dahlmann no había esperanza, tampoco había temor. Sintió, al atravesar el umbral, que morir en una pelea a cuchillo, a cielo abierto y acometiendo, hubiera sido una liberación para él, una felicidad y una fiesta, en la primera noche del sanatorio, cuando le clavaron la aguja. Sintió que si él, entonces, hubiera podido elegir o soñar su muerte, ésta es la muerte que

185 hubiera elegido o soñado.

Dahlmann empuña con firmeza el cuchillo, que acaso no sabrá manejar, y sale a la llanura.

$\mathcal{D}$ESPUÉS DE LEER

CUESTIONARIO

1. ¿Quién era Juan Dahlmann? ¿Qué le aconteció en los últimos días de febrero de 1939?
2. ¿Por qué lo condujeron los médicos a un sanatorio?
3. ¿Qué hicieron los médicos cuando Dahlmann llegó al sanatorio?
4. ¿Dónde empieza el Sur?
5. ¿De qué se acordó Dahlmann en la estación?
6. ¿Qué le advirtió el conductor del tren?
7. ¿Qué hacían los muchachos en el almacén?
8. ¿Qué hizo el compadrito de la cara achinada?
9. ¿Qué le dijo el patrón a Dahlmann?
10. ¿Cómo se sintió Dahlmann después de recoger la daga?

ESTUDIO DE PALABRAS

Complete las oraciones con palabras o expresiones de **Palabras importantes y modismos.**

1. El hombre que _____ en Buenos Aires se llamaba Johannes Dahlmann.
2. _____ algunas privaciones, Dahlmann había logrado salvar el casco de una estancia en el Sur.
3. Lo sujetaron con metales a una camilla, lo _____ y un hombre enmascarado le clavó una aguja en el brazo.
4. Dahlmann _____ , condolido de su destino.

5. El tren laboriosamente _____ , casi en medio del campo.

6. El sol _____ , pero un esplendor final exaltaba la viva y silenciosa llanura.

7. En el suelo un hombre muy viejo _____ , inmóvil como una cosa.

8. Dahlmann _____ al patrón y se enfrentó con los peones.

CONSIDERACIONES

1. ¿Quiénes eran los antepasados de Juan Dahlmann?
2. ¿Qué le pasó a Juan Dahlmann mientras corría a examinar un ejemplar de las *Mil y Una Noches*?
3. Describa la condición física de Dahlmann después del accidente.
4. ¿Por qué se odió Dahlmann a sí mismo? Describa su estado de ánimo mientras estaba en el sanatorio.
5. ¿Qué vio Dahlmann desde el tren? ¿Qué hizo durante el viaje?
6. Haga una descripción detallada de los hombres que estaban en el almacén.
7. Describa los incidentes que ocurrieron antes de la pelea.
8. ¿Cuál es la función del gaucho viejo en la acción del cuento?

ANÁLISIS DEL TEXTO

1. ¿Cuáles son los temas principales de este cuento?
2. ¿Qué papel cumple la memoria en la personalidad del protagonista?
3. Comente el aspecto simbólico del Sur en la vida del protagonista.
4. Comente los rasgos estilísticos que contribuyen a crear un ambiente misterioso en este cuento.
5. ¿Cómo interpreta Ud. las últimas líneas del cuento?

PERSPECTIVA PERSONAL

1. ¿Por qué es tan importante mantenernos en contacto con nuestro pasado?
2. ¿Qué haría Ud. si se encontrara en una situación peligrosa como la que se describe en el cuento?
3. ¿Cuáles son algunos de los valores que Ud. considera importantes en su vida?

BIBLIOGRAFÍA

Gertel, Zunilda. "'El Sur' de Borges: Búsqueda de identidad en el laberinto." *Nueva Narrativa Hispanoamericana* 1.2 (1971):35–55.

Phillips, Allen. "'El Sur' de Borges." *Revista Hispánica Moderna* 29 (1963): 140–147.

tercer paso

El Puerto de Buenos Aires, Argentina

9/19

La droga

Luisa Valenzuela (1938–) was born in Buenos Aires, and has dedicated most of her life to journalism, a career begun when she was only seventeen years old. She has been a correspondent for both *La Nación* and *El Mundo,* two of Buenos Aires's leading daily newspapers.

From 1959 to 1961, Valenzuela lived in Paris, contributing articles to both papers. During that period she began work on her first novel, *Hay que sonreír* (1966), in which the protagonist, a prostitute, is portrayed with compassion and understanding. This work signals the beginning of Valenzuela's interest in feminist themes. In her subsequent works it is possible to trace the development of that perspective, which is often enlivened by humorous and risqué overtones.

In 1967 Valenzuela published the collection of short stories *Los heréticos,* which, along with the novel *Clara,* was translated into English with the title *Clara: Thirteen Short Stories and a Novel* (1976).

El gato eficaz (1972) appeared after Valenzuela participated in the University of Iowa International Writers' Program. It is a work that can be read as a novel, a diary, a confession, or an imaginary voyage into the realm of poetic existence.

In *Aquí pasan cosas raras* (1975), a powerful collection of short stories, ironic language and a strong awareness of contemporary social conditions combine to create a chaotic, mysterious, violent, and absurdist vision of reality.

141

Also published in 1975, *Como en la guerra* is considered by critics to be Valenzuela's best novel. With layers of hidden symbolic meanings, it is a novel of quest that allows the reader to experience several levels of psychological implications. In this introspective journey, the protagonist tries to achieve an understanding of basic human values as well as true self-knowledge.

Cambio de armas (1983), a collection of five long short stories or short novels, emphasizes tension between the sexes. In these texts, Valenzuela explores the power of sex roles in a violent world, delving into the secrets and rituals men and women use in their erotic games. *Cambio de armas* portrays a full and complex human reality, in which clear portraits of the female characters in particular shed light on our understanding of all human behavior.

"La droga" is part of a collection of short stories published under the title *Aquí pasan cosas raras*. Many of these stories deal directly with the violent reality of Argentina in the 1970s during a period of political repression. Dissenting, leftist intellectuals were particularly singled out for persecution. As you read, try to focus on the progressive shift from a realistic level of narration to an allegorical one. Be aware of the story's sociopolitical implications, as well as the question of what role intellectuals ought to play in the political process.

*A*NTES DE LEER

PALABRAS IMPORTANTES Y MODISMOS

cruzarse con	to happen upon	**meter (algo)**	to put (*some-*
estar espe-	to be waiting	**dentro**	*thing*) inside
rando a	for someone	**subir**	to climb stairs
alguien		**escaleras**	
llevar	to carry around		
colgado/a	one's neck		
del cuello			

C*ONTEXTO CULTURAL* The year 1975, date of publication of *Aquí pasan cosas raras*, corresponds to a significant period of Argentine history marked by political repression. The decade of the 1970s subsequently came to be known as the "Dirty War." Anyone suspected of opposing or disagreeing with the various military regimes in power during that decade could be made to "disappear." Not only those who actively opposed the military regime were persecuted; innocent people as well became its victims. Many leftist writers and intellectuals were forced to leave the country, while those who stayed had to choose whether to remain silent or to speak out, albeit in a veiled way, against the government. This period was documented in the motion picture "The Official Story," which highlights the plight of one of the "Mothers of the Plaza de Mayo" (mothers of "disappeared" people who marched daily in silent protest of the abuses of the military regimes). "La droga" could very well suggest the stifling, regimented life under military rule and the pervasive effect it had on the self-image of the Argentine people.

❧ *La droga* ❧

*E*STOY EN EL puerto donde llega la droga y tengo que volver con un poquito. Me voy acercando lentamente al mar ¿qué mar? parecería el Caribe por su quietud de plomo derretido,[1] y justo al borde de la playa están tendidas las esteras[2] para que se arme[3] allí el gran mercado. Sólo que hoy
5 casi no han entrado barcos, y un único mercader con aire bastante oriental parece **estar esperándome.** Me siento frente a él sobre su estera, en posición de loto, y me va mostrando las sedas que saca de una valija (yo tengo la mía). Elijo por fin un pañuelo color borravino[4] y el mercader me dice, porque justo en ese momento pasa a nuestro lado un guardia. Es un peso colombiano, pero me
10 hace seña de cinco con la mano. Entiendo que es por la droga que ha escondido en el pañuelo. Yo hurgo[5] en la bolsita que **llevo colgada del cuello** y saco monedas de varios países. Por fin encuentro cinco pesos colombianos, le pago, él me hace un paquete con el pañuelo y yo lo **meto dentro** de mi maleta.

Me dirijo hacia la salida del mercado: hay una muralla de alambre tejido,[6] y
15 las tranqueras[7] están cerradas. Mucha gente hace cola para pasar la aduana, y espera pacientemente. Yo me asusto, pienso que el paquete con el pañuelo comprado allí mismo es demasiado delator.[8] Además ¿de dónde vengo yo? no he vuelto de ningún viaje como para justificar mi valija. Opto por buscar el baño para tratar de deshacerme de[9] la droga o al menos esconderla mejor. Sólo en-
20 cuentro baños para el personal de aduanas, pregunto dónde está el baño para viajeros, me contestan vagamente, nadie sabe muy bien. Sigo arrastrando[10] mi valija y me siento muy sospechosa. Y, aunque pienso que la busca es bastante inútil, sigo buscando la puerta del baño. No quisiera deshacerme de la droga, pero sé que me la van a encontrar si no tomo alguna medida,[11] además, siempre
25 **me cruzo con** guardias armados. **Subo escaleras,** recorro pasillos sucios,[12] como de hospital y de golpe me cruzo con una columna humana que avanza siguiendo a un instructor de gimnasia. Un, dos; un dos. Y me siento un poco

---

[1]plomo... *molten lead* [2]*mats* [3]para... *in order to set up* [4]color... *dark purple* [5]Yo... *I poke around* [6]*wire mesh* [7]*gates* [8]*obvious* [9]deshacerme... *to get rid of* [10]Sigo... *I keep dragging* [11]si... *if I don't take any measures or precautions* [12]recorro... *I wander along dirty hallways*

ridícula buscando un baño con mi valija a cuestas.[13] De golpe me doy cuenta de que la columna está formada por los viajeros que hacían cola frente a la aduana.

30 Pongo cara de urgencia y sigo buscando en sentido contrario. Más escaleras, ningún baño, más corredores y de nuevo me cruzo con el instructor de gimnasia y su cola, y ellos se ríen de mí y todo sería muy cómico (yo, mi valija, la gimnasia) si no fuera por mi temor a que me descubran la droga. La tercera vez que me encuentro con ellos ya no los cruzo, vamos en el mismo sentido, los

35 precedo, y el instructor me dice cosas entre amables y obscenas y me da un puntapié amistoso sobre el hombro[14] mientras bajamos por unas escaleras. Es como un espaldarazo para que yo dirija la columna humana, la de los viajeros que marchan, y yo que llevo la droga en la valija no sé si debo negarme a hacerlo o si es ése mi deber, mi premio o mi condena.

40 *Epílogo:*
del Conocimiento como droga no adictiva y más bien inquietante.

[13]*a... on my back* [14]puntapié... *"friendly" kick in the shoulder*

$\mathscr{D}$ESPUÉS DE LEER

CUESTIONARIO

1. ¿Por qué está la mujer en el puerto?
2. ¿Qué busca la mujer en la bolsa?
3. ¿Por qué se asusta la mujer antes de pasar la aduana?
4. ¿Por qué busca un baño la mujer?
5. Describa algunas de las cosas que la mujer hace para deshacerse de la droga.

ESTUDIO DE PALABRAS

Complete las oraciones con palabras o expresiones de **Palabras importantes y modismos.**

1. Saco las monedas de la bolsa que _____ del cuello.
2. Yo _____ el paquete _____ de la bolsa.
3. Un mercader parece _____ a un cliente.
4. Yo siempre _____ un guardia armado.
5. La mujer anda desorientada, _____ y recorriendo pasillos oscuros.

CONSIDERACIONES

1. ¿Qué tipo de ambiente ha creado Valenzuela en el cuento?
2. ¿Qué hace la mujer en el mercado?

3. La mujer tiene que arrastrar la maleta. ¿Qué puede simbolizar este acto?
4. ¿Por qué no quiere deshacerse del paquete?

ANÁLISIS DEL TEXTO

1. ¿Cómo crece la tensión en la obra?
2. El texto ofrece múltiples interpretaciones. Comente el nivel alegórico del cuento.
3. ¿Qué efecto produce el epílogo?

PERSPECTIVA PERSONAL

1. ¿Qué sabe Ud. de la situación política en la Argentina durante la «Guerra sucia»?
2. ¿Hasta qué punto debe el intelectual involucrarse en asuntos políticos? Defienda su posición.

BIBLIOGRAFÍA

Plaza, Galvarino. "Review of *Aquí pasan cosas raras,* by Luisa Valenzuela." *Cuadernos hispanoamericanos* 346 (April 1979):258–259.

Café madrileño, centro de la vida social

omit

La indiferencia de Eva

Soledad Puértolas (1947–), born in Zaragoza, Spain, is one of a number of influential feminist writers who started publishing during the period immediately after the death of Francisco Franco (1892–1975). This period was marked by radical social changes that affected politics and literature. New writers tackled subjects with a vigor and exuberance that questioned outdated values. Puértolas's early training was in journalism, followed by formal studies in literature that culminated with the M.A. degree in Spanish and Portuguese from the University of California, Santa Barbara, in 1975. She has written critical articles for various literary journals, and is recognized for her essays on Pío Baroja, a nineteenth-century regional Spanish writer, and a prologue to a book on the life of Isadora Duncan.

Her first novel, *El bandido doblemente armado,* published in 1980, brought her the **Premio Sésamo 1979,** a prestigious literary prize. It is a first-person narrative that shows Puértolas's predilection for complex and ambiguous characters and their relationships with one another. In 1982 she published *Una enfermedad moral,* a collection of short stories. As the title implies, these stories have in common the presentation of a moral problem. There is a mysterious quality about her work, which Puértolas has referred to as "**un mapa de huecos**" ("*a map of holes*"), a phrase that suggests a variety of interpretations.

In 1982, the short story "A través de las ondas" was included in *Doce relatos de mujeres,* an anthology of the best feminist writers of the period.

146

This was followed by *Burdeos* (1986), a novel that treats the basic theme of the passing of time and how the main characters come to deal with solitude and impending death. Her 1989 novel *Queda la noche* was awarded the **Planeta** prize for that year. It is a sentimental novel of intrigue narrated in the first person with a heavy emphasis on cinematographic techniques. Gestures, glances, and apparently insignificant incidents in a person's life combine to form the rich tapestry of this complex novel governed by a deep sense of irony.

"La indiferencia de Eva" is part of the collection of stories published as *Una enfermedad moral*. As you read this story, try to focus on the dynamics of the situation presented between the two protagonists as they engage in a subtle game of seduction. Be aware of the sexual role each character plays as each is drawn toward an ending that seems inevitable, yet at the same time, open and ambiguous.

$\mathscr{A}$NTES DE LEER

P*ALABRAS IMPORTANTES Y MODISMOS*

abrirse paso	to make headway	**llegar a**	to "grow on"
consolidarse	to grow firm	**gustarle a**	someone
dar la vuelta	to turn around	**alguien**	
desorientar	to confuse	**tomarse la**	to bother, go
dirigirse a	to go toward	**molestia**	to the trouble

$\mathscr{C}$ONTEXTO CULTURAL This story may be viewed against a backdrop of the societal and cultural changes that have occurred in recent years. In the post-Franco era, as women have moved into the workplace in greater numbers, they have often had to fight against male chauvinist prejudices. The interaction between men and women, not only in the workplace but in everyday situations, has changed radically since the beginning of the feminist movement. Spain is not unlike other countries where women have fought for equal rights, and have, in the process, begun to question previously conceived stereotypes. Typical of our age also is the stress that both men and women have to cope with as they climb the social scale. An underlying current of our times is the feeling of alienation and emptiness prevalent in a society that sometimes seems devoid of values.

La indiferencia de Eva

EVA **NO ERA** una mujer guapa. Nunca **me llegó a gustar,** pero en aquel primer momento, mientras atravesaba el umbral[1] de la puerta de mi despacho y **se dirigía** hacia mí, me horrorizó. Cabello corto y mal cortado, rostro exageradamente pálido, inexpresivo, figura nada esbelta y lo

5 peor de todo para un hombre para quien las formas lo son todo: pésimo[2] gusto en la ropa. Por si fuera poco, no fue capaz de percibir mi desaprobación.[3] No hizo nada por ganarme. Se sentó al otro lado de la mesa sin dirigirme siquiera una leve sonrisa, sacó unas gafas del bolsillo de su chaqueta y me miró a través de los cristales[4] con una expresión de miopía mucho

10 mayor que antes de ponérselas.

Dos días antes, me había hablado por teléfono. En tono firme y a una respetable velocidad me había puesto al tanto[5] de sus intenciones: pretendía llevarme a la radio, donde dirigía un programa cultural de, al parecer, gran audiencia. Me aturden las personas muy activas y, si son mujeres, me irritan. Si

15 son atractivas, me gustan.

—¿Bien? —pregunté yo, más agresivo que impaciente.

Eva no se alteró.[6] Suspiró profundamente, como invadida de un profundo desánimo.[7] Dejó lentamente sobre la mesa un cuaderno de notas y me dirigió otra mirada con gran esfuerzo. Tal vez sus gafas no estaban graduadas ade-

20 cuadamente[8] y no me veía bien. Al fin, habló, pero su voz, tan terminante en el teléfono, **se abría** ahora **paso** tan arduamente como su mirada, rodeada de puntos suspensivos.[9] No parecía saber con certeza por qué se encontraba allí ni lo que iba a preguntarme.

—Si a usted le parece —dijo al fin, después de una incoherente introduc-

25 ción que nos **desorientó** a los dos—, puede usted empezar a explicarme cómo surgió la idea de... —no pudo terminar la frase.

Me miró para que yo lo hiciera, sin ningún matiz de súplica en sus ojos. Esperaba, sencillamente, que yo le resolviera la papeleta.[10]

Me sentía tan ajeno y desinteresado como ella, pero hablé. Ella, que

30 miraba de vez en cuando su cuaderno abierto, no tomó ninguna nota. Para terminar con aquella situación, propuse que realizáramos juntos un recorrido por la exposición, idea que, según me pareció apreciar, acogió[11] con cierto alivio. Los visitantes de aquella mañana eran, en su mayor parte, extranjeros, hecho que comenté a Eva. Ella ni siquiera **se tomó la molestia** de asentir.

35 Casi me pareció que mi observación le había incomodado. Lo miraba todo sin verlo. Posaba[12] levemente su mirada sobre las vitrinas,[13] los mapas colgados en la pared, algunos cuadros ilustrativos que yo había conseguido de importantes museos y alguna colección particular.

---

[1]*threshold* [2]*dreadful* [3]Por... *As if this were not enough, she couldn't perceive my disapproval.* [4]*lenses*
[5]me... *she had brought me up to date* [6]no... *did not become angry* [7]*lack of enthusiasm* [8]no... *were not the right prescription* [9]puntos... *ellipsis points* [10]Esperaba... *She was simply waiting for me to get her out of this jam.* [11]*She welcomed* [12]*She rested* [13]*display cases*

Por primera vez desde la inauguración, la exposición me gustó. Me sentí
40 orgulloso de mi labor y la consideré útil. Mi voz fue adquiriendo un tono de
entusiasmo creciente y conforme su indiferencia **se consolidaba,** más crecía
mi entusiasmo.[14] Se había establecido una lucha. Me sentía superior a ella y
deseaba abrumarla[15] con profusas explicaciones. Estaba decidido a que
perdiese su precioso tiempo. El tiempo es siempre precioso para los periodis-
45 tas. En realidad, así fue. La mañana había pasado. Lo advertí, satisfecho, pero
Eva no se inmutó.[16] Nunca se había inmutado. Con sus gafas de miope[17] a
través de las cuales no debía de haberse filtrado ni una mínima parte de la información allí expuesta, me dijo, condescendiente y remota:

—Hoy ya no podremos realizar la entrevista. Será mejor que la dejemos
50 para mañana. ¿Podría usted venir a la radio a la una?

En su tono de voz no se traslucía ningún rencor. Si acaso había algún
desánimo, era el mismo con el que se había presentado, casi dos horas antes,
en mi despacho. Su bloc de notas, abierto en sus manos, seguía en blanco.[18]
Las únicas y escasas preguntas que me había formulado no tenían respuesta.
55 Preguntas que son al mismo tiempo una respuesta, que no esperan del inter-
locutor más que un desganado asentimiento.[19]

Y, por supuesto, ni una palabra sobre mi faceta de novelista. Acaso ella,
una periodista tan eficiente, lo ignoraba. Tal vez, incluso, pensaba que se
trataba de una coincidencia. Mi nombre no es muy original y bien pudiera
60 suceder que a ella no se le hubiese ocurrido relacionar mi persona con la del
escritor que había publicado dos novelas de relativo éxito.

Cuando Eva desapareció, experimenté cierto alivio. En seguida fui víctima
de un ataque de mal humor. Me había propuesto que ella perdiese su tiempo,
pero era yo quien lo había perdido. Todavía conservaba parte del orgullo que
65 me había invadido al contemplar de nuevo mi labor, pero ya lo sentía como
un orgullo estéril, sin trascendencia. La exposición se desmontaría[20] y mi
pequeña gloria se esfumaría. Consideré la posibilidad de no acudir a la radio
al día siguiente, pero, desgraciadamente, me cuesta evadir un compromiso.[21]

Incluso llegué con puntualidad. Recorrí los pasillos laberínticos del edifi-
70 cio, pregunté varias veces por Eva y, al fin, di con ella. Por primera vez,
sonrió. Su sonrisa no se dirigía a mí, sino a sí misma. No estaba contenta de
verme, sino de verme allí. Se levantó de un salto, me tendió una mano que yo
no recordaba haber estrechado nunca y me presentó a dos compañeros que
me acogieron con la mayor cordialidad, como si Eva les hubiera hablado
75 mucho de mí. Uno de ellos, cuando Eva se dispuso a llevarme a la sala de
grabación, me golpeó la espalda[22] y pronunció una frase de ánimo.[23] Yo no
me había quejado, pero todo iba a salir bien. Tal vez había en mi rostro
señales de estupefacción y desconcierto. Seguí a Eva por un estrecho pasillo
en el que nos cruzamos con gentes apresuradas y simpáticas, a las que Eva

---

[14]conforme... *the more her indifference grew, the more enthusiastic I became*   [15]*to overwhelm her*   [16]no... *did not lose her composure*   [17]Con... *With her glasses for nearsightedness*   [18]Su... *Her notebook, opened in her hands, remained empty.*   [19]desganado... *reluctant agreement*   [20]se... *would be dismantled*   [21]*commitment*   [22]me... *patted me on the back*   [23]una... *words of encouragement*

80 dedicó las frases ingeniosas, y nos introdujimos al fin en la cabina. En la habitación de al lado, que veíamos a través de un panel de cristal, cuatro técnicos, con los auriculares[24] ajustados a la cabeza, estaban concentrados en su tarea. Al fin, todos nos miraron y uno de ellos habló a Eva. Había que probar la voz. Eva, ignorándome, hizo las pruebas y, también ignorándome, hizo que
85 yo las hiciera. Desde el otro lado del panel, los técnicos asintieron. Me sentí tremendamente solo con Eva. Ignoraba cómo se las iba a arreglar.[25]

Repentinamente, empezó a hablar. Su voz sonó fuerte, segura, llena de matices. Invadió la cabina y, lo más sorprendente de todo: hablando de mí. Mencionó la exposición, pero en seguida añadió que era mi labor lo que ella
90 deseaba destacar, aquel trabajo difícil, lento, apasionado. Un trabajo, dijo, que se correspondía con la forma en que yo construía mis novelas. Pues eso era yo, ante todo, un novelista excepcional. Fue tan calurosa, se mostró tan entendida, tan sensible, que mi voz, cuando ella formuló su primera pregunta, había quedado sepultada y me costó trabajo sacarla de su abismo. Había
95 tenido la absurda esperanza, la seguridad, de que ella seguiría hablando, con su maravillosa voz y sus maravillosas ideas. Torpemente, me expresé y hablé de las dificultades con que me había encontrado al realizar la exposición, las dificultades de escribir una buena novela, las dificultades de compaginar un trabajo con otro. Las dificultades, en fin, de todo. Me encontré lamentándome
100 de mi vida entera, como si hubiera errado en mi camino[26] y ya fuera tarde para todo y, sin embargo, necesitara pregonarlo.[27] Mientras Eva, feliz, pletórica,[28] me ensalzaba[29] y convertía en un héroe. Abominable. No su tarea, sino mi papel. ¿Cómo se las había arreglado[30] para que yo jugara su juego con tanta precisión? A través de su voz, mis dudas se magnificaban y yo era mucho
105 menos aún de lo que era. Mediocre y quejumbroso. Pero la admiré. Había conocido a otros profesionales de la radio; ninguno como Eva. Hay casos en los que una persona nace con un destino determinado. Eva era uno de esos casos. La envidié. Si yo había nacido para algo, y algunas veces lo creía así, nunca con aquella certeza, esa entrega. Al fin, ella se despidió de sus oyentes,
110 se despidió de mí, hizo una señal de agradecimiento a sus compañeros del otro lado del cristal y salimos fuera.

En aquella ocasión no nos cruzamos con nadie. Eva avanzaba delante de mí, como si me hubiera olvidado, y volvimos a su oficina. Los compañeros que antes me habían obsequiado con frases alentadoras[31] se interesaron por el
115 resultado de la entrevista. Eva no se explayó. Yo me encogí de hombros, poseído por mi papel de escritor insatisfecho. Me miraron desconcertados mientras ignoraban a Eva, que se había sentado detrás de su mesa y, con las gafas puestas y un bolígrafo en la mano, revolvía papeles. Inicié un gesto de despedida, aunque esperaba que me sugirieran una visita al bar, como habi-
120 tualmente sucede después de una entrevista. Yo necesitaba esa copa. Pero nadie me la ofreció, de forma que me despedí tratando de ocultar mi malestar.

---

[24]los... *headsets* [25]Ignoraba... *I didn't know how things were going to work out.* [26]como... *as if I had made the wrong choices* [27]*to proclaim it* [28]*excessive* [29]me... *praised me* [30]se... *had she arranged it* [31]frases... *encouraging words*

Era un día magnífico. La primavera estaba próxima. Pensé que los almendros ya habrían florecido y sentí la nostalgia de un viaje. Avanzar por una carretera respirando aire puro, olvidar el legado[32] del pasado que tan pacientemente yo había reunido y, al fin, permanecía demasiado remoto, dejar de preguntarme si yo ya había escrito cuanto tenía que escribir y si llegaría a escribir algo más. Y, sobre todo, mandar a paseo a Eva.[33] La odiaba. El interés y ardor que mostraba no eran ciertos. Y ni siquiera tenía la seguridad de que fuese perfectamente estúpida o insensible. Era distinta a mí.

Crucé dos calles y recorrí dos manzanas hasta llegar a mi coche. Vi un bar a mi izquierda y decidí tomar la copa que no me habían ofrecido. El alcohol hace milagros en ocasiones así. Repentinamente, el mundo **dio la vuelta.** Yo era el único capaz de comprenderlo y de mostrarlo nuevamente a los ojos de los otros. Yo tenía las claves que los demás ignoraban. Habitualmente, era una carga, pero de pronto cobraron esplendor.[34] Yo no era el héroe que Eva, con tanto aplomo, había presentado a sus oyentes, pero la vida tenía, bajo aquel resplandor, un carácter heroico. Yo sería capaz de transmitirlo. Era mi ventaja sobre Eva. Miré la calle a través de la pared de cristal oscuro del bar. Aquellos transeúntes[35] se beneficiarían alguna vez de mi existencia, aunque ahora pasaran de largo, ignorándome. Pagué mi consumición y **me dirigí a** la puerta.

Eva, abstraída, se acercaba por la calzada.[36] En unos segundos se habría de cruzar conmigo. Hubiera podido detenerla, pero no lo hice. La miré cuando estuvo a mi altura. No estaba abstraída, estaba triste. Era una tristeza tremenda. La seguí. Ella también se dirigía hacia su coche, que, curiosamente, estaba aparcado a unos metros por delante del mío. Se introdujo en él. Estaba ya decidido a abordarla,[37] pero ella, nada más sentarse frente al volante,[38] se tapó la cara con las manos y se echó a llorar. Era un llanto destemplado. Tenía que haberle sucedido algo horrible. Tal vez la habían amonestado y, dado el entusiasmo que ponía en su profesión, estaba rabiosa. No podía acercarme mientras ella continuara llorando, pero sentía una extraordinaria curiosidad y esperé. Eva dejó de llorar. Se sonó estrepitosamente la nariz, sacudió su cabeza y puso en marcha el motor del coche. Miró hacia atrás, levantó los ojos, me vio.

Fui hacia ella. Tenía que haberme reconocido, porque ni siquiera había transcurrido una hora desde nuestro paso por la cabina, pero sus ojos permanecieron vacíos unos segundos. Al fin, reaccionó:

—¿No tiene usted coche? —preguntó, como si ésa fuera la explicación de mi presencia allí.

Negué. Quería prolongar el encuentro.

—Yo puedo acercarle a su casa —se ofreció, en un tono que no era del todo amable.

Pero yo acepté. Pasé por delante de su coche y me acomodé a su lado. Otra vez estábamos muy juntos, como en la cabina. Me preguntó dónde vivía

---

[32]*legacy* [33]mandar... *to get rid of Eva* [34]cobraron... *took on splendor* [35]*passersby* [36]*sidewalk* [37]Estaba... *I had already decided to approach her* [38]*steering wheel*

y emprendió la marcha.[39] Como si el asunto le interesara, razonó en alta voz sobre cuál sería el itinerario más conveniente. Tal vez era otra de sus vocaciones. Le hice una sugerencia, que ella desechó.

—¿Le ha sucedido algo? —irrumpí con malignidad—. Hace un momento estaba usted llorando.

Me lanzó una mirada de odio. Estábamos detenidos frente a un semáforo rojo. Con el freno echado, pisó el acelerador.

—Ha estado usted magnífica —seguí—. Es una entrevistadora excepcional. Parece saberlo todo. Para usted no hay secretos.

La luz roja dio paso a la luz verde y el coche arrancó. Fue una verdadera arrancada,[40] que nos sacudió a los dos. Sin embargo, no me perdí su suspiro, largo y desesperado.

—Trazó usted un panorama tan completo y perfecto que yo no tenía nada que añadir.

—En ese caso —replicó suavemente, sin irritación y sin interés—, lo hice muy mal. Es el entrevistado quien debe hablar.

Era, pues, más inteligente de lo que parecía. A lo mejor, hasta era más inteligente que yo. Todo era posible. En aquel momento no me importaba. Deseaba otra copa. Cuando el coche enfiló mi calle, se lo propuse. Ella aceptó acompañarme como quien se doblega a un insoslayable deber.[41] Dijo:

—Ustedes, los novelistas, son todos iguales.

La frase no me gustó, pero tuvo la virtud de remitir a Eva al punto de partida. Debía de haber entrevistado a muchos novelistas. Todos ellos bebían, todos le proponían tomar una copa juntos. Si ésa era su conclusión, tampoco me importaba. Cruzamos el umbral del bar y nos acercamos a la barra. Era la hora del almuerzo y estaba despoblado. El camarero me saludó y echó una ojeada a Eva, decepcionado. No era mi tipo, ni seguramente el suyo.

Eva se sentó en el taburete[42] y se llevó a los labios su vaso, que consumió con rapidez, como si deseara concluir aquel compromiso cuanto antes. Pero mi segunda copa me hizo mucho más feliz que la primera y ya tenía un objetivo ante el que no podía detenerme.

—¿Cómo se enteró usted de todo eso? —pregunté—. Tuve la sensación de que cuando me visitó en la Biblioteca no me escuchaba.

A decir verdad, la locutora brillante e inteligente de hacía una hora me resultaba antipática y no me atraía en absoluto, pero aquella mujer que se había paseado entre los manuscritos que documentaban las empresas heroicas del siglo XVII con la misma atención con que hubiese examinado un campo yermo, me impresionaba.

—Soy una profesional —dijo, en el tono en que deben decirse esas cosas.

—Lo sé —admití—. Dígame, ¿por qué lloraba?

Eva sonrió a su vaso vacío. Volvió a ser la mujer de la Biblioteca.

---

[39]emprendió... *she drove off* [40]*jolt* [41]Ella... *She consented to accompany me like someone who submits to an inescapable duty.* [42]*stool*

205　—A veces lloro —dijo, como si aquello no tuviera ninguna importancia—. Ha sido por algo insignificante. Ya se me ha pasado.

—No parece usted muy contenta —dije, aunque ella empezaba a estarlo. Se encogió de hombros.

—Tome usted otra copa —sugerí, y llamé al camarero, que, con una se-
210　riedad desacostumbrada, me atendió.

Eva tomó su segunda copa más lentamente. Se apoyó en la barra con indolencia y sus ojos miopes se pusieron melancólicos. Me miró, al cabo de una pausa.

—¿Qué quieres? —dijo.
215　—¿No lo sabes? —pregunté.

—Todos los novelistas... —empezó, y extendió su mano.

Fue una caricia breve, casi maternal. Era imposible saber si Eva me deseaba. Era imposible saber nada de Eva. Pero cogí la mano que me había acariciado y ella no la apartó. El camarero me dedicó una mirada de censura.
220　Cada vez me entendía menos. Pero Eva seguía siendo un enigma. Durante aquellos minutos —el bar vacío, las copas de nuevo llenas, nuestros cuerpos anhelantes— mi importante papel en el mundo se desvaneció. El resto de la historia fue vulgar.

𝒟ESPUÉS DE LEER

CUESTIONARIO

1. Describa la apariencia física de Eva.
2. ¿Por qué se había puesto Eva en contacto con el narrador?
3. ¿Cuál es la actitud del narrador hacia las personas en general, y hacia las mujeres en particular?
4. ¿Cómo se comporta Eva durante la entrevista con el escritor?
5. ¿Por qué fracasa la primera entrevista?
6. Describa el comportamiento de Eva durante la segunda entrevista.
7. ¿Qué hace Eva después de la entrevista?
8. Describa su condición emotiva cuando llega a su coche.
9. ¿Cómo reacciona el escritor después de este encuentro?

ESTUDIO DE PALABRAS

Complete las oraciones con palabras o expresiones de **Palabras importantes y modismos.**

1. Eva era una chica que a mí nunca _____ .
2. Su introducción nos _____ a los dos.
3. Cuanto más su indiferencia _____ , más crecía mi entusiasmo.

4. Seguí a Eva y _____ entre gentes apresuradas.
5. Ella ni siquiera _____ de despedirse de nosotros.
6. Nosotros _____ a la barra con indolencia.
7. Yo _____ , y en ese momento la vi entrar al café.

CONSIDERACIONES

1. ¿Por qué se fija el hombre principalmente en el aspecto físico de la mujer?
2. ¿Qué tipo de persona es Eva?
3. ¿Cómo caracteriza Ud. al narrador?
4. Describa detalladamente qué tipo de relaciones hay entre los dos protagonistas.

ANÁLISIS DEL TEXTO

1. ¿Cuáles son los recursos que se emplean para presentar la dinámica entre lo masculino y lo femenino en el texto?
2. ¿Cómo interpreta Ud. la actitud del narrador en el cuento?
3. Hay un juego de seducción en este cuento. ¿Quién seduce a quién? ¿Qué métodos se emplean en este juego?
4. ¿Cambian los personajes a través del cuento? Explique.
5. ¿Qué opina Ud. del título del cuento?
6. ¿Cómo interpreta Ud. el final del cuento, y especialmente las últimas palabras?

PERSPECTIVA PERSONAL

1. ¿Dónde se sitúa Ud. en el debate sobre el feminismo?
2. ¿Es éste un cuento feminista? Justifique su respuesta.
3. ¿Cree Ud. que la interpretación de este cuento tiene que ver con el sexo del lector? ¿Cómo interpreta Ud. este cuento?

BIBLIOGRAFÍA

Tsuchiya, Akiko. "Language, Desire, and the Feminine Riddle in Soledad Puértolas's 'La indiferencia de Eva.'" *Revista de Estudios Hispánicos* 25 (1991):69–79.

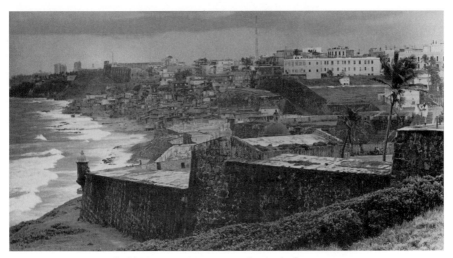

Esta ciudad latinoamericana es un lugar de fuertes contrastes

9/19 *El recado*

Elena Poniatowska (1933–) occupies an important place in contemporary Spanish-American literature. She was not only among the first writers to introduce and validate the narrative techniques associated with journalism and documentary fiction to the contemporary literary scene, but she has also played an important role as a spokesperson for the marginalized sectors of society, most particularly women.

Born in Paris of a Mexican mother and a French father of Polish descent, Poniatowska moved to Mexico at the age of nine. After an education in private French and English schools in Mexico and the United States, she began a promising career with Mexico's *Excelsior* in 1954. The same year she published her first collection of short stories, *Lilus Kikus,* which centers on the reflections of a female protagonist recounting her life from childhood to adolescence. One of the most decisive periods of her life was her brief stint as a research assistant for Oscar Lewis, who was writing *The Children of Sánchez* (1961), an anthropological study of the culture of poverty in Mexico City. Here Poniatowska refined her skills as an interviewer, which led to the publication of a series of highly creative documentary narratives and interviews such as *Palabras cruzadas* (1961), *Domingo 7* (1982), and *Todo México* (1990, 1994). Perhaps her most notable work in this hybrid genre is *Hasta no verte, Jesús mío* (1969), a highly original oral narration in which Poniatowska creates the illusion that Jesusa Palancares is telling the story of her own life and her participation in the Mexican Revolution.

155

Poniatowska continued to flout generic conventions with her award-winning *La noche de Tlatelolco* (1971), a collage of newspaper reports, media interviews, and photographs in which she explores one of the watershed events of Mexican history: the massacre by government troops of over 300 demonstrators on October 2, 1968, in Mexico City.

Somewhat more traditional in form, but still marked by a highly original approach to style, are her collection of short stories *De noche vienes* (1980) and novel *La flor de Lis* (1988). The following selection is reprinted from *De noche vienes,* stories that deal predominantly with the humble, often forgotten figures that typically populate Poniatowska's narrative world: members of the urban working class, maids, washerwomen. This story, like many of her others, is a first-person narrative by a female protagonist presented in the form of an interior monologue (stream of consciousness). The careful interweaving of the lyrical and emotive with a marked concern for the sociopolitical is one of the defining elements of Poniatowska's work.

*A*NTES DE LEER

PALABRAS IMPORTANTES Y MODISMOS

a lo largo de	along	**tener la**	to be quite
poco a poco	little by little	**certeza**	sure
prender	to turn on the		
la luz	light		

*C*ONTEXTO CULTURAL

Like many other Latin American cities, Mexico City has witnessed phenomenal growth in recent years. It is a sprawling metropolis made up of neighborhoods that range from the very opulent to the "**villa miserias,**" "**colonias,**" or "**favelas**" inhabited by the poorest and most unfortunate members of society. The clash between these two extremes is quite evident in this story, in which a young woman displays her innermost feelings toward a man who appears to be more in control of his life. The references to the highly fashionable streets in Mexico City frequented by the male protagonist contrast with the element of crime in the outskirts of town, where he lives and the young woman awaits his return. On a symbolic level, this story could suggest the vulnerability of the young woman in her relationship with her lover. Her doubts about this relationship suggest that the male is the controlling partner, typical of a male-dominated society.

✤ El recado ✤

*V*INE MARTÍN, Y no estás. Me he sentado en el peldaño[1] de tu casa, recargada en[2] tu puerta y pienso que en algún lugar de la ciudad, por una onda que cruza el aire, debes intuir que aquí estoy. Es este tu pedacito de jardín; tu mimosa[3] se inclina hacia afuera y los niños al pasar le
5 arrancan las ramas más accesibles... En la tierra, sembradas alrededor del muro, muy rectilíneas[4] y serias veo unas flores que tienen hojas como espadas. Son azul marino,[5] parecen soldados. Son muy graves, muy honestas. Tú también eres un soldado. Marchas por la vida, uno, dos, uno, dos... Todo tu jardín es sólido, es como tú, tiene una reciedumbre[6] que inspira confianza.
10 Aquí estoy contra el muro de tu casa, así como estoy a veces contra el muro de tu espalda. El sol da también contra el vidrio de tus ventanas y **poco a poco** se debilita porque ya es tarde. El cielo enrojecido ha calentado tu madreselva[7] y su olor se vuelve aún más penetrante. Es el atardecer. El día va a decaer. Tu vecina pasa. No sé si me habrá visto. Va a regar su pedazo de
15 jardín. Recuerdo que ella te trae una sopa de pasta[8] cuando estás enfermo y que su hija te pone inyecciones... Pienso en ti muy despacito, como si te dibujara dentro de mí y quedaras allí grabado. Quisiera **tener la certeza** de que te voy a ver mañana y pasado mañana y siempre en una cadena ininterrumpida de días; que podré mirarte lentamente aunque ya me sé cada rin-
20 concito[9] de tu rostro; que nada entre nosotros ha sido provisional o un accidente.
    Estoy inclinada ante una hoja de papel y te escribo todo esto y pienso que ahora, en alguna cuadra donde camines apresurado, decidido como sueles hacerlo, en alguna de esas calles por donde te imagino siempre: Donceles y
25 Cinco de Febrero o Venustiano Carranza,[10] en alguna de esas banquetas[11] grises y monocordes rotas sólo por el remolino[12] de gente que va a tomar el camión, has de saber dentro de ti que te espero. Vine nada más a decirte que te quiero y como no estás te lo escribo. Ya casi no puedo escribir porque ya se fue el sol y no sé bien a bien lo que te pongo.[13] Afuera pasan más niños,
30 corriendo. Y una señora con una olla advierte irritada: «No me sacudas la mano porque voy a tirar la leche... ». Y dejo este lápiz, Martín, y dejo la hoja rayada y dejo que mis brazos cuelguen inútilmente **a lo largo de** mi cuerpo y te espero. Pienso que te hubiera querido abrazar. A veces quisiera ser más vieja porque la juventud lleva en sí, la imperiosa, la implacable[14] necesidad de
35 relacionarlo todo al amor.
    Ladra un perro; ladra agresivamente. Creo que es hora de irme. Dentro de poco vendrá la vecina a **prender la luz** de tu casa; ella tiene llave y encenderá el foco de la recámara que da hacia afuera porque en esta colonia[15]

---

[1]*front step* [2]*recargada... leaning against* [3]*type of flowering shrub* [4]*straight* [5]*azul... aquamarine* [6]*strength*
[7]*honeysuckle* [8]*sopa... noodle soup* [9]*tiny corner* [10]*Donceles... street names* [11]*sidewalks* [12]*crowd*
[13]*lo que... what I am writing to you* [14]*relentless* [15]*city district*

asaltan mucho, roban mucho. A los pobres les roban mucho; los pobres se
40 roban entre sí... Sabes, desde mi infancia me he sentado así a esperar, siempre
fui dócil, porque te esperaba. Te esperaba a ti. Sé que todas las mujeres
aguardan. Aguardan la vida futura, todas esas imágenes forjadas en la soledad,
todo ese bosque que camina hacia ellas; toda esa inmensa promesa que es el
hombre; una granada que de pronto se abre y muestra sus granos rojos, lus-
45 trosos;[16] una granada como una boca pulposa de mil gajos.[17] Más tarde esas
horas vividas en la imaginación, hechas horas reales, tendrán que cobrar peso
y tamaño y crudeza.[18] Todos estamos —oh mi amor— tan llenos de retratos
interiores, tan llenos de paisajes no vividos.

Ha caído la noche y ya casi no veo lo que estoy borroneando[19] en la hoja
50 rayada. Ya no percibo las letras. Allí donde no le entiendas en los espacios
blancos, en los huecos, pon: «Te quiero»... No sé si voy a echar esta hoja
debajo de la puerta, no sé. Me has dado un tal respeto de ti mismo... Quizá
ahora que me vaya, sólo pase a pedirle a la vecina que te dé el recado; que te
diga que vine.

[16]granada... *pomegranate that suddenly opens and shows its shining red seeds* [17]*segments* [18]cobrar... *become more important and harsher* [19]*writing*

$\mathscr{D}$ESPUÉS DE LEER

CUESTIONARIO

1. ¿Dónde se ha sentado la protagonista?
2. ¿Qué hacen los niños al pasar por el jardín?
3. ¿Qué hace la vecina al atardecer?
4. ¿Qué le trae la vecina a Martín cuando éste está enfermo?
5. ¿Por qué a la protagonista le resulta difícil escribir?
6. ¿Qué advierte la señora de la olla?
7. ¿Cómo ladra el perro?
8. ¿Qué hacen los pobres en esta colonia?
9. ¿Por qué ya no percibe la protagonista las letras del mensaje?

ESTUDIO DE PALABRAS

Complete las oraciones con palabras o expresiones de **Palabras importantes y modismos.**

1. El sol se debilita, _____ , porque ya es tarde.
2. Quisiera _____ de que te voy a ver mañana.
3. Dejo que mis brazos cuelguen _____ de mi cuerpo.
4. La vecina vendrá dentro de poco para _____ .

CONSIDERACIONES

1. ¿Cómo se describen las flores del jardín?
2. ¿Qué semejanzas hay entre la descripción del jardín y la de Martín?
3. ¿Qué piensa de Martín la protagonista?
4. ¿Por qué ha llegado la protagonista a la casa de Martín?
5. ¿Qué puede simbolizar el ladrido del perro?

ANÁLISIS DEL TEXTO

1. Comente el punto de vista de narración en el cuento y el efecto que produce.
2. ¿Cuáles son los temas principales del cuento?
3. ¿Qué detalles en el cuento sugieren que no son recíprocos los sentimientos entre los dos amantes? ¿Cómo son las relaciones entre ellos?
4. Describa el estado de ánimo de la protagonista a lo largo del cuento.
5. ¿Qué podría sugerir el hecho de que la protagonista nunca logra escribir su mensaje?
6. Comente los efectos de una sociedad patriarcal que se ven en este cuento.

PERSPECTIVA PERSONAL

1. ¿Se ha encontrado Ud. alguna vez en una posición semejante en sus relaciones con otra persona?
2. Comente las características que Ud. considere importantes en una relación amorosa.

BIBLIOGRAFÍA

Flori, Mónica. "Visions of Women: Symbolic Physical Portrayal as Social Commentary in the Short Fiction of Elena Poniatowska." *Third Woman* 2 (1984):77–83.

Un cementerio en México

9/19

Talpa

Juan Rulfo (1918–1986) was born in Jalisco, Mexico, and experienced as a child the effects of the violence of the Mexican Revolution in his native province. After spending several years in Guadalajara, where he collaborated with Juan José Arreola on the review periodical *Pan,* he moved to Mexico City in 1933 and lived there until his death. Rulfo worked for the **Instituto Nacional Indigenista** and served as an advisor to young writers at the **Centro de Escritores Mexicanos.**

Rulfo first attracted attention with the publication of *El llano en llamas* (1953), a collection of fifteen stories that described the violence of the rural Mexican landscape and the bitter resignation of its inhabitants. A superb prose stylist, Rulfo was among the first to introduce the experimental narrative techniques of the "new novel" (interior monologue, flashbacks, and so forth) into the short story. Rulfo's highly acclaimed novel *Pedro Páramo* (1955), the story of a long-dead political boss, is one of the most innovative works in Spanish American fiction. Set in Comala, the archetype of the Mexican rural community, *Pedro Páramo* is a work of enormous technical complexity. The narrative viewpoint shifts frequently as Rulfo leads the reader through a labyrinth of subconscious impressions. About halfway through the novel, the reader discovers that the inhabitants of Comala are dead and that the narrator is himself deceased.

The following comments highlight a number of Rulfo's basic techniques.

Rulfo's narratives are composed with the greatest attention to dramatic effects. He knows how to begin a story with a sentence or two of the right cadence to grasp and hold the reader. Urgency, tension, conflict fill the air. For instance, the opening lines of "No oyes ladrar los perros" set the tone of mystery and doom in a brief dialogue between father and son, a foreboding note swollen with uncertainty that permeates the entire story. The dramatic effect is intensified by the short, agonizing sentences of the dialogue, and the narrative's principal action between the father's words and the son's silence. Here, as in the majority of these stories, the author narrates in a few, brief pages an intense, intimate drama, terse of language, somber in color, with no exterior character description. With remarkable skill Rulfo succeeds in provoking a static impression with his throbbing, dynamic fragments of life.

The technical complexity varies from one story to another: some are relatively simple and develop chronologically, others have different points of view and shifts and shufflings in time. Flashbacks, interior monologues and dialogues with subtle undertones, and an occasional passage of impersonal reflection are employed to give the effect of simultaneity. Time fluctuates among the levels of the present and the causal past, which is vivid in the characters' memories and usually rancorous in its recollections.*

In "Talpa," a highly dramatic story from *El llano en llamas,* the reader witnesses the gradual breakdown of an illicit relationship, due to the corrosive forces of guilt and remorse. Although Rulfo never openly censures the actions of his protagonists, the story nonetheless conveys the underlying message that human beings must pay for their transgressions. As in other stories of the same collection, Rulfo seems to feel strongly that religion has lost its power to assuage human suffering, and may even increase it.

*A*NTES DE LEER

PALABRAS IMPORTANTES Y MODISMOS

a eso de	about	**meterse**	to get in
así de +	this (*big, small,*	**suceder**	to turn out
adjetivo	*etc.*)	**tardar**	to take (*period*
estar arre-	to regret	+ ***tiempo***	*of time*)
pentido/a		+ **en**	to (*do*
(de)		+ ***infinitivo***	*something*)
llevar a	to push (*someone*)	**venirse**	to be (*doing*
empujones	along roughly	+ ***gerundio***	*something*)

---

*George Schade, trans. and ed., *The Burning Plain and Other Stories* (Austin: University of Texas Press, 1967), xi–xiii.

Talpa

N **ATALIA SE METIÓ** entre los brazos de su madre y lloró largamente allí con un llanto quedito. Era un llanto aguantado por muchos días, guardado hasta ahora que regresamos a Zenzontla y vio a su madre y comenzó a sentirse con ganas de consuelo.

5 Sin embargo, antes, entre los trabajos de tantos días difíciles, cuando tuvimos que enterrar a Tanilo en un pozo de la tierra de Talpa, sin que nadie nos ayudara, cuando ella y yo, los dos solos, juntamos nuestras fuerzas y nos pusimos a escarbar la sepultura desenterrando los terrones con nuestras manos —dándonos prisa para esconder pronto a Tanilo dentro del pozo y que
10 no siguiera espantando ya a nadie con el olor de su aire lleno de muerte—, entonces no lloró.

Ni después, al regreso, cuando nos **vinimos caminando** de noche sin conocer el sosiego, andando a tientas[1] como dormidos y pisando con pasos que parecían golpes sobre la sepultura de Tanilo. En ese entonces, Natalia
15 parecía estar endurecida y traer el corazón apretado para no sentirlo bullir[2] dentro de ella. Pero de sus ojos no salió ninguna lágrima.

---

[1]andando... *groping along*   [2]*move*

Vino a llorar hasta aquí, arrimada a³ su madre; sólo para acongojarla y que supiera que sufría, acongojándonos de paso a todos, porque yo también sentí ese llanto de ella dentro de mí como si estuviera exprimiendo el trapo de
20 nuestros pecados.⁴

Porque la cosa es que a Tanilo Santos entre Natalia y yo lo matamos. Lo llevamos a Talpa para que se muriera. Y se murió. Sabíamos que no aguantaría tanto camino; pero, así y todo, lo llevamos empujándolo entre los dos, pensando acabar con él para siempe. Eso hicimos.

25 La idea de ir a Talpa salió de mi hermano Tanilo. A él *se le ocurrió* primero que a nadie. Desde hacía años que estaba pidiendo que lo llevaran. Desde hacía años. Desde aquel día en que amaneció con unas ampollas moradas⁵ repartidas en los brazos y las piernas. Cuando después las ampollas se le convirtieron en llagas por donde no salía nada de sangre y sí una cosa amarilla
30 como goma de copal que destilaba agua espesa.⁶ Desde entonces me acuerdo muy bien que nos dijo cuánto miedo sentía de no tener ya remedio. Para eso quería ir a ver a la Virgen de Talpa; para que Ella con su mirada le curara sus llagas. Aunque sabía que Talpa estaba lejos y que tendríamos que caminar mucho debajo del sol de los días y del frío de las noches de marzo, así y todo
35 quería ir. La Virgencita le daría el remedio para aliviarse de aquellas cosas que nunca se secaban. Ella sabía hacer eso: lavar las cosas, ponerlo todo nuevo de nueva cuenta como un campo recién llovido.⁷ Ya allí, frente a Ella, se acabarían sus males; nada le dolería ni le volvería a doler más. Eso pensaba él.

Y de eso nos agarramos Natalia y yo para llevarlo. Yo tenía que acompañar
40 a Tanilo porque era mi hermano. Natalia tendría que ir también, de todos modos, porque era su mujer. Tenía que ayudarlo llevándolo del brazo, sopesándolo a la ida y tal vez a la vuelta sobre sus hombros, mientras él arrastrara su esperanza.⁸

Yo ya sabía desde antes lo que había dentro de Natalia. Conocía algo de
45 ella. Sabía, por ejemplo, que sus piernas redondas, duras y calientes como piedras al sol del mediodía, estaban solas desde hacía tiempo. Ya conocía yo eso. Habíamos estado juntos muchas veces; pero siempre la sombra de Tanilo nos separaba: sentíamos que sus manos ampolladas se metían entre nosotros y se llevaban a Natalia para que lo siguiera cuidando. Y así sería siempre
50 mientras él estuviera vivo.

Yo sé ahora que Natalia **está arrepentida de** lo que pasó. Y yo también lo estoy; pero eso no nos salvará del remordimiento ni nos dará ninguna paz ya nunca. No podrá tranquilizarnos saber que Tanilo se hubiera muerto de todos modos porque ya le tocaba,⁹ y que de nada había servido ir a Talpa, tan allá
55 tan lejos; pues casi es seguro de que se hubiera muerto igual allá que aquí, o

---

³arrimada... *resting against* ⁴porque... *because even I felt that cry of hers within me as if she were wringing out the rag of our sins* ⁵ampollas... *purplish blisters* ⁶cosa... *yellowish, resinlike thing that oozed a thick, watery substance* ⁷ponerlo... *making everything new from scratch, just like a field fresh with rain* ⁸sopesándolo... supporting him with her shoulders, on the way there and perhaps on the way back, while he dragged with him his hope* ⁹porque... *because it was his turn (to die)*

quizás tantito después aquí que allá, porque todo lo que se mortificó por el camino, y la sangre que perdió de más, y el coraje[10] y todo, todas esas cosas juntas fueron las que lo mataron más pronto. Lo malo está en que Natalia y yo lo **llevamos a empujones,** cuando él ya no quería seguir, cuando sintió que 60 era inútil seguir y nos pidió que lo regresáramos. A tirones lo levantábamos del suelo[11] para que siguiera caminando, diciéndole que ya no podíamos volver atrás.

«Está ya más cerca Talpa que Zenzontla.» Eso le decíamos. Pero entonces Talpa estaba todavía lejos; más allá de muchos días.

65 Lo que queríamos era que se muriera. No está por demás decir que eso era lo que queríamos desde antes de salir de Zenzontla y en cada una de las noches que pasamos en el camino de Talpa. Es algo que no podemos entender ahora; pero entonces era lo que queríamos. Me acuerdo muy bien.

Me acuerdo muy bien de esas noches. Primero nos alumbrábamos con 70 ocotes.[12] Después dejábamos que la ceniza oscureciera la lumbrada[13] y luego buscábamos Natalia y yo la sombra de algo para escondernos de la luz del cielo. Así nos arrimábamos a la soledad del campo,[14] fuera de los ojos de Tanilo y desaparecidos en la noche. Y la soledad aquella nos empujaba uno al otro. A mí me ponía entre los brazos el cuerpo de Natalia y a ella eso le servía 75 de remedio. Sentía como si descansara; se olvidaba de muchas cosas y luego se quedaba adormecida y con el cuerpo sumido en un gran alivio.[15]

Siempre **sucedía** que la tierra sobre la que dormíamos estaba caliente. Y la carne de Natalia, la esposa de mi hermano Tanilo, se calentaba en seguida con el calor de la tierra. Luego aquellos dos calores juntos quemaban y lo hacían a 80 uno despertar de su sueño. Entonces mis manos iban detrás de ella; iban y venían por encima de ese como rescoldo que era ella; primero suavemente, pero después la apretaban como si quisieran exprimirle la sangre. Así una y otra vez, noche tras noche, hasta que llegaba la madrugada y el viento frío apagaba la lumbre de nuestros cuerpos. Eso hacíamos Natalia y yo a un lado 85 del camino de Talpa, cuando llevamos a Tanilo para que la Virgen lo aliviara.

Ahora todo ha pasado. Tanilo se alivió hasta de vivir. Ya no podrá decir nada del trabajo tan grande que le costaba vivir, teniendo aquel cuerpo como emponzoñado, lleno por dentro de agua podrida que le salía por cada rajadura de sus piernas o de sus brazos. Unas llagas **así de grandes,** que se 90 abrían despacito, muy despacito, para luego dejar salir a borbotones un aire como de cosa echada a perder[16] que a todos nos tenía asustados.

Pero ahora que está muerto la cosa se ve de otro modo. Ahora Natalia llora por él, tal vez para que él vea, desde donde está, todo el gran remordimiento que lleva encima de su alma. Ella dice que ha sentido la cara de Tanilo estos 95 últimos días. Era lo único que servía de él para ella; la cara de Tanilo, humedecida siempre por el sudor en que lo dejaba el esfuerzo para aguantar sus

[10]*anger*   [11]*A... With strong jerks we would lift him from the ground*   [12]*nos... we lit a fire of torch pines*
[13]*campfire*   [14]*Así... In that way we would snuggle up to the solitude of the countryside*   [15]*sumido... completely relaxed in relief*   [16]*aire... rotten smell*

dolores. La sintió acercándose hasta su boca, escondiéndose entre sus cabellos, pidiéndole, con una voz apenitas,[17] que lo ayudara. Dice que le dijo que ya se había curado por fin; que ya no le molestaba ningún dolor. «Ya puedo
100 estar contigo, Natalia. Ayúdame a estar contigo», dizque eso le dijo.[18]

Acabábamos de salir de Talpa, de dejarlo allí enterrado bien hondo en aquel como surco profundo que hicimos para sepultarlo.

Y Natalia se olvidó de mí desde entonces. Yo sé cómo le brillaban antes los ojos como si fueran charcos alumbrados por la luna. Pero de pronto se des-
105 tiñeron, se le borró la mirada como si la hubiera revolcado en la tierra.[19] Y pareció no ver ya nada. Todo lo que existía para ella era el Tanilo de ella, que ella había cuidado mientras estuvo vivo y lo había enterrado cuando tuvo que morirse.

Tardamos veinte días en encontrar el camino real de Talpa. Hasta entonces
110 habíamos venido los tres solos. Desde allí comenzamos a juntarnos con gente que salía de todas partes; que había desembocado como nosotros en aquel camino ancho parecido a la corriente de un río, que nos hacía andar a rastras, empujados por todos lados como si nos llevaran amarrados con hebras de polvo. Porque de la tierra se levantaba, con el bullir de la gente, un polvo
115 blanco como tamo de maíz[20] que subía muy alto y volvía a caer; pero los pies al caminar lo devolvían y lo hacían subir de nuevo; así a todas horas estaba aquel polvo por encima y debajo de nosotros. Y arriba de esta tierra estaba el cielo vacío, sin nubes, sólo el polvo; pero el polvo no da ninguna sombra.

Teníamos que esperar a la noche para descansar del sol y de aquella luz
120 blanca del camino.

Luego los días fueron haciéndose más largos. Habíamos salido de Zenzontla a mediados de febrero, y ahora que comenzaba marzo amanecía muy pronto. Apenas si cerrábamos los ojos al oscurecer, cuando nos volvía a despertar el sol, el mismo sol que parecía acabarse de poner hacía un rato.
125 Nunca había sentido que fuera más lenta y violenta la vida como caminar entre un amontonadero[21] de gente; igual que si fuéramos un hervidero de gusanos apelotonados bajo el sol,[22] retorciéndonos entre la cerrazón del polvo que nos encerraba a todos en la misma vereda y nos llevaba como acorralados. Los ojos seguían la polvareda; daban en el polvo como si tropezaran
130 contra algo que no se podía traspasar. Y el cielo siempre gris, como una mancha gris y pesada que nos aplastaba a todos desde arriba. Sólo a veces, cuando cruzábamos algún río, el polvo era más alto y más claro. Zambullíamos[23] la cabeza acalenturada y renegrida en el agua verde, y por un momento de todos nosotros salía un humo azul, parecido al vapor que sale de
135 la boca con el frío. Pero poquito después desaparecíamos otra vez entrevera-

---

[17]*faint* [18]dizque... *that's what he supposedly said to her* [19]Pero... *But suddenly they (her eyes) lost their brilliance, and her gaze faded as if it had been engulfed by the earth.* [20]tamo... *corn chaff* [21]*crowd* [22]hervidero... *multitude of worms curled up into balls under the sun* [23]*We dipped*

dos en el polvo, cobijándonos unos a otros del sol, de aquel calor del sol repartido entre todos.

Algún día llegará la noche. En eso pensábamos. Llegará la noche y nos pondremos a descansar. Ahora se trata de cruzar el día, de atravesarlo como
140 sea para correr del calor y del sol. Después nos detendremos. Después. Lo que tenemos que hacer por lo pronto es esfuerzo tras esfuerzo para ir de prisa detrás de tantos como nosotros y delante de otros muchos. De eso se trata. Ya descansaremos bien a bien cuando estemos muertos.

En eso pensábamos Natalia y yo y quizá también Tanilo, cuando íbamos
145 por el camino real de Talpa, entre la procesión; queriendo llegar los primeros hasta la Virgen, antes que se le acabaran los milagros.

Pero Tanilo comenzó a ponerse más malo. Llegó un rato en que ya no quería seguir. La carne de sus pies se había reventado y por la reventazón aquella empezó a salírsele la sangre. Lo cuidamos hasta que se puso bueno.
150 Pero, así y todo, ya no quería seguir:

«Me quedaré aquí sentado un día o dos y luego me volveré a Zenzontla.» Eso nos dijo.

Pero Natalia y yo no quisimos. Había algo dentro de nosotros que no nos dejaba sentir ninguna lástima por ningún Tanilo. Queríamos llegar con él a
155 Talpa, porque a esas alturas, así como estaba, todavía le sobraba vida. Por eso mientras Natalia le enjuagaba los pies con aguardiente para que se le deshincharan, le daba ánimos. Le decía que sólo la Virgen de Talpa lo curaría. Ella era la única que podía hacer que él se aliviara para siempre. Ella nada más. Había otras muchas Vírgenes; pero sólo la de Talpa era la buena. Eso le decía
160 Natalia.

Y entonces Tanilo se ponía a llorar con lágrimas que hacían surco entre el sudor de su cara y después se maldecía por haber sido malo. Natalia le limpiaba los chorretes de lágrimas con su rebozo, y entre ella y yo le levantábamos del suelo para que caminara otro rato más, antes que llegara la noche.
165 Así, a tirones,[24] fue como llegamos con él a Talpa.

Ya en los últimos días también nosotros nos sentíamos cansados. Natalia y yo sentíamos que se nos iba doblando el cuerpo entre más y más. Era como si algo nos detuviera y cargara un pesado bulto sobre nosotros. Tanilo se nos caía más seguido y teníamos que levantarlo y a veces llevarlo sobre los
170 hombros. Tal vez de eso estábamos como estábamos: con el cuerpo flojo y lleno de flojera para caminar. Pero la gente que iba allí junto a nosotros nos hacía andar más aprisa.

Por las noches, aquel mundo desbocado se calmaba. Desperdigadas por todas partes brillaban las fogatas y en derredor de la lumbre la gente de la
175 peregrinación rezaba el rosario, con los brazos en cruz, mirando hacia el cielo de Talpa. Y se oía cómo el viento llevaba y traía aquel rumor, revolviéndolo, hasta hacer de él un solo mugido. Poco después todo se quedaba quieto. A

[24]a... *by pulling*

eso de la medianoche podía oírse que alguien cantaba muy lejos de nosotros. Luego se cerraban los ojos y se esperaba sin dormir a que amaneciera.

180 Entramos a Talpa cantando el Alabado.[25]

Habíamos salido a mediados de febrero y llegamos a Talpa en los últimos días de marzo, cuando ya mucha gente venía de regreso. Todo se debió a que Tanilo se puso a hacer penitencia. En cuanto se vio rodeado de hombres que llevaban pencas de nopal colgadas como escapulario,[26] él también pensó en
185 llevar las suyas. Dio en amarrarse los pies uno con otro con las mangas de su camisa para que sus pasos se hicieran más desesperados. Después quiso llevar una corona de espinas. Tantito después se vendó los ojos, y más tarde, en los últimos trechos del camino, se hincó en la tierra, y así, andando sobre los huesos de sus rodillas y con las manos cruzadas hacia atrás, llegó a Talpa
190 aquella cosa que era mi hermano Tanilo Santos; aquella cosa tan llena de cataplasmas[27] y de hilos oscuros de sangre que dejaba en el aire, al pasar, un olor agrio como de animal muerto.

Y cuando menos acordamos lo vimos metido entre las danzas. Apenas si nos dimos cuenta y ya estaba allí, con la larga sonaja[28] en la mano, dando
195 duros golpes en el suelo con sus pies amoratados[29] y descalzos. Parecía todo enfurecido, como si estuviera sacudiendo el coraje que llevaba encima desde hacía tiempo; o como si estuviera haciendo un último esfuerzo por conseguir vivir un poco más.

Tal vez al ver las danzas se acordó de cuando iba todos los años a
200 Tolimán, en el novenario[30] del Señor, y bailaba la noche entera hasta que sus huesos se aflojaban, pero sin cansarse. Tal vez de eso se acordó y quiso revivir su antigua fuerza.

Natalia y yo lo vimos así por un momento. En seguida lo vimos alzar los brazos y azotar su cuerpo contra el suelo, todavía con la sonaja repicando
205 entre sus manos salpicadas de sangre. Lo sacamos a rastras,[31] esperando defenderlo de los pisotones de los danzantes; de entre la furia de aquellos pies que rodaban sobre las piedras y brincaban aplastando la tierra sin saber que algo se había caído en medio de ellos.

A horcajadas, como si estuviera tullido,[32] entramos con él en la iglesia.
210 Natalia lo arrodilló junto a ella, enfrentito de aquella figurita dorada que era la Virgen de Talpa. Y Tanilo comenzó a rezar y dejó que se le cayera una lágrima grande, salida de muy adentro, apagándole la vela que Natalia le había puesto entre sus manos. Pero no se dio cuenta de esto; la luminaria de tantas velas prendidas que allí había le cortó esa cosa con la que uno se sabe dar cuenta
215 de lo que pasa junto a uno.[33] Siguió rezando con su vela apagada. Rezando a gritos para oír que rezaba.

---

[25]*religious hymn in honor of Christ* [26]pencas... *leaves of nopal hanging (around their necks) like scapulars* [27]*poultices* [28]*jingle stick, rattle* [29]*bruised* [30]*novenary (a period of nine days' devotion)* [31]Lo... *We dragged him out* [32]A... *With him astride (our backs), as if he were paralyzed* [33]luminaria... *brilliant light of so many candles made him feel cut off from his immediate surroundings*

Pero no le valió. Se murió de todos modos.

«...desde nuestros corazones sale para Ella[34] una súplica igual, envuelta en el dolor. Muchas lamentaciones revueltas con esperanza. No se ensordece su ternura ni ante los lamentos ni las lágrimas, pues Ella sufre con nosotros. Ella sabe borrar esa mancha y dejar que el corazón se haga blandito y puro para recibir su misericordia y su caridad. La Virgen nuestra, nuestra madre, que no quiere saber nada de nuestros pecados; que se echa la culpa de nuestros pecados; la que quisiera llevarnos en sus brazos para que no nos lastime la vida, está aquí junto a nosotros, aliviándonos el cansancio y las enfermedades del alma y de nuestro cuerpo ahuatado,[35] herido y suplicante. Ella sabe que cada día nuestra fe es mejor porque está hecha de sacrificios... ».

Eso decía el señor cura desde allá arriba del púlpito. Y después que dejó de hablar, la gente se soltó rezando toda al mismo tiempo, con un ruido igual al de muchas avispas espantadas por el humo.

Pero Tanilo ya no oyó lo que había dicho el señor cura. Se había quedado quieto, con la cabeza recargada en sus rodillas. Y cuando Natalia lo movió para que se levantara ya estaba muerto.

Afuera se oía el ruido de las danzas; los tambores y la chirimía;[36] el repique de las campanas. Y entonces fue cuando me dio a mí tristeza. Ver tantas cosas vivas; ver a la Virgen allí, mero enfrente de nosotros dándonos su sonrisa, y ver por el otro lado a Tanilo, como si fuera un estorbo. Me dio tristeza.

Pero nosotros lo llevamos allí para que se muriera, eso es lo que no se me olvida.[37]

Ahora estamos los dos en Zenzontla. Hemos vuelto sin él. Y la madre de Natalia no me ha preguntado nada; ni qué hice con mi hermano Tanilo, ni nada. Natalia se ha puesto a llorar sobre sus hombros y le ha contado de esa manera todo lo que pasó.

Y yo comienzo a sentir como si no hubiéramos llegado a ninguna parte; que estamos aquí de paso, para descansar, y que luego seguiremos caminando. No sé para dónde; pero tendremos que seguir, porque aquí estamos muy cerca del remordimiento y del recuerdo de Tanilo.

Quizá hasta empecemos a tenernos miedo uno al otro. Esa cosa de no decirnos nada desde que salimos de Talpa tal vez quiera decir eso. Tal vez los dos tenemos muy cerca el cuerpo de Tanilo, tendido en el petate[38] enrollado; lleno por dentro y por fuera de un hervidero de moscas azules que zumbaban como si fuera un gran ronquido que saliera de la boca de él; de aquella boca que no pudo cerrarse a pesar de los esfuerzos de Natalia y míos, y que parecía querer respirar todavía sin encontrar resuello.[39] De aquel Tanilo a quien ya nada le dolía, pero que estaba como adolorido, con las manos y los pies en-

[34]*The Blessed Mother* [35]*covered with thorns* [36]*flageolet (small woodwind instrument similar to the flute)*
[37]eso... *that's what I can't forget* [38]*mat* [39]*breath*

garruñados[40] y los ojos muy abiertos como mirando su propia muerte. Y por aquí y por allá todas sus llagas goteando un agua amarilla, llena de aquel olor que se derramaba por todos lados y se sentía en la boca, como si se estuviera saboreando una miel espesa y amarga que se derretía en la sangre de uno a cada bocanada de aire.

Es de eso de lo que quizá nos acordemos aquí más seguido: de aquel Tanilo que nosotros enterramos en el camposanto de Talpa; al que Natalia y yo echamos tierra y piedras encima para que no lo fueran a desenterrar los animales del cerro.

[40]*gnarled*

$\mathcal{D}$ESPUÉS DE LEER

CUESTIONARIO

1. ¿Por qué enterraron a Tanilo en un pozo?
2. Describa en detalle la enfermedad de Tanilo.
3. ¿Por qué tuvieron que llevar a Tanilo hasta donde estaba la Virgen?
4. ¿Qué tipo de relaciones tenían Natalia y el hermano de Tanilo?
5. ¿Qué hicieron con Tanilo para asegurarse de que llegara a Talpa?
6. ¿Cómo pasaban las noches Natalia y el hermano de Tanilo?
7. ¿Qué hicieron después de encontrar el camino de Talpa?
8. ¿Por qué querían que llegara pronto la noche?
9. Cuando Tanilo dijo que no quería seguir adelante, ¿qué hicieron Natalia y el hermano?
10. ¿Por qué se sentían cansados Natalia y el hermano de Tanilo?
11. ¿Qué hizo Tanilo cuando entró en la iglesia de Talpa?
12. Describa las acciones de Tanilo un poco antes de su muerte.
13. ¿Por qué no pueden olvidarse los dos personajes de la muerte de Tanilo?

ESTUDIO DE PALABRAS

Complete las oraciones con palabras o expresiones de **Palabras importantes y modismos.**

1. Tanilo tenía unas llagas _____ grandes, que se abrían despacito.
2. Nosotros _____ veinte días _____ encontrar el camino real de Talpa.
3. Siempre _____ que la tierra sobre la que dormíamos estaba caliente.
4. Él no quería seguir, pero nosotros lo _____ .
5. _____ la medianoche, podía oírse que alguien cantaba.
6. Natalia no lloró durante el regreso, ni aun cuando nosotros _____ caminando de noche.
7. Natalia _____ entre los brazos de su madre y lloró.
8. Yo sé ahora que Natalia _____ lo que pasó.

CONSIDERACIONES

1. ¿Qué palabras se emplean en el cuento para describir el estado de ánimo de Natalia?
2. ¿Qué papel desempeñan las creencias católicas en este cuento?
3. ¿Cómo se introduce el tema del triángulo amoroso en el cuento?
4. Indique las palabras que se usan para reflejar el remordimiento y la culpabilidad.
5. Al principio del cuento, nos enteramos de que el narrador y Natalia habían matado a Tanilo. ¿Qué efecto produce la revelación de este hecho tan pronto en el cuento?
6. ¿Qué palabras predominan en las descripciones del medio ambiente?
7. ¿Qué papel tiene la devoción a la Virgen María en la Iglesia católica?
8. Algunos de los detalles de la historia se comunican como si fuera una confesión. ¿Qué efecto tiene este hecho en el cuento?

ANÁLISIS DEL TEXTO

1. Comente el tema del remordimiento en esta obra.
2. Describa la estructura circular de este cuento y su efecto.
3. ¿Qué significado le atribuye Ud. al clima y al ambiente árido de este cuento?
4. Describa la dinámica entre los personajes de esta obra. ¿Qué siente cada uno de ellos por los otros? ¿Cómo evolucionan las relaciones entre Natalia y el hermano de Tanilo a lo largo del cuento?
5. Comente el punto de vista narrativo en este cuento.
6. Analice el elemento de censura y la actitud de Rulfo hacia la Iglesia católica.
7. ¿Qué visión filosófica del mundo presenta Rulfo en este cuento?

PERSPECTIVA PERSONAL

1. ¿Qué papel tiene la religión en su propia vida?
2. ¿Comparte Ud. la visión del mundo ofrecida por Rulfo? Explique.
3. Describa algunas experiencias personales que puedan haberle causado algunos de los mismos sentimientos expresados en el cuento.

BIBLIOGRAFÍA

Coulson, Graciela B. "Observaciones sobre la visión del mundo en los cuentos de Rulfo." In *Homenaje a Juan Rulfo,* edited by Helmy F. Giacoman, Madrid: Las Américas, 1974. See especially 323–324.

A. REGULAR VERBS: SIMPLE TENSES

INFINITIVE / PRESENT PARTICIPLE / PAST PARTICIPLE	INDICATIVE					SUBJUNCTIVE	*Pretérito* IMPERFECT	IMPERATIVE
	PRESENT	IMPERFECT	PRETERITE	FUTURE	CONDITIONAL	PRESENT		
hablar hablando hablado	hablo hablas habla hablamos habláis hablan	hablaba hablabas hablaba hablábamos hablabais hablaban	hablé hablaste habló hablamos hablasteis hablaron	hablaré hablarás hablará hablaremos hablaréis hablarán	hablaría hablarías hablaría hablaríamos hablaríais hablarían	hable hables hable hablemos habléis hablen	hablara hablaras hablara habláramos hablarais hablaran	habla tú, no hables hable Ud. hablemos hablad, no habléis hablen
comer comiendo comido	como comes come comemos coméis comen	comía comías comía comíamos comíais comían	comí comiste comió comimos comisteis comieron	comeré comerás comerá comeremos comeréis comerán	comería comerías comería comeríamos comeríais comerían	coma comas coma comamos comáis coman	comiera comieras comiera comiéramos comierais comieran	come tú, no comas coma Ud. comamos comed, no comáis coman
vivir viviendo vivido	vivo vives vive vivimos vivís viven	vivía vivías vivía vivíamos vivíais vivían	viví viviste vivió vivimos vivisteis vivieron	viviré vivirás vivirá viviremos viviréis vivirán	viviría vivirías viviría viviríamos viviríais vivirían	viva vivas viva vivamos viváis vivan	viviera vivieras viviera viviéramos vivierais vivieran	vive tú, no vivas viva Ud. vivamos vivid, no viváis vivan

ℬ. REGULAR VERBS: PERFECT TENSES

INDICATIVE											SUBJUNCTIVE			
PRESENT PERFECT		PAST PERFECT		PRETERITE PERFECT		FUTURE PERFECT		CONDITIONAL PERFECT			PRESENT PERFECT		PAST PERFECT	
he	hablado	había	hablado	hube	hablado	habré	hablado	habría	hablado		haya	hablado	hubiera	hablado
has	comido	habías	comido	hubiste	comido	habrás	comido	habrías	comido		hayas	comido	hubieras	comido
ha	vivido	había	vivido	hubo	vivido	habrá	vivido	habría	vivido		haya	vivido	hubiera	vivido
hemos		habíamos		hubimos		habremos		habríamos			hayamos		hubiéramos	
habéis		habíais		hubisteis		habréis		habríais			hayáis		hubierais	
han		habían		hubieron		habrán		habrían			hayan		hubieran	

𝒞. IRREGULAR VERBS

INFINITIVE PRESENT PARTICIPLE PAST PARTICIPLE	INDICATIVE					SUBJUNCTIVE		IMPERATIVE
	PRESENT	IMPERFECT	PRETERITE	FUTURE	CONDITIONAL	PRESENT	IMPERFECT	
andar andando andado	ando	andaba	anduve	andaré	andaría	ande	anduviera	
	andas	andabas	anduviste	andarás	andarías	andes	anduvieras	anda tú, no andes
	anda	andaba	anduvo	andará	andaría	ande	anduviera	ande Ud.
	andamos	andábamos	anduvimos	andaremos	andaríamos	andemos	anduviéramos	andemos
	andáis	andabais	anduvisteis	andaréis	andaríais	andéis	anduvierais	andad, no andéis
	andan	andaban	anduvieron	andarán	andarían	anden	anduvieran	anden
caer cayendo caído	caigo	caía	caí	caeré	caería	caiga	cayera	
	caes	caías	caíste	caerás	caerías	caigas	cayeras	cae tú, no caigas
	cae	caía	cayó	caerá	caería	caiga	cayera	caiga Ud.
	caemos	caíamos	caímos	caeremos	caeríamos	caigamos	cayéramos	caigamos
	caéis	caíais	caísteis	caeréis	caeríais	caigáis	cayerais	caed, no caigáis
	caen	caían	cayeron	caerán	caerían	caigan	cayeran	caigan

O. IRREGULAR VERBS (*Continued*)

INFINITIVE / PRESENT PARTICIPLE / PAST PARTICIPLE	INDICATIVE					SUBJUNCTIVE		IMPERATIVE
	PRESENT	IMPERFECT	PRETERITE	FUTURE	CONDITIONAL	PRESENT	IMPERFECT	
dar dando dado	doy das da damos dais dan	daba dabas daba dábamos dabais daban	di diste dio dimos disteis dieron	daré darás dará daremos daréis darán	daría darías daría daríamos daríais darían	dé des dé demos deis den	diera dieras diera diéramos dierais dieran	da tú, no des dé Ud. demos dad, no deis den
decir diciendo dicho	digo dices dice decimos decís dicen	decía decías decía decíamos decíais decían	dije dijiste dijo dijimos dijisteis dijeron	diré dirás dirá diremos diréis dirán	diría dirías diría diríamos diríais dirían	diga digas diga digamos digáis digan	dijera dijeras dijera dijéramos dijerais dijeran	di tú, no digas diga Ud. digamos decid, no digáis digan
estar estando estado	estoy estás está estamos estáis están	estaba estabas estaba estábamos estabais estaban	estuve estuviste estuvo estuvimos estuvisteis estuvieron	estaré estarás estará estaremos estaréis estarán	estaría estarías estaría estaríamos estaríais estarían	esté estés esté estemos estéis estén	estuviera estuvieras estuviera estuviéramos estuvierais estuvieran	está tú, no estés esté Ud. estemos estad, no estéis estén
haber habiendo habido	he has ha hemos habéis han	había habías había habíamos habíais habían	hube hubiste hubo hubimos hubisteis hubieron	habré habrás habrá habremos habréis habrán	habría habrías habría habríamos habríais habrían	haya hayas haya hayamos hayáis hayan	hubiera hubieras hubiera hubiéramos hubierais hubieran	
hacer haciendo hecho	hago haces hace hacemos hacéis hacen	hacía hacías hacía hacíamos hacíais hacían	hice hiciste hizo hicimos hicisteis hicieron	haré harás hará haremos haréis harán	haría harías haría haríamos haríais harían	haga hagas haga hagamos hagáis hagan	hiciera hicieras hiciera hiciéramos hicierais hicieran	haz tú, no hagas haga Ud. hagamos haced, no hagáis hagan

E. IRREGULAR VERBS (*Continued*)

INFINITIVE PRESENT PARTICIPLE PAST PARTICIPLE	INDICATIVE					SUBJUNCTIVE		IMPERATIVE
	PRESENT	IMPERFECT	PRETERITE	FUTURE	CONDITIONAL	PRESENT	IMPERFECT	
ir yendo ido	voy vas va vamos vais van	iba ibas iba íbamos ibais iban	fui fuiste fue fuimos fuisteis fueron	iré irás irá iremos iréis irán	iría irías iría iríamos iríais irían	vaya vayas vaya vayamos vayáis vayan	fuera fueras fuera fuéramos fuerais fueran	ve tú, no vayas vaya Ud. vayamos id, no vayáis vayan
oír oyendo oído	oigo oyes oye oímos ois oyen	oía oías oía oíamos oíais oían	oí oíste oyó oímos oísteis oyeron	oiré oirás oirá oiremos oiréis oirán	oiría oirías oiría oiríamos oiríais oirían	oiga oigas oiga oigamos oigáis oigan	oyera oyeras oyera oyéramos oyerais oyeran	oye tú, no oigas oiga Ud. oigamos oíd, no oigáis oigan
poder pudiendo podido	puedo puedes puede podemos podéis pueden	podía podías podía podíamos podíais podían	pude pudiste pudo pudimos pudisteis pudieron	podré podrás podrá podremos podréis podrán	podría podrías podría podríamos podríais podrían	pueda puedas pueda podamos podáis puedan	pudiera pudieras pudiera pudiéramos pudierais pudieran	
poner poniendo puesto	pongo pones pone ponemos ponéis ponen	ponía ponías ponía poníamos poníais ponían	puse pusiste puso pusimos pusisteis pusieron	pondré pondrás pondrá pondremos pondréis pondrán	pondría pondrías pondría pondríamos pondríais pondrían	ponga pongas ponga pongamos pongáis pongan	pusiera pusieras pusiera pusiéramos pusierais pusieran	pon tú, no pongas ponga Ud. pongamos poned, no pongáis pongan
querer queriendo querido	quiero quieres quiere queremos queréis	quería querías quería queríamos queríais	quise quisiste quiso quisimos quisisteis	querré querrás querrá querremos	querría querrías querría querríamos querríais	quiera quieras quiera queramos queráis	quisiera quisieras quisiera quisiéramos quisierais	quiere tú, no quieras quiera Ud. queramos quered, no queráis

pensar (ie) / pensando / pensado

	PRESENT	IMPERFECT	PRETERITE	FUTURE	CONDITIONAL	PRESENT	IMPERFECT	IMPERATIVE
			INDICATIVE			SUBJUNCTIVE		
	pienso	pensaba	pensé	pensaré	pensaría	piense	pensara	
	piensas	pensabas	pensaste	pensarás	pensarías	pienses	pensaras	piensa tú, no pienses
	piensa	pensaba	pensó	pensará	pensaría	piense	pensara	piense Ud.
	pensamos	pensábamos	pensamos	pensaremos	pensaríamos	pensemos	pensáramos	pensemos
	pensáis	pensabais	pensasteis	pensaréis	pensaríais	penséis	pensarais	pensad, no penséis
	piensan	pensaban	pensaron	pensarán	pensarían	piensen	pensaran	piensen

volver (ue) / volviendo / vuelto

	PRESENT	IMPERFECT	PRETERITE	FUTURE	CONDITIONAL	PRESENT	IMPERFECT	IMPERATIVE
	vuelvo	volvía	volví	volveré	volvería	vuelva	volviera	
	vuelves	volvías	volviste	volverás	volverías	vuelvas	volvieras	vuelve tú, no vuelvas
	vuelve	volvía	volvió	volverá	volvería	vuelva	volviera	vuelva Ud.
	volvemos	volvíamos	volvimos	volveremos	volveríamos	volvamos	volviéramos	volvamos
	volvéis	volvíais	volvisteis	volveréis	volveríais	volváis	volvierais	volved, no volváis
	vuelven	volvían	volvieron	volverán	volverían	vuelvan	volvieran	vuelvan

dormir (ue, u) / durmiendo / dormido

	PRESENT	IMPERFECT	PRETERITE	FUTURE	CONDITIONAL	PRESENT	IMPERFECT	IMPERATIVE
	duermo	dormía	dormí	dormiré	dormiría	duerma	durmiera	
	duermes	dormías	dormiste	dormirás	dormirías	duermas	durmieras	duerme tú, no duermas
	duerme	dormía	durmió	dormirá	dormiría	duerma	durmiera	duerma Ud.
	dormimos	dormíamos	dormimos	dormiremos	dormiríamos	durmamos	durmiéramos	durmamos
	dormís	dormíais	dormisteis	dormiréis	dormiríais	durmáis	durmierais	dormid, no durmáis
	duermen	dormían	durmieron	dormirán	dormirían	duerman	durmieran	duerman

sentir (ie, i) / sintiendo / sentido

	PRESENT	IMPERFECT	PRETERITE	FUTURE	CONDITIONAL	PRESENT	IMPERFECT	IMPERATIVE
	siento	sentía	sentí	sentiré	sentiría	sienta	sintiera	
	sientes	sentías	sentiste	sentirás	sentirías	sientas	sintieras	siente tú, no sientas
	siente	sentía	sintió	sentirá	sentiría	sienta	sintiera	sienta Ud.
	sentimos	sentíamos	sentimos	sentiremos	sentiríamos	sintamos	sintiéramos	sintamos
	sentís	sentíais	sentisteis	sentiréis	sentiríais	sintáis	sintierais	sentid, no sintáis
	sienten	sentían	sintieron	sentirán	sentirían	sientan	sintieran	sientan

pedir (i, i) / pidiendo / pedido

	PRESENT	IMPERFECT	PRETERITE	FUTURE	CONDITIONAL	PRESENT	IMPERFECT	IMPERATIVE
	pido	pedía	pedí	pediré	pediría	pida	pidiera	
	pides	pedías	pediste	pedirás	pedirías	pidas	pidieras	pide tú, no pidas
	pide	pedía	pidió	pedirá	pediría	pida	pidiera	pida Ud.
	pedimos	pedíamos	pedimos	pediremos	pediríamos	pidamos	pidiéramos	pidamos
	pedís	pedíais	pedisteis	pediréis	pediríais	pidáis	pidierais	pedid, no pidáis
	piden	pedían	pidieron	pedirán	pedirían	pidan	pidieran	pidan

D. STEM-CHANGING AND SPELLING CHANGE VERBS (*Continued*)

INFINITIVE / PRESENT PARTICIPLE / PAST PARTICIPLE	INDICATIVE					SUBJUNCTIVE		IMPERATIVE
	PRESENT	IMPERFECT	PRETERITE	FUTURE	CONDITIONAL	PRESENT	IMPERFECT	
reír (i, i) / riendo / reído	río ríes ríe reímos reís ríen	reía reías reía reíamos reíais reían	reí reíste rió reímos reísteis rieron	reiré reirás reirá reiremos reiréis reirán	reiría reirías reiría reiríamos reiríais reirían	ría rías ría riamos riáis rían	riera rieras riera riéramos rierais rieran	ríe tú, no rías ría Ud. riamos reíd, no riáis rían
seguir (i, i) (g) / siguiendo / seguido	sigo sigues sigue seguimos seguís siguen	seguía seguías seguía seguíamos seguíais seguían	seguí seguiste siguió seguimos seguisteis siguieron	seguiré seguirás seguirá seguiremos seguiréis seguirán	seguiría seguirías seguiría seguiríamos seguiríais seguirían	siga sigas siga sigamos sigáis sigan	siguiera siguieras siguiera siguiéramos siguierais siguieran	sigue tú, no sigas siga Ud. sigamos seguid, no sigáis sigan
construir (y) / construyendo / construido	construyo construyes construye construimos construís construyen	construía construías construía construíamos construíais construían	construí construiste construyó construimos construisteis construyeron	construiré construirás construirá construiremos construiréis construirán	construiría construirías construiría construiríamos construiríais construirían	construya construyas construya construyamos construyáis construyan	construyera construyeras construyera construyéramos construyerais construyeran	construye tú, no construyas construya Ud. construyamos construid, no construyáis construyan
producir (zc) / produciendo / producido	produzco produces produce producimos producís producen	producía producías producía producíamos producíais producían	produje produjiste produjo produjimos produjisteis produjeron	produciré producirás producirá produciremos produciréis producirán	produciría producirías produciría produciríamos produciríais producirían	produzca produzcas produzca produzcamos produzcáis produzcan	produjera produjeras produjera produjéramos produjerais produjeran	produce tú, no produzcas produzca Ud. produzcamos producid, no produzcáis produzcan

$\mathcal{V}$OCABULARY

This vocabulary contains all words that appear in the text with the exception of (1) articles, numerals, possessives, demonstratives, personal pronouns, and other words that an average student of intermediate Spanish would be expected to know; (2) close or exact cognates; (3) most conjugated verb forms; (4) most diminutives and superlatives; and (5) adverbs created by adding -**mente** to listed adjectives.

⸠Gender has not been indicated for masculine nouns ending in -**o** nor for feminine nouns ending in -**a**, -**dad**, -**ión**, -**tad**, or -**tud**. Adjectives are given in masculine form only. Stem changes and spelling changes for verbs are indicated in parentheses.

*A*BBREVIATIONS

adj.	adjective	*ger.*	gerund	*p.p.*	past participle
adv.	adverb	*inf.*	infinitive	*prep.*	preposition
angl.	anglicism	*int.*	interjection	*pron.*	pronoun
Arg.	Argentina	*irreg.*	irregular	*rel.*	relative
coll.	colloquial	*m.*	masculine	*sing.*	singular
conj.	conjunction	*n.*	noun	*v.*	verb
f.	feminine	*pl.*	plural		

A

abajo below, down; **allá abajo** down there; **cabeza abajo** upside down; **hacia abajo** downward

abierto (*p.p. of* **abrir**) open; **a cielo abierto** in the open air

abismo abyss

abogado/a lawyer

abordar to approach

abortarse to fail; to abort

abrazar (c) to hug; to embrace (*cause*)

abrir (*p.p.* **abierto**) to open; **abrirse to** open (up); to open onto; **abrirse paso** to make headway

abrojos *pl.* sorrows, grief

abrumar to overwhelm

absoluto: en absoluto not at all

absorto (*p.p. of* **absorber**) engrossed, absorbed

abstraído distracted

abuelo/a grandfather, grandmother; *pl.* grandparents

abultamiento swelling

aburrido bored; boring

aburrimiento boredom

aburrirse to become bored

abusar de to abuse; to rape

acá here; over here

acabar to finish, end; **acabar con** to finish off; **acabar de** + *inf.* to have just (*done something*); **no acabar de entender** to not fully understand (*something*); **acabarse** to come to an end

acaecido: lo acaecido the incident, what happened

acalenturado feverish

acallar to quiet; to calm

acariciar to caress

acaso perhaps

acatar to obey, follow

acecho watching, observation

acentuarse to intensify

acequia irrigation ditch

acera sidewalk

acercar (qu) to take or place near; **acercarse (a)** to approach

acero: grabado en acero steel plate (*engraving*)

acertado correct, accurate
acertar (ie) to guess right; to figure out
achinado native, indigenous (*Arg.*)
acodarse to slope
acoger (j) to welcome
acólito temple attendant; religious assistant
acometer to attack, rush upon
acomodado well-off
acomodar to accommodate; to place; to cradle; **acomodarse** to take a seat; to settle down
acongojar to distress
aconsejar to advise
acontecer (zc) to happen
acontecimiento event, incident
acordar(se) (ue) (de) to remember
acorralados *n. pl.* herded cattle; *adj.* cornered
acoso harassment; pursuit
acostar (ue) to lie down; **acostarse** to go to bed
acto continuo immediately afterward; **en el acto** at once
actriz *f.* (*pl.* **actrices**) actress
actual present, current; **instante** (*m.*) **actual** present moment
actualidad present time
acudir a to go or come to; to attend
acuerdo: de acuerdo con in agreement with; **estar** (*irreg.*) **de acuerdo** to agree
acurrucarse (qu) to hunker, squat on one's haunches
adelantado: por adelantado in advance
adelante forward; ahead; **hacia adelante** forward
adelgazado attenuated, thin
adelgazar (c) to lose weight
ademán *m.* gesture
además in addition, furthermore
adentro inside; **de muy adentro** from deep within; **para adentro** turned inward; **tierra adentro** inland; in the interior
adivinar to divine; to guess
adolorido in pain, suffering
adormecido asleep
adosar a to place against
adquirir (ie) to acquire
aduana *sing.* customs
advertir (ie, i) to advise, warn; to notice; to remark
afecto affection
aferrar (ie) to grip, hold; to seize
afiebrado feverish

aflojarse to relax
afuera *adv.* outside; **hacia afuera** outward; **afueras** *n. pl.* outskirts
agachar to lower, bend; **agacharse** to crouch, squat
agarrar to grab; to catch; **agarrarse** to get (*notion*)
agarrotado stiff, rigid
agazapado crouching; hidden
agradable pleasant
agradecer (zc) to thank
agradecido appreciated
agradecimiento thanks; expression of appreciation
agregar (gu) to add
agrio acrid; bitter
agua *f.* (*but* **el agua**) water
aguantar to bear, endure; to tolerate; to sustain
aguardar to wait; to wait for
aguardiente *m.* brandy
agudo acute
aguja needle
ahí there; **por ahí** over there
ahogar (gu) to drown; to drown out; to smother
ahogo choking; gasp
ahora now; **ahora mismo** right now; **por ahora** for the time being
ahuatado prickly
ahumado smoke-colored
aire *m.* air; look, appearance; gas; **al aire libre** outdoors
aislado isolated
aislamiento isolation
ajedrez *m.* chess
ajeno (a) distant (from)
ajorca metal bracelet
ajustar to fit; to adjust
al (*contraction of* **a** + **el**); **al** + *inf.* upon, on (*doing something*); **al alcance de** within reach of; **al atardecer** at dusk; **al cabo de** at the end of, after; **al descubierto** exposed; openly; **al día siguiente** on the following day; **al fin** finally; **al fin y al cabo** after all; **al lado de** next to; **al menos** at least; **al otro día** next day; **al parecer** apparently; **al pie de** at the foot, bottom of; **al principio** at first, in the beginning; **al promediar** half-way through; **al punto de partido** at the outset; **al rato** in a little while; **al revés** backward; **al sol** in the sunlight; **de al lado** beside, next door

alabado hymn of praise
alabar to praise
alambrado (barbed) wire fencing
alambre *m.* wire; **alambre de púa** barbed wire; **alambre tejido** wire mesh
alameda tree-lined walk, avenue
alargado elongated
alargar(se) (gu) to lengthen, stretch, extend
alarido scream; war whoop
alba *f.* (*but* **el alba**) dawn
alcance: al alcance de within reach of
alcanzar (c) to reach; to achieve; to attain; **alcanzar a** + *inf.* to manage to, be able to (*do something*); to succeed in (*doing something*)
aldea village
alegrar to make happy; **alegrarse** to be happy
alegre happy; **medio alegre** half drunk
alegría happiness; joy
alejarse to go far away; to withdraw
alemán *adj.* German
Alemania Germany
alentador encouraging
alentar (ie) to encourage, cheer up
alfombra carpet
alfombrado carpeted
algo *pron.* something; *adv.* somewhat
alguien someone
algún, alguno one; some; a certain; any; *pl.* some, a few; *pron.* someone; *pl.* some (people); **alguna parte** somewhere; **alguna vez** once; ever; sometime; **algún día** eventually; **de alguna manera** somehow; **de algún modo** somehow
aliento breath, breathing
alimentar to nourish, feed
alisar to smooth; to groom
aliviar to relieve; to comfort; **aliviarse** to get relief, be relieved
alivio relief; consolation
allá there; **allá abajo** down there; **allá arriba** up there; **allá él** so much for him; **más allá** farther on; **más allá de** beyond; **por allá** over there; **tan allá** so far away
allí there; **allí mismo** right there; **desde allí** from that point (*time*); **por allí** over there
alma *f.* (*but* **el alma**) soul; **estado de alma** state of being; condition
almacén *m.* general store
almendra almond
almendro almond tree
almohada pillow

almohadón *m.* pillow
almorzar (ue) (c) to have lunch
almuerzo lunch
alojar to lodge, quarter
alrededor (de) around
alterarse to get upset, annoyed
alto high; tall; **en alta voz** loudly; **en lo alto (de)** on the top (of); **la Muy Alta** the Most High (*goddess*); **lo(s) alto(s) de** the highest part of
altura height; sky; **a esas alturas** at that point (*stage of illness*); **a mi altura** even with, alongside of me
alubia string bean
alumbrar to illuminate, light; **alumbrarse** to light one's surroundings
alumno/a student
alzar (c) to raise, lift (up); **alzarse** to rise up
amable kind; pleasant
amado beloved
amanecer (zc) *v.* to dawn; to wake up (*in the early morning*); *n. m.* dawn
amante *m., f.* lover
amar to love
amargar (gu) to embitter
amargo bitter; painful
amarillento yellowish
amarillo yellow
amarrar(se) to tie (up)
ambiente *m.* environment; atmosphere; **medio ambiente** environment
ambos/as *adj., pron.* both
amenaza threat
amenazar (c) to threaten
amigo/a friend
amistoso friendly
amonestar to reprove; to warn
amontonadero throng
amor *m.* love; sweetheart; **amores** romances
amoratado black-and-blue
amparar to protect, shelter
ampolla blister
ampollado blistered
anca *f.* (*but* **el anca**) rump, hindquarters (*horse*)
ancho broad, wide
andar *irreg.* to walk; to walk around; to be; to go, function; **anda** *int.* come on; **andar** + *ger.* to be / have been (*doing something*); to go around (*doing something*); **andar a rastras** to go at a crawl; **andar a tientas** to grope one's way along; **andar en puntillas** to tiptoe

andén *m.* railway platform
anfitrión *m.* host
anguila eel
anhelante anxious, eager
anhelar to desire, crave
anhelosamente anxiously
anillo ring
animal (*m.*) **del cerro** wild animal
ánimo encouragement; **dar** (*irreg.*) **ánimos** to encourage; **estado de ánimo** mood, frame of mind
animoso courageous, brave
anoche last night
anochecer (zc) *v.* to get dark; *n. m.* nightfall, dusk
ansia anxiety; longing
ante before, in front of; with regard to; **ante todo** above all
anteayer *adv.* day before yesterday
antebrazo forearm
antenoche *adv.* night before last
anteojos eyeglasses
antepasado/a ancestor
antes *adv.* before; previously; **antes de** *prep.* before; **antes (de) que** *conj.* before; **cuanto antes** as soon as possible
anticipación: con anticipación ahead of time
antigüedad antique
antipático unpleasant
antojadizo capricious
antojársele (a alguien) to seem; appear (*to someone*)
antorcha torch
antropoide *m.* ape
anverso obverse, head (*coin*)
añadidura: por añadidura besides; to make matters worse
añadir to add
año year; **cumplir... años** to turn . . . years old; **entrado en años** advanced in years; **tener** (*irreg.*)**... años** to be . . . years old
apagadamente in a hushed tone
apagar (gu) to turn off, extinguish (*light, appliance*); **apagarse** to go out
apagado extinguished; subdued
apaleado thrashed, beaten
apañárselas to manage by oneself
aparcería partnership; sharecropping
aparcero/a sharecropper
apartado remote, distant; separate
apartar to withdraw; to push aside; to set aside; **apartarse** to stray from

apearse to get off
apellido last name
apelotonado curled up into a ball
apelotonarse to rush (*to one place*), pool
apenas barely, scarcely; hardly; as soon as; **apenas si** scarcely
apio celery
aplastar to flatten, crush
aplicado studious
aplomo poise
apoderado/a attorney; proxy
aportar to contribute, bring
apoyado supported, leaning
apoyarse to lean
aprender to learn
apresar to capture, take prisoner
apresurado hurried
apresurarse to hurry
apretar (ie) to tighten; to squeeze; to push
aprisa rapidly
aproximación approach (*literary*)
apto fit, capable
apurarse to hurry, make haste
apuro hurry, haste
araucano Araucanian (*region of Chile*)
árbol *m.* tree
arbusto bush
arder to burn
arena sand
arista edge
arma *f.* (*but* **el arma**) weapon
armario wardrobe; cabinet
armar to set up
armazón *m.* frame
arrabal *m.* slum
arrancada jerk; sudden start (*of car*)
arrancar (qu) to uproot; to tear off; pull out, away; to elicit; to flow
arrastrar to drag; to draw; **arrastrarse** to crawl, drag oneself; to drag on
arrastre *m.* scraping
arrear to get going; to hurry up
arrebatado urgent
arrebatar to lead; to pull, draw
arreglar to arrange; to pack (*suitcase*); **arreglárselas** to manage, work out (*a situation*)
arrellanado lounging
arremolinar to swirl, eddy
arreo raid, rustling (*of cattle*)
arrepentimiento repentance, regret
arrepentirse (ie, i) to repent, regret
arrianismo Arianism (*early Christian heresy*)

arriba up; up above; **allá arriba** up there; **boca arriba** face up, on one's back; **cuesta arriba** uphill; **hacia arriba** upward

arrimarse to lean on; to approach; to join together

arrodillar to make (*someone*) kneel

arrollado curled

arroyo stream

arroz *m.* rice

arrullar to lull

arrullo lullaby

arzadú *m. shrub with pale pink flowers*

arzobispado archbishopric

arzobispo archbishop

asar to roast

ascensor *m.* elevator

asco nausea; disgust

asear to clean, tidy up

asedio siege, blockade

asegurar to assure; **asegurarse** to make sure

asentimiento consent, assent

asesino/a murderer, assassin

así so, thus; in that way; like that; **así de +** *adj.* this (*adj.*) (*relating to size*)

asiento seat

asistir a to attend

asoleado basking, baking in the sun

asomar to appear; **asomarse a** to lean out; to show oneself, appear at

asombrar to amaze, astonish

asombro surprise

asombroso astonishing

aspaviento fuss, excitement

áspero rough

aspirar to breathe in, inhale

astucia cleverness

asunto matter, affair

asustarse to get frightened, scared

atabal *m.* small drum

atado *n.* (cigarette) pack (*Arg.*); *adj.* tied; restricted

atar to tie (up); to hitch up

atardecer *m.* late afternoon; **al atardecer** at dusk

atarearse to move rapidly

atender (ie) to pay attention (to); to serve (at)

atentamente carefully

aterrado terrified

atracar (qu) to come ashore

atraer *v.* (*like* **traer**) to attract; appeal to; *n. m.* drawing

atrás *adv.* behind; back; **hacia atrás** back, in back, behind; **volver** (*irreg.*) **atrás** to back out

atravesar (ie) to cross, go/come through; to travel the length of; to stick into; to cast a spell on

atreverse to dare

atribuir (y) to attribute; to account for

atroz (*pl.* **atroces**) atrocious, awful; cruel

aturdir to bewilder, confuse

aumentar to increase

aun even

aún yet, still; **más aún** furthermore

aunque although

auricular *m.* headphone

auscultar to listen (*with a stethoscope*)

ausencia absence

ausente *m., f.* absent person

auto judicial decree or ruling

autóctono native, aboriginal

auxiliado aided, comforted

avaro/a miser

ave *f.* (*but* **el ave**) bird

avenido: mal avenido incompatible

avergonzado ashamed; embarrassed; shameful

avergonzarse (c) to be ashamed; to feel embarrassed

avispa wasp

ayer yesterday

ayuda help

ayudar to help

azada hoe

azahar *m.* citrus blossom

azar *m.* hazard; accident

azotar to lash; to dash (*against something*)

azotea flat roof

azul *m.* blue; **azul marino** navy blue

azulado *adj.* bluish, blue

B

bailar to dance

bajar to come/go down; to lower; **bajar escaleras** to descend stairs; **bajarse** to bend down

bajo *adj.* low; short (*stature*); lower; *adv., prep.* under; beneath; **en voz baja** in a low voice

balanceo *n.* swinging, swaying

balazo shot

baldosa floor tile

balsámico aromatic

bananal *m.* banana grove

banano banana tree
bando headband
banqueta sidewalk
bañado marshland
bañarse to bathe
baño bathroom; **cuarto de baño** bathroom
barajar to catch
baratijas trinkets, notions
barba beard
barbado bearded
barbarie *f.* barbarism; savagery
barco boat
barra bar; counter
barranco ravine, gully
barrer to sweep
barrio neighborhood
barro mud
barrotes *m. pl.* grille, lattice
bastante rather; quite
bastar to be sufficient, be enough; **bastarle a alguien** to be sufficient for someone
batiente *m.* door or window jamb
baúl *m.* trunk (*of a car*)
bayeta light wool flannel
beber to drink
belleza beauty
bello beautiful
bendecido blessed; lucky
berrinche *m.* rage, tantrum
besar to kiss
beso kiss
biblioteca library
bien well; **bien** + *adj.* good and + *adj.*, quite + *adj.*; **bien a bien** very well; **bien de la cabeza** sane; **llevarse bien** to get along well; **más bien** (but) rather; **obrar bien** to do good works
bienes *m. pl.* wealth, goods
bienestar *m.* well-being
bienhechor(a) benefactor, benefactress
bizquear to squint
blanco white; **en blanco** blank
blancura whiteness
blanduzco softish
blando soft; gentle
bloc (de notas) *m.* writing pad
boca mouth; **boca arriba** face up, on one's back
bocacalle *f.* intersection
bocanada breath, inhalation; whiff
bochorno embarrassment
bocina megaphone, bullhorn
boda wedding

bodegón *m.* small restaurant
bola ball
boleto ticket
bolígrafo ballpoint pen
bolita de miga little wad of bread
bolsa bag; purse
bolsillo pocket
bombilla light bulb
bondad goodness
bonito pretty, nice
borbollón *m.* bubbling; gushing
borbotón *m.*: **a borbotones** in a torrent, gushing
borgesiano of or pertaining to the work of Jorge Luis Borges
borrachera drunkenness
borrar to erase
borravino winestain (*color*)
borronear to scribble, scrawl
bosque *m.* forest, woods
bostezar (c) to yawn
bota boot; **bota de potro** horsehide boot
botella bottle
brazo arm; **echarse de brazos** to lean and cling onto
brillar to shine
brillo shine, gleam
brincar (qu) to skip, jump
brinco *n.* leap
brizna blade of grass, straw
broma joke
bromear to joke, kid
brujo/a sorcerer, sorceress; magician
brújula (pocket) compass
bruma mist
buche *m.* mouthful; **hacer** (*irreg.*) **un buche** to wet one's mouth
buen, bueno *adj.* good, kind; well; well-behaved; of good quality; considerable; *int.* well; **buena suerte** good luck; **buen rato** good while
bullir *irreg. v.* to move; to stir; *n. m.* movement, bustle
bulto bundle; form; burden
burbuja bubble
Burdeos Bordeaux (*city in western France*)
burla joke, jest; insult
burlón, burlona mocking, joking
busca *n.* search
buscar (qu) to look for; **buscar** + *inf.* to seek, try to (*do something*)
búsqueda *n.* search

C

caballo horse; **cuero de caballo** horsehide

cabaña cabin; cottage

cabecera: médico/a de cabecera attending physician

cabello hair; *pl.* hair

caber *irreg.* to fit; **cabe** + *inf.* it is possible (*to do something*), (*something*) can be (done)

cabeza head; mind; **cabeza abajo** upside down; **bien de la cabeza** sane; **dar** (*irreg.*) **en la cabeza** to annoy

cabina booth

cabo: al cabo de at the end of, after; **al fin y al cabo** after all

cacharros pots and pans

cada each; every; **a cada instante** constantly; **cada vez mejor** better and better; **cada vez que** whenever, each time that

cadena chain; series

caer *irreg.* to fall; to set (*sun*); **caer a plomo** to beat straight down (*sun*); **caer en cama** to fall ill; **dejar caer** to drop, let fall; **venir** (*irreg.*) **a caer** to land; **caerse** to fall

caída *n.* fall; falling

caído fallen

cajero/a cashier

cajón *m.* large box; case; drawer

cal *f.* lime; whitewash

calabozo dungeon; jail

caldear to heat (up)

caldo broth

calentar(se) (ie) to warm up

cálido warm, hot

caliente warm; hot; burning (*sensation*)

callado quiet; secret

callar(se) to be quiet; to get quiet

calle *f.* street; row

calor *m.* heat; **hacer** (*irreg.*) **calor** to be warm, hot (*weather*)

caluroso warm, enthusiastic

calvo bald

calzada road, footpath; sidewalk

cama bed; **caer** (*irreg.*) **en cama** to fall ill; **cama de matrimonio** double bed; **ropa de cama** bedclothes

camarero/a waiter, waitress

cambiar to change

cambio change; **a cambio** in exchange; **en cambio** on the other hand

camilla stretcher; **camilla de ruedas** gurney

caminar to walk; to make one's way

caminata hike; outing

camino road; route; walk(ing); journey; **camino real** main road

camión *m.* truck; bus

camisa shirt

campana bell

campaña campaign

campesino/a peasant

campo field; countryside; **campo de pastoreo** pastureland

camposanto cemetery

canasto narrow-mouthed basket

canela cinnamon

cansado tired

cansancio weariness

cansarse to become tired

cansino slow

cantar to sing

caña cane, reed; clear rum, liquor

capataz *m.* (*pl.* **capataces**) foreman; steward

capaz (*pl.* **capaces**) capable, able

capellán *m.* chaplain; clergyman

capitanejo (tribal) chief

capitel *m.* head (*of a pillar or column*)

capuera clearing; orchard

cara face; expression; **de cara a** facing; **poner** (*irreg.*) **cara de** to adopt an attitude of

caramelo candy; caramel

cárcel *f.* jail

cardenalato cardinalship

careta mask

carga burden; worry

cargar (gu) to load, impose

cargo post; position

caricia caress

cariño love, affection

carmesí *m.* crimson, red

carne *f.* flesh; meat

carrera route, (commuter) run; course (*of the sun*)

carretera highway

carrito gurney, wheeled cot

carro cart, wagon; car

carta letter

cartelera billboard

cartera wallet

casa house, home; **casa de escritorios** office building

casarse (con) to marry, get married (to)

cáscara strip of bark

casco portion (*of an estate*)

casi almost

caso: hacerle (*irreg.*) **caso a alguien** to pay attention to someone

castigar (gu) to punish
castigo punishment
casual accidental, fortuitous
casucha hovel, shack
cataplasma poultice
caudaloso swift, sudden
cautela caution
cauteloso cautious; cautiously
caza hunt; **a caza de hombre** hunting men
cazador(a) hunter
cazar (c) to hunt
ceder to give up, in; to yield; to relinquish
cegador *adj.* blinding
cegar (ie) (gu) to blind
ceguera blindness
ceja eyebrow; brow
cejar to slacken
celda cell
celo zeal, devotion
cena dinner
cenar to eat dinner
ceniza ash
cenizoso ashen
centro center; middle; downtown
ceñido girded
ceñidor *m.* waistband
ceño: fruncir (z) el ceño to frown, scowl
cerca *adv.* near(by); **cerca de** *prep.* near
cerco fence, wall
cerebro brain
cerrar(se) (ie) to close, shut
cerrazón *m.* fog
cerro: animal del cerro wild animal
cerrojo bolt, latch
certeza certainty; **tener** (*irreg.*) **la certeza** to be quite sure
certidumbre *f.* certainty
cesar to stop, come to an end; **sin cesar** unceasingly
césped *m.* lawn, grass
chacra small farm; **peón** (*m.*) **de chacra** farmhand
chalet *m.* summer house
chambergo broad-brimmed soft hat
chamuscado burnt, scorched
chaparral *m.* thicket of dwarf oaks
chapotear to splash around
chaqueta jacket
charco puddle
charlar to chat
chico/a *n.* boy, girl, child; *adj.* small
chicotazo lash (*from a branch*)
chicotear *v.* to whip; *n. m.* slapping (*noise*)

chirca spurge (*type of woody shrub*)
chirimía shawm (*double-reed wind instrument resembling the oboe*)
chiripá *m.* gaucho's trousers
chirriar *v.* to shoot, twinge (*pain*); *m.* squeaking
chisme *m.* gossip, rumor
choque *m.* crash, collision
chorrear to gush, spurt
chorrete *m.* trickle
chupar to suck
ciego/a blind
cielo sky; heaven; ceiling; **a cielo abierto** in the open air; **cielo raso** ceiling; **luz** (*f.*) **del cielo** sunlight
ciempiés *m.* centipede
ciénaga swamp
cierto certain; true; sure
ciervo/a deer; stag
cifra figure, icon
cigarrillo cigarette; **cigarrillo negro** strong cigarette; **cigarrillo rubio** mild cigarette
cine *m.* cinema; movie theater
cinematógrafo movie theater
cinto belt; waist
cintura waistband
cirujano/a surgeon
cita quote
citar to quote
ciudad city
clamar to clamor, cry out
claro *adj.* clear; *int.* of course; **claro que sí** *int.* of course
clavar to pierce, stick (into)
clave *n. f.* key; *adj.* key
cloqueo clucking noise
coagularse to congeal, thicken
coartada alibi
cobertizo roof, overhang
cobijarse to take shelter; to shield oneself
cobijas *pl.* bedclothes
cobrar to take on; to acquire, gather
cobrizo copper-colored
coche *m.* car; coach (*train*); **coche de plaza** taxi
cocina kitchen
cocinero/a cook
códice *m.* manuscript, codex
codiciado coveted
coger (j) to pick up; to take; to catch
cola train (*of people*); **hacer** (*irreg.*) **cola** to stand in line
colcha bedspread
colchón *m.* cushion, bed

cólera anger, rage
colérico irritable; angry
colgado hung, hanging; **llevar colgado del cuello** to carry around one's neck
colgar (ue) (gu) to hang
colmar to fill up
colonia district, neighborhood
colorado red(dish)
colorear to color, tint; to turn red
comadreja weasel
comandancia (troop) headquarters
comedor *m.* dining room
comenzar (ie) (c) to begin
comer to eat; **comerse** to eat up; **dar** (*irreg.*) **de comer** to feed
comida food; meal
comienzo beginning
comisura corner
cómoda *n.* chest of drawers
cómodo *adj.* comfortable
compadre close friend, buddy; godfather or father (*in relation with one another*)
compadrito bully, troublemaker (*Arg.*)
compaginar to coordinate
compartir to share; to divide
componer (*like* **poner**) (*p.p.* **compuesto**) to compose
comportamiento behavior
comportarse to behave
comprar to buy
comprender to understand
comprensión understanding
comprometer to obligate
compromiso commitment, obligation
compuesto (*p.p. of* **componer**) composite, complex; circumspect
conceder to grant
cconcertarse (ie) to harmonize; to come together
conde *m.* count (*nobleman*)
condena sentence (*punishment*)
condenado sealed, boarded up
condolido de saddened, pained by
conducir *irreg.* to guide; to transport, convey; to herd
conferencia meeting; lecture
confiado confident
confianza confidence; trust; **tener** (*irreg.*) **confianza con** to be on close terms with
confiar to entrust; **confiar en** to trust
configurar to shape, develop
conforme to the degree that; **conforme a** in accordance with

confrontación comparison, consideration
congoja anguish, grief
congruente fitting, apt
conjunto whole, entirety; group
conmover (ue) to move, touch (*emotionally*)
conocer (zc) to know, be acquainted with; to meet; **dar** (*irreg.*) **a conocer** to reveal
conocido/a *n.* acquaintance; *adj.* known
conocimiento knowledge; consciousness; **del conocimiento** known
cono de hormigas anthill
conseguir (i, i) (g) to get, obtain; **conseguir** + *inf.* to manage to (*do something*)
consejero/a counselor, adviser
consejo piece of advice; consultation
consolar (ue) to console
constar to be clear, obvious
constatarse to prove to be
consuelo consolation
consulta doctor's visit; consultation
consumición drink (*in a bar*)
consumido emaciated
contacto contact; **ponerse** (*irreg.*) **en contacto** to get in touch
contagiarse de to become infected by
contar (ue) to count; to tell; **contar con** to count on
contenido content; subject matter
contentarse con to be satisfied with
contento happy
contestar to answer
contiguo next-door, adjoining
continuo continual; **acto continuo** immediately afterward
contra against; opposed to; **declararse contra** to come out against
contusión bruise, contusion
convalecer (zc) to convalesce
convención fixed rule
convenir (*like* **venir**) to be suitable, convenient; to correspond, belong
conversador talkative
converso/a convert
convulso frantic
copa goblet, cup; drink; treetop; **tomar una copa** to have a drink
copal *m.* resin
copetín *m.* drink, cocktail
coraje *m.* courage, bravery; anger; energy
corazón *m.* heart; center
cordura prudence, wisdom
corona crown
corpulento fat

corralillo small yard

correr to run; to go; to pull out

corriente *m.* current month; *f.* current (*of water*)

cortadura *n.* cut

cortar to cut; to cut down; to interrupt; **cortarse** to cut off, discontinue

corte *f.*: **corte romana** papal court

cortés courteous

cortesía courtesy

corteza bark (*tree*)

cortina curtain; screen

corto short

cosa thing; something; matter; **cosa rara** unusual thing/occurrence; **otra cosa** anything else; **ser** (*irreg.*) **poca cosa** to be unimportant; **todas las cosas** everything

costado side; **de costado** *adv.* sideways

costar (ue) to cost; to be difficult; **costarle a alguien** + *inf.* to be difficult for someone to (*do something*); **costar trabajo** to be difficult to

costear to enter; to graze in (*Arg.*)

costumbre *f.* custom; habit; practice; **(como) de costumbre** (as) usual, usually; **tener** (*irreg.*) **por costumbre** to be in the habit of

crear to create

crecer (zc) to grow; to increase

creciente growing, increasing

creencia belief

creer (y) to think; to believe

crencha (each side of) parted hair

crepuscular *adj.* (of or at) twilight

crepúsculo twilight, dusk

criado/a servant

criatura creature; infant; inhabitant

criollismo *adoption of expressions and customs typical of Argentina*

crispación element of tension

crispado twitching, convulsing

cristal *m.* glass; pane of glass; lens

crucecilla small cross

crudeza harshness, crudeness

crudo raw, uncooked; harsh

cruz *f.* (*pl.* **cruces**) cross; withers; **día** (*m.*) **de la cruz** holy day; **en cruz** crossed

cruzar (c) to cross; to pass; to get through; to exchange (*words*); **cruzarse con** to happen upon, come across; to pass one another

cuaderno (de notas) notebook

cuadra (city) block

cuadro painting

cualquier, cualquiera (*pl.* **cualesquiera**) *adj.* any; *pron.* anyone; just anyone

cuando when; **de cuando en cuando** from time to time; **de vez en cuando** from time to time

cuanto *adj., adv.* as much as; *pron.* everything; *pl.* as many as; **cuanto antes** as soon as possible; **cuanto más** the greater; the more; **en cuanto** as soon as; **en cuanto a** as for, in regard to; **unos cuantos** a few

cuánto *adj., adv.* how much; *pl.* how many; **cuántas veces** how often

cuarto *n.* room; bedroom; quarter (*hour*); *adj.* fourth; **cuarto de baño** bathroom; **menos cuarto** a quarter to (*time of day*)

cuchillo knife

cuello neck; collar; **llevar colgado del cuello** to carry around one's neck

cuenta: darse (*irreg.*) **cuenta de** to realize, be aware of; **más de la cuenta** too much; **nuevo de nueva cuenta** brand new

cuento story, short story

cuerda rope; string (*musical instrument*)

cuerdo sane; sensible; **estar** (*irreg.*) **cuerdo** to be sane; **ropa de cuerdo** street clothes

cuero leather; **cuero de caballo** horsehide

cuerpo body

cuesta: cuesta arriba uphill; **a cuestas** on one's shoulders

cuidado *int.* be careful

cuidadosamente carefully

cuidar(se) to take care of (oneself); **cuidar de** + *inf.* to be careful to (*do something*)

culpa guilt; fault; **echarse la culpa** to blame oneself; **tener** (*irreg.*) **la culpa** to be guilty, be to blame

culpable: sentirse (ie, i) culpable to feel guilty

culpar to blame; to accuse

culto worship; cult

cumplir: cumplir... años to turn . . . years old; **cumplir con** to keep; **sin cumplir** unkept, broken

cuna cradle

cura *m.* priest

curación cure, treatment

cuyo whose

D

daga dagger

damajuana demijohn (*large bottle with wicker casing*)

Danubio Danube (*river*)

danzante *m., f.* dancer

dar *irreg.* to give; to attribute; to present, show; to cause (*emotion*); to strike; to beat (*sun*); **dar a/hacia** to face; to open onto; **dar a conocer** to reveal; **dar a entender** to explain; to hint at; **dar ánimos** to encourage; **dar con** to meet, come upon; **dar de comer** to feed; **dar en** to collide with; **dar en** + *inf.* to be bent on (*doing something*); **dar en la cabeza** to annoy; **dar la espalda** to turn one's back; **dar la mano** to shake hands; **dar la vuelta** to turn, go around; **dar paso a** to give way to; **dar rabia** to anger; **dar una vuelta** to take a walk; **dar un paso** to take a step; **dar un puntapié** to kick; **darle la gana a alguien** + *inf.* to feel like (*doing something*); **dar vueltas** to mull over; **dar vueltas y vueltas** to toss and turn; **darse** to give in to; **darse cuenta de** to realize; **darse prisa** to hurry

dato fact; *pl.* information, data

deán *m.* dean (*ecclesiastical*), cleric

debajo *adv.* underneath; **debajo de** *prep.* under

deber *v.* must, should, ought; to owe; *n. m.* duty, chore; obligation; **deber ser** must, ought to be

débil weak; feeble

debilitarse to become weak, enervated

decaer (*like* **caer**) to fade

decanato deanship

decanazgo deanship

decano dean (*of a university*)

decepción disappointment

decepcionado disappointed

decir *irreg.* (*p.p.* **dicho**) to say; to tell; **a decir verdad** to tell the truth; **el qué dirán** what people will say; **es decir** that is to say; **oír** (*irreg.*) **decir** to hear said; **querer** (*irreg.*) **decir** to mean

declararse contra to come out against

decorado *n.* decoration; decor

decoro decorum

decreciente declining

dedo finger; toe

degollar (**ue**) to slaughter

dejar to let, allow; to leave; **dejar caer** to drop, let fall; **dejar de** + *inf.* to stop (*doing something*); to avoid (*doing something*); **dejar frente a** to stop in front of; **dejarse** + *inf.* to let, allow oneself to be +

p.p.; **dejarse llevar** to let oneself be carried away

delante (de) before; in front, ahead (of); **por delante** in front, ahead

delantero *adj.* front

delator(a) *n.* informer, denouncer, accuser; *adj.* accusing, denouncing

deletrear to spell out

delgado slim

delicadeza sensitivity; refinement

delirar to be delirious; to rave, talk nonsense

demás: los demás the others; the rest; **por demás** too much

demasiado too; too much

demorar to delay

denominar to name; to designate

dentro (de) inside; within; **dentro de poco** soon; **meter dentro** to put inside; **por dentro** on the inside

deparar to supply, provide

derecha *n.* right (*direction*); right-hand side

derecho *n.* right (*legal*); *adj.* right (*direction*); right-hand; **estar** (*irreg.*) **en su derecho** to have the right-of-way

deriva: a la deriva adrift

derivar to derive; to drift

derramarse to pour out; to spread

derredor: en derredor de around

derretido: plomo derretido molten lead

derretirse (**i, i**) to dissolve; to melt

desabrochar to unfasten, open

desacostumbrado unusual

desafío challenge; rivalry

desaforado wild; huge

desagradar to displease

desalentado discouraged

desangrarse to drain away (*blood*)

desanimado disheartened, discouraged

desánimo discouragement; dejection

desapacible unpleasant

desaprobación disapproval

desarrollarse to develop

desarrollo development

desasosegar (**ie**) (**gu**) to disturb, upset

desavenido incompatible

desayuno breakfast

desbocado (*of people*) streaming along

desbordar to swell; to extrude

descabalado incomplete

descalzo barefoot(ed), shoeless

descansar to rest; to relax

descanso *n.* rest

descargar (**gu**) to discharge; to let loose

descascarado peeled (*of bark*)

descifrar to decipher

desconcierto confusion, bewilderment; embarrassment

desconfiar to distrust

desconocido/a *n.* stranger; *adj.* unknown

descrito (*p.p. of* **describir**) described

descubierto (*p.p. of* **descubrir**) discovered; **al descubierto** exposed

descubrir (*p.p.* **descubierto**) to discover; to be able to see; **descubrirse** to find oneself

desde from; since; **desde entonces** from that time on, since then; **desde hace** + *period of time* for (*period of time*); **desde niño/a** from childhood; **desde que** *conj.* since; as soon as; **desde siempre** from the beginning of time

desdicha misfortune; poverty

desear to wish; to want, desire

desechar to reject

desembocar (qu) to flow

desempeñar un papel to play a role

desenlace *m.* end (*of story*), denouement

desenterrar (ie) to unearth, dig up

deseo desire, wish

desesperado desperate

desesperanza despair, hopelessness

desfalco embezzlement

desfallecido faint, weak

desfilar to run through one's head

desgajar to break away; to escape

desganado indifferent; reluctant; pallid

desgano lack of motivation

desgarrarse to split up

desgraciado/a *n.* unhappy, unfortunate person; *adj.* unhappy; unfortunate; uncultured

desgranar to shell (*beans*)

deshacer (*like* **hacer**) (*p.p.* **deshecho**) **la cama** to unmake the bed; **deshacerse de** to get rid of

deshilachado frayed

deshinchar to reduce, relieve the swelling of

desierto *n.* desert; *adj.* deserted

desinteresado unselfish; disinterested

deslizarse (c) to glide, move imperceptibly

desmantelado dilapidated

desmayo fainting spell

desmesuradamente excessively

desmigajarse to crumble, break into pieces

desmontarse to be dismantled

desnudar to undress; to strip

desnudo naked; bare; uncovered

desolar (ue) to destroy, lay waste

desordenar to disarrange, rumple

despacho office, study

despacio slow; slowly

despacito very slowly; gently

despedida *n.* farewell, leave-taking

despedir (i, i) to fire; **despedirse (de)** to say good-bye (to)

despegarse (gu) to detach oneself

desperdigado scattered, separated

despertar (ie) to waken, awake; **despertarse** to wake up

despiadado pitiless; inhuman

despierto awake

desplomarse to collapse, drop down; to sink down

despoblado deserted

desposarse to get married

despreciar to scorn

desprecio scorn

desprenderse to become detached; to set out

desprestigio loss of reputation

desprovisto (*p.p. of* **desproveer**) deprived

después *adv.* afterward; later; **después de** *prep.* after; **después (de) que** *conj.* after; **poco después** shortly thereafter

destacar (qu) to highlight

destemplado unrestrained

desteñirse (i, i) to fade

desterrado/a *n.* exile, outcast; *adj.* in exile

destilar to ooze

destino destiny; destination

destrozar (c) to destroy

desvaído faded, dull

desvanecerse (zc) to disappear, vanish

desvanecido feeling faint

desvestir(se) (i, i) to undress

desviarse to swerve

detallado detailed

detalle *m.* detail

detener (*like* **tener**) to stop; to restrain; **detenerse** to come to a stop

detenidamente thoroughly, in detail

detenido stopped

detrás de behind

devolver (ue) (*p.p.* **devuelto**) to return (*something*); to send back; to take back

día *m.* day; **al día siguiente** on the following day; **algún día** eventually; **al otro día** next day; **día a día** day by day; **día de la cruz** holy day; **diarios del día** daily papers; **las doce del día** midday; **ocho**

días a week; one week; **todo el día** all day; **todos los días** every day

diácono deacon

diario *n.* newspaper; *adj.* daily; **diarios del día** daily papers

dibujar to draw

dibujo drawing, sketch

dicha happiness

dicho (*p.p. of* **decir**) said, aforementioned; **dicho esto** that said; **mejor dicho** rather

diente *m.* tooth

difícil difficult

dificultosamente with difficulty

digna: por digna de worthy of

dinero money

dios, Dios *m.* god, God

dique *m.* dock

dirigir (j) to direct; to manage (*a business*); to aim; **dirigirse a** to go toward; to address, speak to; to be directed at

disco disk; record

discordia clash; variance

disculparse to apologize

discurso speech

discusión argument, quarrel

discutir to discuss; to argue, quarrel

diseño design; figure

disfrutar (de) to enjoy

disgustar to displease; **disgustarse** to get annoyed; to be at odds

disimular to conceal

disparatado foolish, silly

disparate *m.* foolishness

dispensador(a) giver, granter

disponer (*like* **poner**) (*p.p.* **dispuesto**) to get ready; to resolve; **disponerse a** + *inf.* to get ready to (*do something*)

disponible available

distanciado estranged

distraer (*like* **traer**) to distract; to divert

distraído distracted

disyuntiva dilemma

divagación wandering; rambling

diván *m.* couch

divulgarse (gu) to become known

dizque supposedly; he/she says that

doblar to turn; to bend; **doblarse** to bend down

doble double; **doble repaso** double check; **en doble sentido** in two ways

doblegarse (gu) to yield, give in

doce: las doce del día midday; **las doce menos cuarto** a quarter to twelve

doler (ue) to hurt, ache

dolor *m.* pain, ache

doloroso painful

dominio mastery (*of a language*)

don *m.* gift; talent; *title of respect used with a man's first name*

doncel *m.* young man

dorado golden

dormido/a *n.* sleepwalker; *adj.* asleep; unconscious; in a stupor; calm, unmoving

dormir (ue, u) to sleep; **dormir a pierna suelta** to sleep like a log; **sala de dormir** bedroom; **dormirse** to fall asleep

dormitorio bedroom

dote *f.* dowry

duda doubt; **sin duda** doubtless

dudar to doubt

duelo duel, fight

dueño/a owner

dulce sweet; gentle; soft

dulzón sweetish

duplicarse (qu) to double, multiply

durante during; for (*time*)

durar to last; **durar poco** to not last long

duro hard, harsh; rough

E

e and (*before words beginning with* **i** *or* **hi**)

echado lying down

echar to throw, cast; to apply (*brakes*); to stick; **echar a** + *inf.* to begin, start to (*do something*) abruptly; **echar a perder** to rot, putrefy; **echar mano de** to grab, get hold of; **echar una mirada/ojeada a** to (cast a) glance at; to take a look at; **echar un velo sobre** to not mention; **echarse** to lie down; to throw oneself; **echarse a llorar** to begin to cry, burst into tears; **echarse de brazos** to lean and cling onto; **echarse la culpa** to blame oneself

edad age; **de edad** mature, older

edificación construction, building

edificio building

editorial *f.* publishing company

efectivamente in effect, indeed

efecto effect; **en efecto** really, actually

eficaz (*pl.* **eficaces**) efficient

efluvio exhalation; emanation

efusión stream, surge

ejemplar copy (*of book*)

ejercer (z) to exercise, exert

ejército army

elegir (i, i) (j) to elect, choose; select

Ella The Blessed Mother

ello: por ello (mismo) for that (very) reason

embargo: sin embargo nevertheless

embarrado muddy

embeleco deception, fraud

embotado blunted, dull

embotellar to bottle

embromarse to get annoyed, upset

embustero/a liar

empaquetar to package, wrap

emparejar to match

empeorarse to get worse

empequeñecido receding

empezar (ie) (c) to begin, start; **empezar a + inf.** to begin (doing something)

empleo job, employment; use; **solicitud de empleo** job application

emponzoñado poisoned

emprender to begin, undertake; **emprender la marcha** to get underway

empresa enterprise, undertaking

empujar to push; to shove; to wash down (food)

empujón (m.): a empujones roughly; **llevar a empujones** to push (someone) along roughly

empuñadura hilt (of machete)

empuñar to grip, grasp

enamorado: estar (irreg.) enamorado de to be in love with

encadenar to chain, immobilize; **encadenarse** to run together

encajonar to box in, enclose

encalado whitewashed

encantado enchanted, under a spell

encantamiento enchantment, spell; fascination

encarcelar to put into jail

encarecidamente earnestly, eagerly; insistently

encargar (gu) to entrust; **encargarse de** to be in charge of

encarnado pink, flesh-colored

encender (ie) to turn on (lights); to light

encendido lit, lighted; shining

encerrar (ie) to confine; to enclose; to shut up in

encima (de) on top (of); **ligarse (ue) (algo) encima** to fall underneath (something); **llevar encima** to carry (something) with one; **mirar por encima del hombro** to look down one's nose at; **ponerse (irreg.)**

encima to alight; **por encima de** above, over, on top of; in addition to

encogerse (j) de hombros to shrug one's shoulders

encomendar (ie) to entrust

encontrar (ue) to find; **encontrarse** to be located; to find oneself; to meet (up)

encuentro meeting; encounter

enderezar (c) to straighten, set straight; to raise; **enderezarse** to stand up, straighten up

endulzar (c) to sweeten

endurecido hardened

enfadado angry

enfermarse to become ill

enfermedad illness

enfermero/a nurse

enfermo/a n. sick person; mentally disturbed person; patient; adj. sick, ill

enfilar to go down or along (street)

enfrentamiento confrontation

enfrentarse to confront, face

enfrente: enfrente de in front of; **de enfrente** in front

enfrentito de right in front of

enfurecido enraged

engañar to deceive, fool; **engañarse** to be deceived

engarruñado gnarled; curled (fingers)

engendrar to engender, beget

engrosar (ue) to grow, well up

enjuagar (gu) to rinse

enloquecido de crazed with

enlutado dressed in black

enmascarado masked, wearing a (sterile) mask

enojar to anger; **enojarse** to get angry

enredar to entangle, wind around

enrevesado intricate; nonsensical

enrojecer (zc) to redden; to blush

enrollado rolled up

ensalzar (c) to exalt, glorify

ensangrentado bloody

enseguida immediately

enseñar to teach; to show

ensordecerse (zc) to become deaf; to turn a deaf ear

entender (ie) to understand; to hear; **dar (irreg.) a entender** to hint at; to explain; **entenderse** to understand oneself; to get along; to be understood; **no acabar de entender** to not fully understand (something)

entendido informed; expert

entenebrecido getting dark

enterarse (de) to find out (about), learn (of)

enterrar (ie) to bury

entibiarse to become (luke)warm

entonces then, at that time, next; in that case; **desde entonces** from that time on, since then; **en ese entonces** during that time; **hasta entonces** (up) until then

entornar to leave ajar; to half close

entrado en años advanced in years

entre between, among; **de entre** out of; **por entre** through

entrecortado intermittent

entrega delivery

entregar (gu) to give, dedicate to

entrerriano/a *native of the Argentine province of Entre Ríos*

entretanto in the meantime, meanwhile

entretenerse (*like* **tener**) to entertain oneself; to pass the time

entrever (*like* **ver**) (*p.p.* **entrevisto**) to see vaguely; to glimpse

entreverado intermixed, mingled; merged

entrevista interview

entrevistado/a *n.* person being interviewed

entrevistador(a) interviewer

entrevistar to interview

envejecer (zc) to age, grow old

enviar to send

envidiar to envy

envoltura cover

envolver (ue) (*p.p.* **envuelto**) to surround; to wrap; to cover

envuelto (*p.p. of* **envolver**) wrapped (up); enveloped

enyesado *adj.* in a plaster cast

enzarzado folded together

equipo team

erizar (c) to make bristly; **erizarse** to stand on end

errar to wander, stray; to make a mistake

esbelto svelte, slim

esbozar (c) un gesto to gesture vaguely

escalera stair; staircase; **bajar/subir escaleras** to descend/climb stairs

escalinata outside steps (*of a temple*)

escalofrío chill; shudder

escándalo shock (*emotion*)

escapulario scapular (*a pair of cloth squares hung under the clothing against the breast and the back as objects that increase devotion*)

escarbar to scrape out, dig

escaso scarce, few

escenario stage, setting

escénico scenic, pertaining to stage effects

escoger (j) to choose

escolar scholastic, academic

esconder(se) to hide (oneself)

escondidas: a escondidas hidden; secret(ly)

escribir (*p.p.* **escrito**) to write

escrito (*p.p. of* **escribir**) written

escritor(a) writer

escritorio desk; office; **casa de escritorios** office building

escuchar to listen (to); to hear

escudero squire, page; ecclesiastical messenger

escuela school

escurrirse to slip, slide; to move swiftly

esfuerzo effort; strength; **sin esfuerzo** effortlessly

esfumarse to vanish

esgrima fencing ability

eso: a eso de about

espada sword

espalda back; barrier; **a sus espaldas** behind someone; **dar** (*irreg.*)/**volver** (*irreg.*) **la espalda** to turn one's back; **de espaldas** on one's back, backward; **de espaldas a** with one's back to

espaldarazo slap on the back

espantar to frighten

espanto fright

especie *f.* kind

espejo mirror; reflection

espera: a la espera de awaiting

esperanza hope

esperar to wait (for), await; to hope; to expect

espeso thick

espiar to observe, watch

espina thorn

espiral *f.* coil (*snake*)

esposo/a husband, wife; spouse

espulgar (gu) to search for and pick off bugs

esquina corner

esquinado *n.* corner; *adj.* angular

estaca club, cudgel

estado state; **estado de alma** state of being; condition; **estado de ánimo** mood, frame of mind

estafar to swindle, dupe

estampa: de estampa engraved, void of life

estampido explosion, bang

estancia cattle ranch

estante *m.* bookcase; set of shelves

estaño: papel (*m.*) **de estaño** tinfoil

estaquear to stake, pin down

estar (*irreg.*) to be; **estar a punto de** + *inf.* to be about to (*do something*); **estar arrepentido de** to regret; **estar cuerdo** to be sane; **estar de acuerdo** to agree; **estar enamorado de** to be in love with; **estar en su derecho** to have the right-of-way; **estar loco** to be insane

estatura height

estentor *m.* very loud voice

estera straw mat

estiércol *m.* (dried) manure

estirar(se) to stretch (out)

estirón: a estirones with strong jerks, yanks

estómago stomach

estorbo hindrance; nuisance, annoyance

estratagema stratagem, scheme

estrechar la mano to shake hands

estrecho narrow

estrella star

estremecimiento shiver

estrepitoso noisy, deafening

estridencia stridence, shrillness

estrofa verse, stanza

estropeado damaged

estuche *m.* case, box

estuco stucco

estudiar to study

estudio study

estupefacción astonishment

estupor *m.* lethargy, stupor; astonishment

etapa stage, step

evitar to avoid; **no poder** (*irreg.*) **evitar** + *inf.* to not be able to help (*doing something*)

evolucionar to evolve

excusa: pedir (i, i) excusas to apologize

excusado toilet, lavatory

excusarse to beg (someone's) pardon; to make up excuses

exhortar to admonish; to urge

eximir to exempt; to free

éxito success; **tener** (*irreg.*) **éxito** to be successful

experimentar to experience; to feel

explayarse to speak at length; to open up

explicación explanation; explication, analysis

explicar (qu) to explain; **explicarse** to be explained; to understand

exponer (*like* **poner**) (*p.p.* **expuesto**) to expose, show

exposición exhibit

exprimir to squeeze out, wring out

expuesto (*p.p. of* **exponer**) on display

extranjero/a *n.* foreigner; *adj.* foreign

extrañado puzzled; surprised

extrañar to miss, long for; to surprise; **extrañarse de** to be surprised, wonder at

extraño/a *n.* outsider, stranger; *adj.* strange; unfamiliar

extravío: con extravío confusedly

extremo far end; end; extremity; **lo extremo** critical nature

F

fábrica factory

fabricante *m., f.* manufacturer, maker

fabricar (qu) to make, create

faceta side, aspect

fácil easy

facultad school (*in a university*)

Falange *f. right-wing Spanish political party*

fallecer (zc) to die

fallecimiento death

falsete *m.* falsetto

falta lack

faltar to be lacking, missing; to be absent; **faltar** + *time* to be (*time*) left; **faltarle a uno** not to have; to need; to remain (*to be done*)

fangoso muddy

fastidiar to annoy, irritate

fatal fatal; inevitable

fatigarse (gu) to become tired

favela hovel (*Brazil*)

favorecer (zc) to favor; to bestow a favor on

fe *f.* faith

fecha date

fechado dated

felicidad happiness

feliz (*pl.* **felices**) happy

feo ugly; **ponerse** (*irreg.*) **feo** to get serious, nasty

feral brutal; savage

feroz (*pl.* **feroces**) ferocious

festejar to laugh at

festín *m.* feast, orgy of eating

ficha form; index or filing card

fichero file cabinet

fiebre *f.* fever

fiesta party; celebration

figura figure, shape; face; character

figurilla small, insignificant person

fijamente attentively, fixedly

fijar to establish; to fix, agree upon; **fijarse en** to pay attention to; to notice; to focus on; **fíjate** *int.* just imagine

fijo staring, fixed; **fijo en** fixed on

filo (cutting) edge

filtración (filtered) groundwater

fin *m.* end; **a fines de** at the end of; **al fin** finally; **al fin y al cabo** after all; **en fin** in short; **por fin** finally; **sin fin** endlessly

finca farm

fingir (j) to pretend

finlandés *adj.* Finnish

firmar to sign

firmeza firmness; resolve

flaco skinny

flamenco Flemish

flauta flute

fleco fringe, tatter

flojera fatigue; infirmity

flojo weak; unsound

flor *f.* flower; **flor de lis** iris; fleur-de-lis

florecer (zc) to bloom

florido: guerra florida *ritualistic Aztec war in which captives were sacrificed as offerings to dieties*

foco light bulb

fogata bonfire

fomentar to foment, encourage

fondo bottom; floor; back; base; reason; **a fondo** in depth, thoroughly

forastero/a stranger, outsider

forjado shaped, forged

forma form; shape; appearance; manner, way; **de forma que** so that; **de tal forma** in such a way

Foro Trajano Forum of Trajan (*vast Roman market and meeting place, including a basilica and libraries, created by the emperor Trajan*)

fortalecer (zc) to strengthen

fortín *m.* small fort

forzosamente forcibly, tightly

fósforo match (*for igniting*)

fracasar to fail, be unsuccessful

fragancia fragrance; bouquet

fraile *m.* monk, friar

frasco bottle

frase *f.* phrase; sentence; statement, expression; **frase nominal** noun phrase (*a phrase that functions as a noun*)

fray *m.* Brother (*used before the name of clergy of certain religious orders*)

frecuencia: con frecuencia often; **con qué frecuencia** how often

frenar to brake

freno brake

frente *f.* forehead; *m.* front, political coalition; **frente a** facing; in the face of; **dejar frente a** to stop in front of; **frente a frente** face to face

fresco fresh; cool

frescura freshness; coolness

frío cold; chill; **hacer** (*irreg.*) **frío** to be cold (*weather*); **tener** (*irreg.*) **frío** to be cold (*person*)

friso frieze (*sculptured band around a wall*)

frotar to rub

fruncir (z) el ceño to frown, scowl

fuego fire; **de fuego** fiery; **hacer** (*irreg.*) **fuego** to shoot

fuer: a fuer de as a, in the manner of

fuera outside; **fuera de los ojos** out of sight; **por fuera** on the outside

fuerte *n. m.* fort; *adj.* strong; powerful; solid; loud; severe; *adv.* hard

fuerza strength; force

fuga flight, escape

fugazmente briefly

fulguración flash

fulgurante *adj.* sudden and sharp

fulminante *adj.* threatening, impending

fumar to smoke

funda pillowcase

fúnebremente gloomily

fútbol *m.* soccer

G

gabinete *m.* study; laboratory

gafas eyeglasses

gajo section (*inside fruit*)

galería balcony; gallery

gallina hen

galopar to pound, beat

gana desire; longing; **darle** (*irreg.*) **la gana a alguien** + *inf.* to feel like (*doing something*); **de mala gana** unwillingly; **tener** (*irreg.*) **ganas de** + *inf.* to feel like (*doing something*)

ganar to win; to earn; to overtake; to beat, defeat; to win (*someone*) over; to reach (*place*); **ir** (*irreg.*) **ganando** to overcome; **ganarse la vida** to earn a living

garganta throat

garrapata tick

gastar to spend, exhaust

gasto expense
gatillo trigger
gato/a cat
gemelos de teatro opera glasses
gemido whimper, wail
gemir (i, i) to groan, moan; to wail
genio genie
gente *f. sing.* people; *pl.* people
gerencia management
gerente *m., f.* manager
gerundio present participle; gerund
gesto gesture; (facial) expression; **esbozar (c) un gesto** to gesture vaguely
gimnasia gymnastics; physical fitness
girar to spin around, rotate
gloria glory, fame; delightful event
goce *m.* pleasure
gollete *m.* neck (*bottle*)
golondrina swallow (*bird*)
golosamente greedily
golpe *m.* blow; collision; slam; stroke (*in fencing*); tap; **de golpe** suddenly
golpear to slap; to knock; to slam, bang
goma rubber; sap
gordo fat; thick
gotear to drip
gotita tiny drop
gozar (c) de to enjoy
grabación recording
grabado *n.* engraving; etching; **grabado en acero** steel plate (*engraving*)
grabar to engrave; to record
gracia favor; *pl.* thanks
gracioso funny, amusing
gradas stairways; bleachers
graduar to calibrate, grind (*eyeglasses*); **graduarse** to graduate
gramilla grass
gran, grande great; large; big, huge; **mamá grande** grandma; **papá grande** grandpa
granada pomegranate
grano seed
grasiento grimy
grato pleasant
grave *adj.* grave, serious
graznar to squawk (about)
gris gray
grisáceo grayish
gritar to shout; to cry out
grito shout, cry, scream; **a gritos** at the top of one's voice
grosero coarse, unpolished
grueso thick

guacamayo macaw
guapo handsome, pretty
guardapolvo smock, scrubs (*hospital*)
guardar to keep; to save; to store
guerra war; **guerra florida** *ritualistic Aztec war in which captives were sacrificed as offerings to dieties*
guerrear to wage war
guerrero warrior; soldier
gusano worm
gustarle a uno to like (*to be pleasing to one*); **llegar (gu) a gustarle a alguien** to "grow on" someone
gusto taste; pleasure; **a gusto** comfortably; **a su gusto** to suit one's fancy; **con gusto** gladly, with pleasure

H

haber *irreg.* (*inf. of* **hay**) to have (*auxiliary*); to be; **haber de** + *inf.* to have to, must (*do something*); **hay que** + *inf.* to be necessary to (*do something*); **no hay/había por qué** + *inf.* there is/was no reason to (*do something*)
habitación room; bedroom; dwelling
hablar to speak; to talk
hacer *irreg.* (*p.p.* **hecho**) to do; to make; **desde hace** + *period of time* for (*period of time*); **hace** + *period of time* (*time period*) ago; **hacer a un lado a alguien** to push someone aside; **hacer calor/frío** to be hot/cold (*weather*); **hacer caso** to pay attention; **hacer cola** to stand in line; **hacer fuego** to shoot; **hacerlo todo** to do everything; **hacer preguntas** to ask questions; **hacer regalos** to give presents; **hacer saber** to inform, make (*something*) known; **hacer un buche** to wet one's mouth; **hacer un papel** to play a role; **hacer un papelón** to make a fool of oneself; **hacer una seña / una señal** to (make a) sign/gesture; **hacerse** to grow; to become; **hacerse llevar** to have oneself taken (*somewhere*); **no hacer sino** + *inf.* to do nothing but (*do something*)
hacia toward; **dar hacia** to face; **hacia abajo** downward; **hacia adelante** forward; **hacia afuera** outwards; **hacia arriba** upward; **hacia atrás** back, in back, behind
hacienda farm, ranch
hallar to find; to discover; **hallarse** to be
hallazgo discovery, finding

hambre *f.* (*but* **el hambre**) hunger; **tener** (*irreg.*) **hambre** to be hungry

hambriento *adj.* hungry; lustful

harto *adv.* very

hasta *adv.* even; also; *prep.* until; up to; as far as; **hasta entonces** (up) until then; **hasta que** *conj.* until; up to

he aquí it was at this point

hebra thread, filament

hecho (*p.p. of* **hacer**) *n.* fact; deed; event; *adj.* done; made; turned into; **de hecho** in fact; **hecho de** consisting of

hediondez *f.* stench, stink

helado freezing cold

helar (ie) to chill, discourage

hereje *m., f.* heretic

herida *n.* wound, injury

herido *adj.* wounded

hermano/a brother, sister; *pl.* siblings

hermoso beautiful

herramienta tool

hervidero mass; swarm

hervir (ie, i) to boil

hielo ice

hierba grass

hierro iron

hijo/a son, daughter; child; *pl.* children

hilo thread; trickle; **tener** (*irreg.*) **en un hilo** to have on pins and needles

hincarse (qu) to kneel down

hinchado swollen; engorged

hinchazón *m.* swelling

hipo hiccup, small gulp

hiriente painful; shining

histérico/a *n.* neurotic person

hoguera bonfire; campfire

hoja leaf; blade; page; sheet (of paper); **hoja rayada** lined paper

hombre *m.* man; humanity; *pl.* men; people; **a caza de hombre** hunting men

hombro shoulder; **encogerse (j) de hombros** to shrug one's shoulders; **mirar por encima del hombro** to look down one's nose at

hondo deep; profound

honesto upright; virtuous

hora hour; time; time of day; **hora a hora** hour by hour; **primeras horas** wee hours of the morning

horcajadas: a horcajadas astride, straddling

hormiga: cono de hormigas anthill

horno oven

hotelero/a hotel manager

hoy today; now

hoya deep channel, canyon

hucha piggybank

hueco hole; hollow; gap

huele (*from* **oler**) it smells

huelga (labor) strike

huerta/o vegetable garden; orchard

hueso bone

huésped(a) guest, lodger

huesudo bony

huidizo evasive

huir (y) to flee, run away

humedad dampness

humedecido dampened

humilde humble, lowly

humo smoke; vapor

hundimiento decline, collapse

hundir to plunge; to pull in; **hundirse** to sink; to set (*sun*)

hurgar (gu) to poke, rummage

I

iberoamericano Latin American

ida: a la ida on the way

idioma *m.* language

idisch Yiddish

iglesia church

ignorar to ignore; not to know

igual equal; the same; alike; identical; **igual que** the same as; **(le) pasa igual** the same thing happens (*to someone*)

iluminado/a *n.* visionary; enlightened person

imán: piedra imán lodestone, magnetic ore

impasible impassive; unfeeling

imperioso urgent, imperative

impiedad irreverent act

imponerse (*like* **poner**) (*p.p.* **impuesto**) **a** to exert one's authority upon

importar to matter, be important

imprevisible unpredictable, unforeseeable

imprevisto unforeseen

improcedente inadequate; irrelevant

impulso: a impulso de prompted by

inadvertido unnoticed

incansable tireless

incapaz (*pl.* **incapaces**) incapable

incauto incautious

incendiado inflamed

incendiarse to be set afire

inclinado leaning; bent over

inclinarse to lean to; bend over

incluso even; including

incomodar to make uncomfortable
incomodidad discomfort; uneasiness
inconexo disconnected
inconfesado unspoken, unrevealed
inconfundible unmistakable
inconsistente insubstantial
incorporarse to sit up
incrédulo incredulous, skeptical
indicio indication, sign; clue
indígena *m., f.* native
índole *f.* kind, type
indolencia apathy; laziness
ineludiblemente inevitably
inesperado unexpected
inexplicable unexplainable
infaltable ever-present
infame *adj.* infamous; disgusting
infantería de línea line infantry
infierno hell
ínfimo smallest; humblest
influir (y) en to influence, have an influence
informe *m.* report; piece of information
infundir to infuse, fill
ingenioso ingenious, clever
ingenuo ingenuous, candid
ingerir (ie, i) to ingest
ingle *f.* groin
inglés, inglesa *n.* Englishman, English-woman; *m.* English (*language*); *adj.* English
ingrato disagreeable; thankless
injuriar to insult
inmediaciones *pl.* vicinity
inmutarse to lose one's composure; to show emotion
inquietante disturbing
inquietar to disturb, make uneasy
inquietud uneasiness; discomposure
insatisfecho dissatisfied
inscribirse (*p.p.* **inscrito**) to enroll; to register
insensible insensitive
insolación sunstroke; overexposure
insólito unusual, uncommon
insondable incomprehensible
insoportable unbearable, intolerable
insoslayable inescapable
insospechado unsuspecting
inspiración breathing
instancia entreaty, plea
instante *m.* instant, moment; **a cada instante** constantly; **instante actual** present moment

intentar to try, attempt
intento attempt
intercalación insertion
interlocutor(a) other speaker (*in a dialogue*)
íntimo/a *n.* close friend; *adj.* intimate; private; innermost
introducir *irreg.* to introduce, present; **introducirse** to enter
intuir (y) to sense, intuit
inútil useless, futile
invierno winter
invocar (qu) to appeal to, call upon
inyección: poner (*irreg.*) **inyección** to give an injection
ir *irreg.* to go; **ir** + *adj.* to be + *adj.*; **ir** + *ger.* to be (*doing something*); to be beginning to (*do something*); **ir ganando** to overcome; **irse** to leave; to go away; to wear off
ira anger, ire
irradiar to radiate, spread
irrealidad unreality
irrecuperable unretrievable
irrumpir to burst in
isla island
izquierda *n.* left (*direction*); **a la izquierda** on/to the left
izquierdo *adj.* left (*direction*); left-hand

J

jabalí *m.* wild boar
jadeante panting
jadear to pant
jamás never, (not) ever
jardín *m.* garden
jardinera small, open carriage
jarrón *m.* urn
jaula cage; cell
jefe *m.* boss; commanding officer
jinete *m.* horseman, rider
jornalero/a day laborer
joven *n. m., f.* young person; *adj.* young
joyería jewelry store
juanete *m.* bunion
juego game
juez *m., f.* (*pl.* **jueces**) judge
jugar (ue) (gu) to play; to put on an act
juicio judgment; sanity; **a su juicio** in one's opinion
juntar to join; **juntarse** to meet; to get together

junto *adj. pl.* together; close together; *adv.* together; **junto a** near, next to; **junto con** along with

Júpiter Jupiter (*chief Roman god; god of the weather*)

juramento oath; curse

jurar to swear

justo *adj.* just, fair; precise; *adv.* precisely, just

juventud youth

K

kerosén *m.* kerosene

kilo kilogram, 2.2 pounds

L

laberíntico labyrinthine

labio lip

labrado carved, cut

labrador(a) farmer; peasant

Lacroze *m.* (*make of*) bus

lado side; direction; **al lado** by one's side; **al lado de** next to; **a uno y otro lado** on either side; from side to side; **de al lado** next; adjacent, next-door; **hacer** (*irreg.*) **a un lado a alguien** to push someone aside; **por el otro lado** on the other hand; **por todos lados** everywhere; on all sides

ladrar to bark

ladrido barking; yelp, bark

ladrillo brick

ladrón, ladrona thief

lago lake

lágrima tear (*crying*)

laja flagstone

lamentarse to lament, express sorrow; to complain aloud

lamerse to lick

lámpara lamp; lantern

lana wool

lanceado speared (by a lance)

lanzar (c) to throw; to emit, utter; to let out (*noise*)

lápida gravestone

lápiz *m.* (*pl.* **lápices**) pencil

largamente at length

largo long; lengthy; **a largo plazo** protracted; **a lo largo de** along; throughout; **pasar de largo** to pass by; **(un) largo rato** a long while

lástima pity

lastimar to injure, hurt

latifundio large, landed estate

látigo whip

latir to beat, throb

lavar(se) to wash (oneself)

leal loyal, faithful

lealtad loyalty

leche *f.* milk

lecho bed

lector(a) reader

lectura reading

leer (y) to read

legado legacy

legua league, 5.2 miles (*Arg.*)

legumbre *f.* vegetable

lejano *adj.* far-off, distant

lejos (de) far, far away (from); **a lo lejos** in the distance

lengua tongue; language

lento *adj.* slow; *adv.* slowly

letra letter (*alphabet*); handwriting

levantado up; upright

levantar to lift up, raise up; **levantarse** to get up; to rise

leve light, gentle; slight

léxico vocabulary

ley *f.* law

libertad freedom, liberty; **poner** (*irreg.*) **en libertad** to set free

libre free; **al aire libre** outdoors

libro book

licenciado/a lawyer

ligadura tourniquet

ligarse (gu) to bind, tie off; **ligarse (algo) encima** to fall underneath (*something*)

ligero light; slight

limpiar to clean; to wipe; to clear

linaje *m.* ancestry, lineage

línea line; **infantería de línea** line infantry; **línea a línea** line by line

lis: flor (*f.*) **de lis** iris; fleur-de-lis

listo *adj.* ready; prepared

lívido livid, pale; ashen; purplish

llaga open sore

llama flame

llamador *m.* door knocker; doorbell

llamar to call; to name; **llamarse** to be named

llano plain, prairie

llanto cry; crying; sobbing

llanura plain, prairie

llave *f.* key

llegada arrival

llegar (gu) to arrive; to reach; to get; to come; **llegar a** + *inf.* to manage / get to (*do something*); **llegar a gustarle a alguien** to "grow on" someone

llenar to fill (up); to fill out

lleno full, filled

llevar to take; to carry; to wear; to lead (to); to lead away; to carry off; **dejarse llevar** to let oneself be carried away; **hacerse** (*irreg.*) **llevar** to have oneself taken (*somewhere*); **llevar** + *period of time* to take/spend (*time*); to have been (*time*); **llevar a empujones** to push (*someone*) along roughly; **llevar colgado del cuello** to carry around one's neck; **llevar encima** to carry (*something*) with one; **llevarse** to take away, take with one; **llevarse (bien)** to get along (well)

llorar to cry; **echarse a llorar** to begin to cry; to burst into tears; **llorar de risa** to laugh until one cries

lloriqueo whimpering, whining

llover (ue) to rain

llovido: recién llovido fresh with rain

lluvia rain

local *m.* premises, building

loco/a *n.* crazy person; *adj.* crazy; **estar** (*irreg.*) **loco** to be insane

locura madness, insanity

locutor(a) speaker, moderator

lograr to achieve; to attain; **lograr** + *inf.* to manage to, succeed in (*doing something*)

lombardo/a Lombard (*from Lombardy, Italy*)

lomo back, spine

longobardo/a *early Gallic people, invaders of Lombardy* (*6th century*)

losange *m.* diamond-shaped pane

loto lotus

lucha battle; struggle

luchar to struggle

lucidez *f.* clarity

lúdico playful

luego then; next; later; soon; at once; **luego de** after

lugar *m.* place; **en lugar de** instead of; **tener** (*irreg.*) **lugar** to take place

lúgubre dismal, gloomy

lujo luxury

lumbrada fire

lumbre *f.* light; fire; warmth

luminaria brilliance, illumination

luna moon; month, season; **luna de miel** honeymoon; **luna menguante** waning moon

lustroso shiny; slippery

luz *f.* (*pl.* **luces**) light; **luz del cielo** sunlight; **mesa de luz** nightstand; **prender la luz** to turn on the light; **primera luz** dawn, first light of day

M

macanear to feed a line

machete (*m.*) **de monte** large knife used to fell trees

madera wood; *pl.* timber; **de madera** wooden

madre *f.* mother; **nuestra madre** the Blessed Mother

madreselva honeysuckle (*plant*)

madrileño from, pertaining to Madrid

madrugada dawn

madurar to ripen; to mature

maestro/a teacher

mago/a magician; wise man

maíz *m.* (*pl.* **maíces**) corn; **tamo de maíz** corn dust, chaff

mal; malo *n. m.* illness; evil; *adj.* bad; ill; evil; *adv.* badly; **de mala gana** unwillingly; **de malas pulgas** ill-tempered; **de mal humor** in a bad mood; **de malos modos** rudely; **mala pasada** disagreeable trick; **mala suerte** bad luck; **mal avenido** incompatible

malacara *m., f.* horse with a primarily white face

maldecirse *irreg.* to curse oneself

maldito accursed, damned

malestar *m.* malaise; uneasiness

maleta suitcase

malhumorado bad-tempered

malignidad intense ill will; great malice

maligno malignant; evil

malón *m.* surprise raid

malva mallow (*plant*)

malvo mauve-colored

mamá grande grandma

manar to spout

mancha stain, spot; **La Mancha** region of Spain

manchar to stain

mandadero/a messenger

mandar to send; to order; **mandar a paseo** to send packing

mandíbula jaw

manejar to handle; to manage, control

manejo trick

manera way, manner; fashion; **de alguna manera** somehow; **de esa manera** in this way; **de todas maneras** at any rate; **manera de ser** personality, bearing

manga sleeve
mango handle
manicomio (insane) asylum
manifestar (ie) to show, manifest
maniobra maneuver
mano *f.* hand; **dar** (*irreg.*)/**estrechar la mano** to shake hands; **echar mano de** to grab, get hold of
manta blanket; shawl
mantel *m.* tablecloth
manzana (city) block
mañana *n.* morning; *adv.* tomorrow
máquina machine; robot; vehicle
maquinaria piece of machinery
mar *m.* sea
maravillar to amaze, astound
marcha march; progress; **emprender la marcha** to get underway; **poner** (*irreg.*) **en marcha** to start (*engine*)
marchar to march; to walk; **marcharse** to leave, go away
marco frame; background, setting
mareado nauseated; dizzy
mareo nausea; dizziness
margen *m.* bank
marido husband
marinero sailor
marino: azul marino navy blue
marisma salt marsh
mármol *m.* marble (*stone*)
mas but
más more; most; any longer; **cuanto más** all the much more so; **en más de un momento** more than once; **más allá** farther on; **más allá de** beyond; **más aún** furthermore; **más bien** (but) rather; **más de la cuenta** too much; **más o menos** more or less; **nada más** only, just; **ni más ni menos** exactly; **no tener** (*irreg.*) **más remedio** to be hopeless; to have no alternative
mascullar to chew lazily
matar to kill; **matarse** to commit suicide
matiz *f.* (*pl.* **matices**) nuance
matrimonio marriage, matrimony; (married) couple; **cama de matrimonio** double bed
mayor *n. m., f.* adult; *adj.* older, oldest; greater, greatest; larger, largest; **en su mayor parte** for the most part
mayordomo steward; foreman
mazmorra dungeon
mediados: a mediados de in the middle of
mediano average, mediocre
medianoche *f.* midnight

mediar to come between, intervene
médico/a doctor, physician; **médico/a de cabecera** attending physician
medida measure, precaution; **a medida que** at the same time as
medio *n.* middle; environment; *adj.* half; **a medias palabras** by inference; **a media voz** in a low voice, quietly; **en medio de** in the middle of; **medio alegre** half drunk; **medio ambiente** environment; **por medio de** by means of; **y medio/a** and a half; half past (*time of day*)
mediodía *m.* noon, midday
medir (i, i) to measure
mejilla cheek
mejor better; best; **a lo mejor** perhaps; **cada vez mejor** better and better; **mejor dicho** rather
mejoría improvement
menguante: luna menguante waning moon
menor *m., f.* minor; *pl.* children; *adj.* minor; younger, youngest; smallest; slightest; lesser; least
menos less; least; except; **al menos** at least; **a menos que** unless; **lo menos** at the least; **más o menos** more or less; **menos cuarto** a quarter to (*time of day*); **ni más ni menos** exactly; **por lo menos** at least
mente *f.* mind
mentir (ie, i) to lie
mentira lie
mentón *m.* chin
menudo small; **a menudo** often
mercader(a) merchant, dealer
mercado market
merced *f.* favor
merecer (zc) to deserve
mero directly
mes *m.* month
mesa table; **mesa de luz/noche** nightstand; **poner** (*irreg.*) **la mesa** to set the table
metal metal; **metales** metal straps
meter to put; to put in; to insert; **meter dentro** to put inside; **meterse** to get in; to nestle; to get involved
metro meter
mezclarse to get mixed up
miedo fear; **sentir (ie, i)/tener** (*irreg.*) **miedo** to be afraid
miel *f.* honey; **luna de miel** honeymoon
mientras *adv.* while; **mientras que** *conj.* while; **mientras tanto** meanwhile
miga: bolita de miga little wad of bread

milagro miracle

milla mile

mimos *pl.* pampering, indulging

minucioso thorough, detailed; meticulous

mirada *n.* look; gaze; expression; **echar una mirada** to glance at, take a look at; **mirada de reojo** look out of the corner of one's eye

mirar to look (at); to watch; to observe; **mira** *int.* be careful; look here; **mirar de través/soslayo** to look at out of the corner of one's eye; **mirar por encima del hombro** to look down one's nose at

mirlo blackbird

miserable *n. m., f.* wretch, scoundrel; *adj.* wretched, contemptible; unfortunate

miseria: villa miseria shantytown

misericordia mercy, compassion

mismo same; myself, yourself, himself, herself, itself, ourselves, yourselves, themselves; very; **ahora mismo** right now; **allí mismo** right there; **del mismo modo que** just as; **por ello mismo** for that very reason

mitad half; middle; center

modismo idiom

modo manner; way; **de algún modo** somehow; **del mismo modo que** just as; **de malos modos** rudely; **de modo que** so that; **de otro modo** differently; **de todos modos** at any rate; **en cierto modo** to a certain extent

modorra drowsiness

mogol Mongolian

mohoso rusty

mojado damp; wet

mojarse to wet, moisten

moler (ue) a palos to beat to a pulp

molestar to bother

molestia: tomarse la molestia de + *inf.* to bother, go to the trouble to (*do something*)

molesto annoyed, bothered; annoying, bothersome

molido beaten to a pulp

momento moment; time; point (in time); **en el primer momento** at first; **en más de un momento** more than once; **en todo momento** at all times; **por momentos** continually

moneda coin

monocorde *adj.* monotonous

montaña mountain

monte *m.* mountain; mount; woods; brush; **machete** (*m.*) **de monte** large knife used to fell trees

montones *m.* loads, heaps

morado purple

morcilla sausage

mordedura *n.* bite

morder(se) (ue) to bite (oneself)

moreno dark-haired; dark-complected

moribundo/a dying person

morir(se) (ue, u) to die

mortificarse (qu) to practice self-mortification, chastise oneself

mortuorio pertaining to death, morbid

mosca (house) fly

mostrador *m.* counter, display case (*store*)

mostrar (ue) to show; **mostrarse** to prove to be

moto(cicleta) motorcycle; motor scooter

mover (ue) to move; to rock (*baby*); **moverse** to move; to change place of residence (*angl.*)

mozo/a young person; ranch hand

muchacho/a boy, girl; kid; young man, young woman

muchachón, muchachona large, coarse young person

mucho *adj.* much; great; a lot of; *pl.* many; *adv.* much, a great deal, a lot; *pron.* much; *pl.* many; **muchas veces** often

mudar to move; **mudarse** to move (*from one residence to another*)

muebles *m. pl.* furniture

muerte *f.* death

muerto/a *n.* dead person; *adj.* dead

mugido drone

mujer *f.* woman; wife

mundo world; **por nada del mundo** not for (anything in) the world

muñeca wrist; doll

muralla wall

murciélago bat (*animal*)

murmullo murmur

muro wall

musitar to mumble; to whisper

muslo thigh

muy very; **de muy adentro** from deep within; **la Muy Alta** the Most High (*goddess*)

N

nacer (zc) to be born; to sprout; to arise; to appear

nacido: recién nacido newborn

nada *n.* nothingness; *adj.* nothing, (not) anything; *adv.* not at all; **nada más** only, just; that's all, nothing/(not) anything more; no sooner; **ni nada** or anything; **no servir (ie, i) para nada** to be useless; **por nada del mundo** not for (anything in) the world

nadie no one; (not) anyone

nariz *f.* (*pl.* **narices**) nose; nostril; **sonarse (ue) la nariz** to blow one's nose

natal native

natural natural; normal

naturaleza nature

necesitar to need

nefasto ominous

negar (ie) (gu) to deny; to refuse; **negarse a** + *inf.* to refuse to (*do something*)

negocio business; business transaction, affair; store

negro/a *n.* person of African ancestry; *adj.* black; dark; **cigarrillo negro** strong cigarette; **pozo negro** state of unconsciousness

ni neither; nor, or; (not) even; **ni más ni menos** exactly; **ni nada** or anything; **ni... ni** neither . . . nor; either . . . or; **ni siquiera** not even

nido nest

nieto/a grandson, granddaughter; *pl.* grandchildren

nieve *f.* snow

ningún, ninguno *adj.* (not) any; no; *pron.* none; not one; no one; **a ninguna parte** nowhere; (not) anywhere

niñería immature idea, notion

niñez *f.* (*pl.* **niñeces**) childhood

niño/a child; baby; **de niño/a** as a child

nivel *m.* level

no: no acabar de entender to not fully understand (*something*); **no obstante** nevertheless; **no poco** more than a little; **no quiso** + *inf.* he/she refused (*to do something*); **ya no** no longer

noche *f.* night; **a/por la noche** at night; **caída de la noche** nightfall; **de noche** at night; **en plena noche** in the dead of night; **mesa de noche** nightstand; **noche a noche** night after night

nombre *m.* name; first name; **sin nombre** nameless

nominal: frase (*f.*) **nominal** noun phrase (*a phrase that functions as a noun*)

nopal *m.* prickly pear cactus

norte *m.* north; **el Norte** northern, civilized Argentina

nota note; **bloc** (*m.*) **de notas** writing pad; **cuaderno de notas** notebook

noticia *sing., pl.* news; information

novedad change, new event

novelería stuff found in novels

novelesco fictional

novenario del Señor novena of Our Lord (*period of nine days of prayer*)

novio/a groom, bride; fiancé, fiancée; boyfriend, girlfriend; *pl.* newlyweds; sweethearts

nube *f.* cloud

nuestra madre the Blessed Mother

nuevamente again

nuevas *n. pl.* news

nuevo *adj.* new; **de nuevo** again; **nuevo de nueva cuenta** brand new

nunca never; (not) ever; **nunca se sabe** *int.* you never know; **ya nunca** never again

O

obispado bishopric, office of bishop

obispo bishop

obra work; labor; work of art; **por obra de** thanks to

obraje *m.* workshop

obrar to work; to construct; **obrar bien** to do good works

obrero/a worker; employee; **obrero de las minas** miner

obsequiar to compliment

obstante: no obstante nevertheless

obstinación obstinacy

ocho días a week, one week

ocioso idle, at leisure

ocote *m.* pitch pine

ocultar to hide

ocurrir to occur; to happen; **ocurrírsele a alguien** to occur to someone

odiar(se) to hate (oneself)

odio hatred

oeste *m.* west

oferta offer

oficio occupation, work; position

ofrecer (zc) to offer; **ofrecerse** to volunteer

oído ear; **prestar oído** to listen

oír *irreg.* to hear; to listen (to); **oír decir** to hear (*something*) said; **oye** *int.* listen

ojeada glance; **echar una ojeada a** to (cast a) glance at

ojo eye; **fuera de los ojos** out of sight; **vendarse los ojos** to blindfold oneself
oleada wave, surge
oler (ue) to smell; to sniff; **oler a** to smell like
olla pot; kettle
olor *m.* odor; smell; scent
olvidar(se) to forget; **olvidársele a uno** to forget; to slip one's mind
olvido forgetfulness; forgetting
ómnibus *m.* bus
onda wave (*ocean, air*)
opaco gloomy
opalino iridescent
operación operation; **sala de operaciones** operating room
opinar to think; to express an opinion
oprimido pressed, held fast
oprobio shame, disgrace
optar por to choose; **optar por** + *inf.* to decide in favor of (*doing something*)
oración sentence; prayer
orden *m.* order (e.g., *chronological*); **poner** (*irreg.*) **en orden** to organize
ordenar to order; to put in order (e.g., *chronologically*); to command; to prescribe
oreja (outer) ear
orgullo pride
orgulloso proud
oriental *n. m., f.* Uruguayan; *adj.* oriental, Asiatic
orilla (river) bank
oro gold; **de oro** (made) of gold; golden (*color*)
ortográfico *adj.* spelling
oscurecer (zc) to cover up; to get dark; **oscurecerse** to turn dark
oscuridad darkness; **en plena oscuridad** in total darkness
oscuro dark; darkened; obscure, unclear
otoñal *adj.* autumnal
otoño autumn
otredad otherness
otro *adj.* other; another; *pron.* other (one); another (one); **a uno y otro lado** on either side; from side to side; **otra cosa** anything else; **otra vez** again; **una y otra vez** over and over; **uno que otro** one or another
oveja ewe, female sheep
oyente *m., f.* listener; *pl.* audience

P

pabellón *m.* pavilion
padecer (zc) to suffer
padre *m.* father; priest
pagar (gu) to pay (for)
pago payment
país *m.* country, nation
paisaje *m.* landscape
pájaro bird
pajizo thatched with straw
pala paddle
palabra word; promise; **a medias palabras** by inference; **palabra a palabra** word by word
paladear to savor, taste
palear to paddle
palenque *m.* hitching post
palmear to pat
palo pole; wood; **moler (ue) a palos** to beat to a pulp; **de palo** wooden
paloma dove
palpitar to quake, tremble
pampa pampas, grass-covered plain
pan *m.* bread; loaf; strip (*of land*)
pantalla screen
pantalón *m. sing., pl.* pants
pantano swamp, marsh
pantorrilla calf (*of the leg*)
pantufla slipper
pañuelo handkerchief; scarf
Papa *m.* Pope
papá *m.* papa, daddy; **papá grande** grandpa
papado papacy
papel *m.* paper; piece of paper; role, function; **desempeñar/hacer** (*irreg.*)/**tener** (*irreg.*) **un papel** to have/play a role; **papel de estaño/plata** tinfoil, aluminum foil; **papel pintado** wallpaper
papeleta difficult matter, issue
papelón: hacer (*irreg.*) **un papelón** to make a fool of oneself
paquete *m.* package
par *m.* pair; **a la par** at the same time; **de par en par** wide open; *f.* par
para for; to; in order to; **como para** so as to; **para adentro** turned inward; **para eso** for that reason; **para que** so that; in order that; **para siempre** forever
parado standing (up); motionless
paraguas *m. sing., pl.* umbrella
parapetarse to cover oneself, hide
parar to stop; to stand up

parecer (zc) to appear; to seem; to look like; to seem like; to suit; **al parecer** apparently

parecido *n.* resemblance; *adj.* similar

pared *f.* wall

pareja pair; couple

parentela relatives, kinfolk

pariente/a relative

párpado eyelid

parque *m.* park; grove

parroquiano/a customer

parsimoniosamente cautiously, deliberately

parte *f.* part; **a ninguna parte** nowhere, (not) anywhere; **de todas partes** from everywhere; **en alguna parte** somewhere; **en su mayor parte** for the most part; **por su parte** as far as . . . is concerned; **por todas partes** everywhere

particular particular; special; private

partida *n.* departure; **al punto de partida** at the outset

partido *n.* game, match; district; (political) party; *adj.* cut; split

partir: a partir de as of, from (*moment, date, event*)

pasada: mala pasada disagreeable trick

pasadizo corridor, passage

pasado *n.* past; *adj.* past; **pasado mañana** day after tomorrow

pasar to pass; to go by; to cross, go through; to happen; to spend (*time*); to elapse; to move, take; **haber(se) pasado (todo)** to be (all) over; **(le) pasa igual** the same thing happens (to someone); **pasa** *int.* come in; **pasar de** to go beyond; **pasar de largo** to pass right by; **pasar por** to go past; to stop by; to run across

pasear to go for a walk, ride; **pasearse** to loaf around, hang around

paseo walk; ride; avenue; mall; **mandar a paseo** to send packing

pasillo passage; corridor, hall

paso step; walk; **abrirse paso** to make headway; to force one's way; **dar** (*irreg.*) **paso a** to give way to; **dar un paso** to take a step; **de paso** in passing

pasta: sopa de pasta noodle soup

pastor *m.* pastor; shepherd

pastoreo: campo de pastoreo pastureland

pata foot; leg (*of an animal*)

patear to kick

patria country, native land

patrón, patrona employer, boss; owner

paulatinamente little by little

pausar to slow down

pavadas *pl.* nonsense

paz *f.* (*pl.* **paces**) peace

pecado sin

pecar (qu) to commit a sin

pecho chest; **de pecho** face down

pedazo piece, fragment

pedir (i, i) to ask for; to request; to order (*food, drink*)

pedregoso stony

pedregullo soil

pegado fastened, stuck to

pegajoso pesky, biting

pegarse (gu) to attach oneself

pelaje *m.* fur

peldaño step (*of a staircase*); stoop

pelea fight

pelear to fight

película film, movie

peligrar to be in danger

peligroso dangerous

pelo hair

pena sorrow, grief; remorse

penca fleshy leaf (*of cactus*)

pender to hang; to dangle

pendiente *n. f.* slope; *adj.* hanging

pensamiento thought; mind

pensar (ie) to think; to consider; to believe; **pensar** + *inf.* to plan to (*do something*); **pensar en** to think about

pensión boardinghouse

penúltimo penultimate, next-to-last

penumbra semidarkness; shade

peón (*m.*) **de chacra** farmhand

peor worse; worst

pequeño small, little

percha (coat)hanger

perchero clothes hanger or rack

perder (ie) to lose; to spoil; **echar a perder** to rot, putrify; **perder el tiempo** to waste time; **perderse** to get lost; to fail to notice; **tener** (*irreg.*) **tiempo que perder** to have time to waste

perdido lost; **sentirse (ie, i) perdido** to feel lost

perdiz *f.* (*pl.* **perdices**) partridge

peregrinación pilgrimage

perejil *m.* parsley

periódico newspaper

periodista *m., f.* journalist

perlarse de to become beaded with

permanecer (zc) to remain

perro/a dog
perseguir (i, i) (g) to pursue
personaje *m.* character (*in a story*)
personal *n. m.* staff; *adj.* personal
pertenecer (zc) to belong
pesa *n.* weight
pesadilla nightmare
pesado heavy; massive
pesar to weigh; **a pesar de** in spite of
pésimo very bad
peso weight; peso (*unit of currency*)
petate *m.* straw sleeping mat
piadoso pious
piapiá da-da, daddy
picada path, trail
picadura (insect, snake) bite
pícaro roguish
pie *m.* foot; **al pie de** at the foot, bottom of;
   a pie on foot; **de pie** standing
piedad piety
piedra rock; stone; stone altar; **piedra imán**
   lodestone, magnetic ore
piel *f.* skin
pierna leg; **dormir (ue, u) a pierna suelta**
   to sleep like a log
pieza room
pileta swimming pool
pino pine
pintado painted; **papel** (*m.*) **pintado** wallpaper
pintarrajeado painted, daubed gaudily
pisada footstep; step
pisar to step (on); to tread (on)
piso floor; apartment
pisotón *m.* stamping
pitillo cigarette
placa (photographic) plate
placenteramente pleasantly
placer *m.* pleasure
plano: de plano lying flat
plantear to raise, pose (*a question, issue*)
plata silver; **papel** (*m.*) **de plata** tinfoil
playa beach
plaza plaza, square; **coche** (*m.*) **de plaza**
   taxi
plazo: a largo plazo protracted
plegaria prayer, supplication
plenitud: con plenitud in abundance, fully
pleno: en plena noche in the dead
   of night; **en plena oscuridad** in
   total darkness; **en pleno** in the middle of;
   en pleno silencio in utter silence
pletórico effusive

plomo lead; **a plomo** directly overhead
   (*sun*); **caer** (*irreg.*) **a plomo** to beat
   straight down (*sun*); **plomo derretido** molten lead
pluma feather
población settlement
pobre *n. m., f.* poor person; *pl.* the poor;
   adj. poor; humble
pobreza poverty
poco *n.* a little (bit); a short while; *adj., adv.*
   little (bit); not much; *pl.* few; **dentro de
   poco** soon; **durar poco** to not last long;
   no poco more than a little; **poco a poco**
   little by little; **poco después** shortly thereafter; **por si fuera poco** as if that weren't
   enough; **ser** (*irreg.*) **poco cosa** to be
   unimportant
poder *irreg. v.* to be able; can; may; *n. m.*
   power; **no poder evitar** + *inf.* to not be
   able to help (*doing something*)
poderoso mighty
podrido rotten; putrid
polea pulley
policía *m.* policeman
policial pertaining to police; detective
   (*novel*)
polvareda cloud of dust
polvo dust; powder
polvoriento dusty
poner *irreg.* (*p.p.* **puesto**) to put, place; to
   put on; to give; to make; to write; **poner
   al tanto de** to bring up-to-date about;
   poner cara de to adopt an attitude of;
   poner en libertad to set free; **poner en
   marcha** to start (*engine*); **poner inyección** to give an injection; **poner la mesa**
   to set the table; **ponerse** to put on (*clothing*); to get; to set (*sun*); **ponerse** + *adj.*
   to become; to get (*adj.*); **ponerse a** + *inf.*
   to start (doing something); to begin to (*do
   something*); **ponerse encima** to alight;
   ponerse en contacto to get in touch;
   ponerse feo to get serious, nasty
poniente *m.* west
popa rear end, stern (*of canoe*)
por for; by; through; **pasar por** to pass; to
   cross; to go through; **por** + *adj.* because
   of its + *adj.;* **por adelantado** in advance,
   early; **por ahí/allá/allí** over there; **por
   ahora** for the time being; **por algo** for
   some reason; **por añadidura** besides, after
   all; **por cumplir** as a courtesy; **por
   delante** in front, ahead; **por demás** too

much; **por dentro** on the inside; **por digna de** worthy of; **por ello (mismo)** for that (very) reason; **por encima de** on top of; in addition to; **por entre** through; **por fin** finally; **por fuera** on the outside; **por lo menos** at least; **por lo pronto** for the present; **por medio de** by means of; **por momentos** continually; **por nada del mundo** not for (anything in) the world; **por obra de** thanks to; **por qué** why; **por si fuera poco** as if that weren't enough; **por suerte** luckily; **por su parte** as far as . . . is concerned; **por supuesto** of course; **por todas partes / todos lados** everywhere; on all sides

porfiado persistent

pormenor *m.* detail

porque *conj.* because

porqué *n. m.* why; whys and wherefores

portador(a) bearer, carrier

portátil portable

portería reception desk (*hotel*)

portero/a doorkeeper; concierge

porvenir *m.* future

posar to rest, settle

poseer (y) to possess, have; to dominate

postergación postponement; holding back

postergar (gu) to postpone; to hold back, put off (*a promotion*)

postrero last, final

postura position; attitude

potrero ranch; corral

potro: bota de potro horsehide boot

pozo (water) well; pit; **pozo negro** state of unconsciousness

precipitarse to rush headlong

predecir (*like* **decir**) (*p.p.* **predecido**) to predict

prefiguración foreshadowing

pregonar to proclaim, announce

pregunta question; **hacer** (*irreg.*) **preguntas** to ask questions

preguntar to ask (*question*); **preguntarse** to wonder

premio prize; reward

prender to catch; to light; **prender la luz** to turn on the light

prendido lit, turned on

prensa press; newspaper

preocupación worry, concern

preparatorio of preparation (*for college*); preliminary

presión pressure

prestar to lend; **prestar oído** to listen

presumido presumed, envisioned

pretender to attempt, try; to aspire to

prevenir (*like* **venir**) to prevent

prever (*like* **ver**) (*p.p.* **previsto**) to foresee

previsión anticipation

previsto (*p.p. of* **prever**) foreseen

primavera spring

primer, primero/a *n. m., f.* first (one); *adj.* first; **a primera vista** at first glance; **en el primer momento** at first; **primera luz** dawn, first light of day; **primeras horas** wee hours of the morning

primero *adv.* first; **primero que** *conj.* sooner than, before

primo/a cousin

principio *n.* beginning, start; **al principio** at first; in the beginning; **a principios de** at the beginning of

prisa haste, hurry; **darse** (*irreg.*) **prisa** to hurry; **de prisa** quickly; **sin prisa** unhurriedly

probar (ue) to test, try out; to taste

proceder *n. m.* conduct, behavior; *v.* to proceed; to continue; to act

procura: en procura de in search of

procurar to endeavor

profesar to profess, practice

promediar: al promediar halfway through

prometer to promise

prometido promised; appointed

pronto soon; quickly; early; **de pronto** suddenly; **por lo pronto** for the present; **tan pronto como** as soon as

pronunciar to pronounce, say; **pronunciarse** to be visible

propio (one's) own; proper; fitting, suitable

proponer (*like* **poner**) (*p.p.* **propuesto**) to propose, suggest; **proponerse** to intend

proporcionar to supply, provide; **proporcionar relieve a** to bring out, lend perspective to

propósito intention; **a propósito** on purpose

proseguir (i, i) (g) to continue

protector protective

proteger (j) to protect

próximo *adj.* near; nearby; next

proyecto project; plan

prueba proof; test

psíquico psychic; psychological

púa barb; **alambre** (*m.*) **de púa** barbed wire

pudor *m.* modesty; shyness

pudoroso bashfully
pueblo town; people
puente *m.* bridge
pueril childish, puerile
puerro leek
puerta door
puerto port; harbor
puesto (*p.p. of* **poner**) put; placed; on
pulga: de malas pulgas ill-tempered
pulir to polish
pulmón *m.* lung
pulpería grocery store
pulposo fleshy, pulpy
pulsar to take someone's pulse
puntada stabbing pain
puntapié (*m.*): **dar** (*irreg.*) **un puntapié** to kick
puntillas: andar (*irreg.*) **en puntillas** to tiptoe
punto point; dot; **estar** (*irreg.*) **a punto de** + *inf.* to be on the point of, about to (*do something*); **al punto de partida** at the outset; **punto de vista** point of view; **puntos suspensivos** ellipses (*three dots at the beginning or end of an incomplete sentence*)
punzada shooting pain
punzó bright red
puñal *m.* dagger; large knife (*weapon*)
puño handle

Q

quebrarse (ie) to break; to crack
quedar(se) to stay; to remain; to be left; to be; to match; to stop; **quedar en** + *inf.* to agree on (*doing something*); **quedar por** + *inf.* to remain to be (*done*); **quedarse con** to take possession of
quedito quiet, soft
quejarse to complain; to whimper
quejido groan, moan; whine, whimper
quejoso irritable, complaining
quejumbroso complaining
quemante burning
quemar(se) to burn; to get too hot
querer *irreg.* to want; to love; to like; **no quiso** (+ *inf.*) he/she refused (*to do something*); **querer decir** to mean
querido loved; beloved; liked
quevedos *pl.* pince-nez
quieto still, calm; resting
quinta country house
quinto fifth

quitar to take off (*clothing*)
quizá(s) perhaps, maybe

R

radio radio, broadcasting; radio station; **sala de radio** X-ray room
rabia anger, fury; **darle** (*irreg.*) **rabia a alguien** to make someone angry
radiografía X ray
raíz *f.* (*pl.* **raíces**) root
rajadura split, crack
raleado thinned out
ralo sparse, thin
rama branch
rancho ranch; peasant dwelling
rapar to shave; to crop
raro rare; strange; unusual; **cosa rara** unusual thing/occurrence
ras (*m.*): **a ras del suelo** to floor level
rasgo characteristic, trait
rasguño scratch
raso: cielo raso ceiling
raspar to scrape; to strike (*a match*)
rastras: andar (*irreg.*) **a rastras** to go at a crawl; **sacar (qu) a rastras** to drag out
rastro trace, sign; tracks, trail
rasurarse to shave
rato *n.* while, short time; time; period; **al rato** in/after a little while; **a ratos** at times, sometimes; **un buen rato** a good while; **un largo rato** a long while
ravenés, ravenesa person from Ravenna (*Italy*)
raya stripe
rayado streaked; **hoja rayada** lined paper
rayo thunderbolt
rayuela hopscotch
razón *f.* reason; **tener** (*irreg.*) **razón** to be right
razonar to speak
real real; **camino real** main road; **lo real** reality
realizar (c) to carry out, do
rebajarse to lower oneself, come down
rebaño flock
rebotar to rebound, bounce; to pound
rebozo shawl
recado message
recámara bedroom
recapitular to summarize
recargado leaning, resting, heavily adorned
recelo suspicion
receloso suspicious

rechazar (c) to reject, refuse
reciedumbre *f.* strength, vigor
recién *adv.* recently; **recién nacido**
  newborn; **recién llovido** fresh with rain
reclamar to demand
recobrar to recover, regain
recoger (j) to pick up; to retrieve; to draw
  up (*legs*)
recolección harvest, gathering
reconocer (zc) to recognize; **reconocerse**
  to wake up
reconquista reconquering (*of Spain from the*
  Moors)
recordar (ue) to remember; to remind; to
  call to mind
recorrer to go through; to walk around; to
  travel
recorrido tour; stroll
recortar to cut out; **recortarse** to be outlined
recova marketplace
recreo recess
rectilíneo upright, straight
rector(a) director; principal
recuerdo memory
recurso (literary) device
red *f.* net
redentor(a) *n.* redeemer; redemptive
redondo round
reducir *irreg.* to reduce; to diminish; to wear
  away
referir (ie, i) to relate, tell; **referirse** to refer
  (to)
reflejo reflection; gleam
refrán *m.* proverb, saying
regalo gift; **hacer** (*irreg.*) **regalos** to give
  presents
regar (ie) (gu) to water, irrigate
registrar to examine; to register, take in
regresar to return; to come/go back; to take
  back
regreso *n.* return; **venir** (*irreg.*) **de regreso**
  to come back
regular orderly
rehuir (y) to avoid; to refuse
reincorporar to reincorporate; to reunite
reírse (i, i) (de) to laugh (at)
reja bar; (window) grille
relajamiento relaxing; lapse of attention
relámpago lightning flash
relampaguear to flash
relampagueo flash (*of pain*)
relato story; account

relieve *m.* relief (*art*); **proporcionar**
  relieve a to bring out, lend perspective to
rellenar to fill up (again)
reloj *m.* clock
reluciente shiny
rematar to auction off
remedio remedy; cure; **no tener** (*irreg.*)
  más remedio to have no
  alternative/other choice; to be hopeless;
  qué remedio what else could one do
remitir to slacken; to forgive
remoción removal
remolino throng; whirlpool
remordimiento remorse
renacer (zc) to be born again; to recur
rencor *m.* bitterness; resentment
rendición surrender
rendija split, crack
renegrido blackened; filthy
renovar (ue) to renew; to re-form
reojo: mirada de reojo look out of the
  corner of one's eye
repartido distributed
repasar to review
repaso review; inspection; **doble repaso**
  double check
repente: de repente suddenly
repentino sudden
repicar (qu) to ring, sound (*bell*)
repique *m.* chiming, ringing
replicar (qu) to reply
reponerse (*like* **poner**) (*p.p.* **repuesto**) (**del**
  todo) to (fully) recover (*from an illness*)
reprobativo reproving
requemado burned, parched
resbalar to slip
rescatar to ransom; to rescue
rescoldo hot ashes; scruple, misgiving
reseco dry, parched
resolver (ue) (*p.p.* **resuelto**) to resolve,
  make up one's mind; **resolverse** to be
  summed up
resonar (ue) to resound
resoplar to snort; to sigh heavily
respaldo back
respecto: (con) respecto a with respect to;
  al respecto about the matter
respirar to breathe
resplandecer (zc) to shine
resplandor *m.* brilliance, shine
responder to answer
respuesta *n.* answer
restañar to stanch, stop the flow of

resuello breath
resultar to turn out (to be); to prove to be; **resultar de** to result, stem from
resumir to sum up, summarize
retardarse to slow down
retorcerse (ue) (z) to twist; to writhe
retrasar to delay, retard
retrato portrait
retumbo resonance
reunir to gather, collect
reventar(se) (ie) to burst; to split
reventazón f. rupture
revés: al revés backward
revisación physical exam
revista magazine
revocar (qu) to whitewash; to plaster
revolcar (ue) (qu) to knock down
revolver (*like* **volver**) to stir around; to shuffle
revuelto (*p.p. of* **revolver**) mixed
rey m. king
rezar (c) to pray
rezno bot, larva of the botfly
rezo prayer
rezumante seeping
rincón m. corner
río river
risa laughter; **llorar de risa** to laugh until one cries
ritmo rhythm
roble m. oak
roce m. tap; graze
rocío dew
rodar (ue) to run about; to tumble, fall
rodear to surround; to enclose
rodeo detour
rodilla knee
rogar (ue) (gu) to plead, beg, implore; to request, ask
rojizo reddish
rojo red
romano: corte (*f.*) **romana** papal court
romper(se) (*p.p.* **roto**) to break; to tear; **romper a** + *inf.* to start abruptly to (*do something*); **romper en sollozos** to break down sobbing
ronco hoarse; harsh
ronquido snore
ronronear to purr
ropa *sing.* clothes; clothing; **ropa de cama** bedclothes; **ropa de cuerdo** street clothes
ropero clothes closet or cupboard
rosado pink, rose-colored

rostro face; countenance
roto (*p.p. of* **romper**) broken; torn; interrupted
rotundo categorical, definitive
rozado cleared, trimmed
rozar (c) to graze, brush
rubio blond; **cigarrillo rubio** mild cigarette
rubricar (qu) la suerte to seal the fate
rudo coarse, rough
rueda wheel; **camilla de ruedas** gurney
rugir (j) to roar, bellow
rugoso wrinkled
ruido noise
ruidosamente noisily
rumbo course, direction
rumor m. murmur; rustle
rutina routine; **con rutina** as a matter of routine

S

saber *irreg.* to know; to find out (about); to discover (*fact*); **saber** + *inf.* to know how to (*do something*); **hacer** (*irreg.*) **saber** to inform, make (*something*) known; **nunca se sabe** *int.* you never know
sabor m. taste
saborear to savor; to taste
sacar (qu) to take out; to remove; to pull out; to bring out; to take (*photo*)
sacerdote m. priest
saco suit jacket
sacrificador(a) sacrificer
sacudir to shake; to shake off; to jiggle
sagrado sacred, holy
sal f. salt
sala room; living room; **sala de dormir** bedroom; **sala de operaciones** operating room; **sala de radio** X-ray room
salida exit
salir *irreg.* to leave; to go out; to come out; to emerge; to arise; **salir bien** to turn out well; to succeed; **salirse** to run out
salón m. salon, drawing room; large room
salpicado splattered, splashed
saltar to jump; to leap
salto jump; leap; start
salud f. health
saludar to greet
salvaje m., f. savage; uncouth person
salvo: a salvo de safe from
san, santo n. saint; *adj.* holy; **Santa Semana** Holy Week; **Viernes Santo** Good Friday

sangrar to bleed
sangre *f.* blood; lineage
sano healthy; sound; sane
saqueo sacking, pillaging
Satanás *m.* Satan
satisfecho (*p.p. of* **satisfacer**) satisfied
secarse (qu) to get dry
seco dry
sed *f.* thirst
seda silk
seguida: en seguida right away, immediately
seguido *adj.* followed; *adv.* often
seguir (i, i) (g) to follow; to continue, go on; to remain; to take, study; **seguir** + *ger.* to continue, keep on; **siga con Dios** *int.* go with God (*doing something*)
según according to
segundo *n.* second (*of time*); *adj.* second (*in order*)
seguridad safety; certainty; assurance
seguro sure; reliable; assured
sello stamp
selva jungle
semáforo traffic light
semana week; **Semana Santa** Holy Week
semblante *m.* countenance
sembrado *n.* crop; distributed
semejante similar; such a
semejanza similarity
semitendido half stretched out
sencillo plain, uncomplicated
senda path; road, way
sendero path
seno breast
sensato sensible, sane
sensibilizar (c) to sensitize, make sensitive
sensible sensitive
sentarse (ie) to sit down
sentido *n.* sense; direction; *adj.* felt; **en doble sentido** in two ways
sentimiento feeling
sentir (ie, i) to feel; to regret; to hear; to taste; **sentir miedo** to be afraid; **sentirse** to feel; to feel oneself; to consider (each other); **sentirse culpable** to feel guilty; **sentirse perdido** to feel lost
seña sign, signal; *pl.* address; **hacer** (*irreg.*) **una seña** to (make a) signal
señal *m.* sign, signal
señalar to designate; to point out
señor *m.* gentleman; man; lord; Mr.; mister; **Señor** Lord; **novenario del Señor** novena of Our Lord (*period of nine days of prayer*)

señora lady; woman
señorita young lady; Miss
septicimia blood poisoning
sepulcro tomb, grave
sepultar to bury; to conceal
sepultura tomb; grave
sequedad dryness
ser (*irreg.*) *v.* to be; *n. m.* being; **como sea** one way or another; **deber ser** must, ought to be; **lo que fuera** whatever it was; **manera de ser** personality, bearing; **por si fuera poco** as if that weren't enough; **ser humano** human being; **ser poca cosa** to be unimportant; **venir** (*irreg.*) **a ser** to come to be
sereno night watchman
seriedad seriousness
servidumbre *f.* enslavement; servitude
servir (i, i) to serve; to be useful; **no servir para nada** to be useless; **servir para** to be of use/used/useful (for); **servirse de** to use
sestil *m. shaded resting place for cattle*
seto hedge; fence
sí *adv.* yes; **claro que sí** *int.* of course
sí *pron.* self; **volver (ue) en sí** to come to, regain consciousness
siempre always; **desde siempre** from the beginning of time; **para siempre** forever
sien *f.* temple (*of the head*)
sigiloso silent, stealthy
siglo century
significado meaning; significance
significar (qu) to mean
signo sign; signal; **signo humano** sign of humanity
siguiente next, following; **al día siguiente** on the following day
silbar to whistle
silbato whistle
silla chair
sillón *m.* armchair
silvestre wild
simpático nice, pleasant
sin without; **sin cesar** unceasingly; **sin cumplir** unkept, broken; **sin duda** doubtless; **sin embargo** nevertheless; **sin esfuerzo** effortlessly; **sin fin** endlessly; **sin prisa** unhurriedly; **sin que** *conj.* without
síncope *m.* fainting spell
singular exceptional, unique
sino but; but rather; **no hacer** (*irreg.*) **sino** + *inf.* to do nothing but (*do something*)

síntoma symptom
siquiera: ni siquiera not even
sirviente/a servant
situarse to be situated; to be located; to stand (*on an issue*)
soberbia pride, arrogance
sobra: de sobra surplus; *pl.* leftovers
sobrar to be left over; to be more than enough
sobre on; over; about; concerning; **sobre todo** especially
sobresaliente protruding, visible
sobresalir (*like* **salir**) to protrude beyond; to be visible
sobresalto sudden fright; start
sobrevenir (*like* **venir**) to happen suddenly
sobrevivir to survive
sobrino/a nephew, niece; *pl.* nephews and nieces
socio/a (business) partner
sofocadamente suffocatingly
sofocado gasping, choking
soga rope, cord
sol *m.* sun; **al sol** in the sunlight
solamente only, just
soldado *n.* soldier
soledad solitude
soler (ue) to be accustomed to; to be in the habit of; to tend to; **soler** + *inf.* to be in the habit of (*doing something*)
solicitud de empleo job application
solidarizarse (c) con to join together with
sollozar (c) to sob
sollozo *n.* sob; **romperse en sollozos** to break down sobbing
solo *adj.* alone; sole; single; lonely; **una sola vez** even once
sólo *adv.* only
soltarse (ue) (*p.p.* **suelto**) to begin; **soltarse de** to let go of, break loose from
sombra shadow; shade; ghost
sombrío shaded; gloomy; dark; sullen
sonaja rattle; timbrel
sonar (ue) to sound; to strike; **sonarse la nariz** to blow one's nose
sonido sound; noise
sonoro sonorous, resonant
sonreír (i, i) to smile
sonrisa smile
soñado dreamy; dreamed of
soñar (ue) to dream; **soñarse** to imagine oneself
soñoliento drowsy, sleepy

sopa soup; **sopa de pasta** noodle soup
sopesar to carry, support on one's shoulders
soportar to bear, endure
sorber to swallow
sordo/a *adj.* silent; muffled
sosegado quiet, peaceful
sosiego quiet, calm
soslayo: mirar de soslayo to look at out of the corner of one's eye
sospechar to suspect
sospechoso suspicious
sostener (*like* **tener**) to hold, hold up; to support
suave gentle; soft
súbdito/a citizen, subject
subir to go up; to climb; to get on/in; to lift; to rise (up); to rise in position; **subir escaleras** to climb stairs; to go upstairs; **subirse** to climb
súbito sudden
subrayar to underline
suceder to happen; to turn out; **sucederse** to follow one another
sucesión: en la sucesión sequentially, linearly
suceso event
sucio dirty; filthy; dishonest
sudado sweaty
sudar to sweat
sudor *m.* sweat
sudoroso sweaty
sueco *adj.* Swedish
suelo floor; ground; **a ras del suelo** to floor level
suelto *n.* short article (*in a newspaper*); *adj.* (*p.p. of* **soltar**) loose; **dormir (ue, u) a pierna suelta** to sleep like a log
sueño sleep; drowsiness; dream; **tener** (*irreg.*) **sueño** to be sleepy
suerte *f.* luck; fate; **buena/mala suerte** good/bad luck; **por suerte** luckily; **rubricar (qu) la suerte** to seal the fate
sufrir to suffer; to experience; to endure
sugerir (ie, i) to suggest; to imply
sujetar to tie, fasten
sujeto a subject(ed) to
sumido plunged, sunk
sumo supreme, the greatest
superior superior; upper, top
superponer (*like* **poner**) (*p.p.* **superpuesto**) to superimpose
súplica supplication, plea
suplicante pleading

suplicar (qu) to plead, beg

supuesto (*p.p. of* **suponer**) supposed; **por supuesto** of course

sur *m.* south; **el Sur** southern, uncivilized Argentina

surco furrow

surgir (j) to arise; to emerge

suspensivo: puntos suspensivos ellipses (*three dots at the beginning or end of an incomplete sentence*)

suspirar to sigh

suspiro sigh

sustancialmente basically, essentially

sustantivo noun

susurro whisper

suturar to suture, stitch

T

tabla board

tablero panel, board; **tablero telefónico** (telephone) switchboard

taburete *m.* (bar)stool

tajamar *m.* dam; embankment

tajo slash

tal such; **de tal forma** in such a way; **tal como** just as; **tal vez** perhaps; **un tal** a certain

tamaño size

tambalear to stagger, reel

tambor *m.* drum

tamborilear to drum

tamo de maíz corn dust, chaff

tampoco neither, (not) either

tan so; as; such (a); **tan allá** so far off; **tan... como** as . . . as; **tan pronto como** as soon as

tanto *adj.* so much; *pl.* so many; *adv.* so much; so much so; **mientras tanto** meanwhile; **poner** (*irreg.*) **al tanto** to bring up to date; **tanto... como...** as much . . . as . . .; **tanto después** a bit later; **tanto que** so much that; **uno de los tantos** one of many

tapado wrapped (up); concealed

tapar to cover (up); to conceal; **taparse** to cover oneself up

taparrabos *m. sing., pl.* loincloth

tapia mud or adobe wall; wall fence

tapiz *m.* (*pl.* **tapices**) tapestry

tardar to be long; to take a long time; **tardar** + *period of time* + **en** + *inf.* to take (*period of time*) to (*do something*)

tarde *n. f.* afternoon; *adv.* late; **a/por la tarde** in the afternoon; **de la tarde** (of the) afternoon; **de tarde** late in the day; **ya es tarde** it is late; it is too late

tarea task; chore; work; homework

taza cup

teatralerías theatrics

teatro: gemelos de teatro opera glasses

techo roof; ceiling

técnico/a technician

tejado roof

tejido *adj.* woven, spun; **alambre** (*m.*) **tejido** wire mesh

telefónico: tablero telefónico switchboard

tembladeral *m.* quagmire

temblor *n. m.* trembling

temer to fear

temor *m.* fear

temprano early

tender (ie) to cast; to spread out; to extend, offer; to make (*a bed*); **tenderse** to stretch out; to lie down

tendido spread out; lying down; stretched out; made (*bed*)

tener *irreg.* to have; to hold; **no tener (más) remedio** to be hopeless; to have no alternative/other choice; **tener... años** to be . . . years old; **tener confianza con** to be on close terms with; **tener en un hilo** to have on pins and needles; **tener éxito** to be successful; **tener frío** to be cold; **tener ganas de** + *inf.* to feel like (*doing something*); **tener hambre** to be hungry; **tener la certeza** to be quite sure; **tener la culpa** to be guilty, to be to blame; **tener lugar** to take place; **tener miedo** to be afraid; **tener poco vuelo** to not cut a very wide swath; **tener por** to consider; **tener por costumbre** to be in the habit of; **tener que** + *inf.* to have to (*do something*); **tener que ver con** to have to do with; **tener razón** to be right; **tener su atractivo** to have its own appeal; **tener sueño** to be sleepy; **tener tiempo que perder** to have time to waste; **tener un papel** to have/play a role

tenso tight, taut

tercer, tercero third

terciopelo velvet

terminante conclusive, definite

terminar to finish; to end; to put an end to; **terminar por** + *inf.* to end up by (*doing something*)

término end
ternura tenderness
terrón *m.* clod (of earth)
terroso earthen, (made of) dirt
tersura glossiness; brilliance
testigo *m., f.* witness
tibio lukewarm
tiempo time; season; (verb) tense; **a tiempo
que** at the same time that; **en los últimos
tiempos** recently, of late; **perder (ie) el
tiempo** to waste time; **tener** (*irreg.*)
tiempo que perder to have time to waste
tienda store
tientas: a tientas gropingly, feeling one's
way; **andar a tientas** to grope one's way
along
tierra earth; land; ground; **tierra adentro**
inland, in the interior
tinieblas *pl.* darkness
tinto: vino tinto red wine
tío/a uncle, aunt; *pl.* uncle(s) and aunt(s)
tipo type; guy
tirante *n. m.* beam; *adj.* tight; shrill
tirar to pull; to throw; to throw away to spill;
tirarse to throw oneself
tironear to pull, jerk along
tirón *m.*: **a tirones** in stops and starts
tobillo ankle
tocador *m.* dressing table
tocar (qu) to touch; to play (*music*); to
affect; to be one's turn/time
todavía still, yet; **todavía no** not yet
todo *n.* all, whole; everything; *adj.* **ante
todo** above all; **de todas maneras** whatever happens; by all means; **de todas
partes** from everywhere; **de todos modos**
at any rate; **en todo momento** at all
times; **hacerlo** (*irreg.*) **todo** to do everything; **por todas partes** everywhere; **reponerse** (*like* **poner**) **(del todo)** to (fully)
recover (*from an illness*); **sobre todo** especially; **todas las cosas** everything; **todo
el día** all day; **todos los días** every day
toldo tepee
Tolosa Toulouse (*France*)
tomar to take; to take hold of; to eat; to
drink; **tomar la decisión** to make the decision; **tomarse la molestia de** + *inf.* to
bother, go to the trouble to (*do something*);
tomar una copa to have a drink
tomo volume (*book*)
tonalidad tonal quality
tormenta storm

tormentoso stormy, turbulent
toro bull
torpe clumsy; dull-witted
torre *f.* tower
toscamente crudely
toser to cough
trabajar to work
trabajo work; labor; job; task; **costar
trabajo** to be difficult to
traer *irreg.* to bring
tragar (gu) to swallow
trago *n.* swallow; drink
traicionar to betray
traidor(a) traitor
Trajano: Foro Trajano Forum of Trajan
(*vast Roman market and meeting place, including a basilica and libraries, created by
the emperor Trajan*)
trajín *m.* bustle
trama plot (*of a story*)
tramar to hatch a scheme, plot
tranquera gate
transcurrir to pass, elapse
transcurso course (*of time period*)
transeúnte *m., f.* passerby
tránsfuga *m., f.* deserter
tranvía *m.* trolley car
trapiche *m.* sugarcane press
trapo rag; dirty linen
tras after; behind
trascendencia importance, consequence
traslúcido translucent
traslucirse (zc) to be apparent
traspasar to go over, go across
trasponer (*like* **poner**) (*p.p.* **traspuesto**) to
disappear behind (*a hill*)
trastorno upheaval; disturbance
trasudar to perspire; to express
tratar to try; to treat, deal with; **tratar de** +
inf. to try to (*do something*); **tratarse de** to
be a question of; to be the subject dis-
cussed
través: a través de through; throughout;
mirar de través to look at out of the
corner of one's eye
trayecto journey
trazar (c) to describe, outline
trébol *m.* clover
trecho stretch, distance
trepar to climb
triques *m. pl.* things, stuff
triste sad
tristeza sadness

trompa snout, proboscis
tronchado split off
tronco (tree) trunk
tropezar (ie) (c) to trip, stumble; **tropezar(se) con** to stumble against; to run into
trozo piece, strip
trucado falsified, changed
trueno thunder
trueque: a trueque de in exchange for
tullido crippled
tumbar to knock down
turbar to disturb; to perturb
turbio cloudy; muddy

U
ulterior subsequent; ulterior
últimamente recently, lately
último adj. last; final; pron. last (one)
ultraísta m., f. ultraist (member of a literary movement created around 1919 by Spanish and Latin American poets)
ultraje m. outrage, insult
umbral m. threshold
únicamente only
único/a n. only one; adj. only; single; unique; **lo único** the only thing
unido attached
uro wild ox (extinct)
útil useful

V
vaca cow
vaciar to empty
vacío n. void; empty space; adj. empty
vagamente vaguely; to some extent
vagón m. train car
vaivén m. pacing back and forth; frantic kicking
valer irreg. to be worth something; to be of use; **valerse de** to make use of
valija suitcase
valioso valuable
valle m. valley
valor m. value; motivation, gumption
vapor m. vapor, steam; steamship
varón m. male
vaso glass
vecindad neighborhood, vicinity
vecino/a n. neighbor
vedar to forbid, prohibit
vela candle
velador m. nightlight

velar to keep watch
velludo downy, hairy
velo: echar un velo sobre to not mention
veloz (pl. **veloces**) quick, rapid
vencejo swift; martin (birds)
vencer (z) to overcome
vendado blindfolded
vendar(se) los ojos to blindfold (oneself)
veneno venom, poison
vengar (gu) to avenge
vengativo vindictive
venida coming, arrival
venir irreg. to come; to arrive; **venir a caer** to land; **venir a ser** to come to be; **venir de regreso** to come back; **venirse** + ger. to be (doing something)
ventaja advantage
ventana window
ventanal m. large window
ventanuco small window
ventear to sniff
ver irreg. to see; to observe; to visit; **tener** (irreg.) **que ver con** to have to do with; **verse** to see oneself; to find oneself; to be seen
veraneo summer vacation
verano summer
veras: de veras truly, really
verdad n. truth; **a decir** (irreg.) **verdad** to tell the truth
verdadero adj. true; genuine
verde green
vereda path; way
vergüenza shame
verificar (qu) to verify; to carry out (a task)
verja gate
veronal m. type of barbiturate, painkiller
verosímil credible
vertiginoso very swift
vestir (i, i) to dress; to wear; **vestirse** to dress; to get dressed
vez f. (pl. **veces**) time; **a la vez** at the same time; **alguna vez** ever; sometime; once; **a su vez** in turn; **a veces** sometimes; **cada vez mejor/menos** better and better / less and less; **cada vez que** whenever; **cuántas veces** how often; **de vez en cuando** from time to time; **en vez de** instead of; **muchas veces** often; **otra vez** again; **tal vez** perhaps; **una sola vez** even once; **una vez (más)** once (again); **una y otra vez** over and over
vía road, path

viajar to travel
viajero/a traveler
víbora viper
vicio vice; something with which to indulge a vice
vida life
vidriera (stained) glass window; glass display case
vidrio glass
viejísimo ancient, worn out
viejo/a old
viento wind
vientre *m.* belly, abdomen
viernes *m. sing., pl.* Friday; **Viernes Santo** Good Friday
vigilancia watchfulness
vigilante *m.* watchman
vigilia vigil; wakefulness
villa villa, country house; **villa miseria** shantytown
vincha band, kerchief (*to restrain hair*)
vincular to relate, link
vínculo bond, link
vino wine; **vino tinto** red wine
virar to change color
virgen *f.* virgin; **Virgen** Virgin (Mary); *adj.* virgin
Virgencita beloved Virgin (Mary)
virtud virtue
vísceras *pl.* viscera, innards
viscoso viscous, sticky
vislumbrar to see vaguely, catch a glimpse of
víspera eve, day before
vista sight; view; appearance (*on scene*); **a la vista** in sight; **a primera vista** at first glance; **punto de vista** point of view
vitrina display window; showcase
vivac *m.* bivouac, military camp
viviente living, alive
vivir to live; to experience
vivo living, alive; bright
vocacional *m.* trade school
volante *m.* steering wheel
volar (ue) to fly

voluntad will; willingness; wish
volver (ue) (*p.p.* **vuelto**) to return; to come/go back; to recover (*consciousness*); to turn; **al volver** upon returning; **volver a + *inf.*** to (*do something*) again; **volver a casa** to go home; **volver atrás** to back out; **volver en sí** to come to, regain consciousness; **volver la espalda** to turn one's back; **volverse** to return; to turn; to turn around; to become; **volverse + *adj.*** to turn into + *adj.*
voz *f.* (*pl.* **voces**) voice; **a media voz** in a low voice, quietly; **en alta voz** loudly; **en voz baja** in a low voice
vuelo: tener (*irreg.*) **poco vuelo** to not cut a very wide swath
vuelta turn; return; **dar** (*irreg.*) **la vuelta** to turn around, go around; **dar una vuelta** to take a walk; **dar vueltas** to mull over; **dar vueltas y vueltas** to toss and turn; **de vuelta** back
vuelto (*p.p. of* **volver**) turned; returned
vulgar vulgar; common, coarse

Y

ya already; now; by now; whether; **ya es tarde** it is late; it is too late; **ya no** no longer; **ya nunca** never again; **ya que** *conj.* since
yacer (zc) to lie; to be (located)
yaracacusu *f. type of large, extremely poisonous snake*
yermo barren
yeso plaster cast

Z

zafarse de to get out of, escape from
zafio/a crude, coarse person
zaguán *m.* entryway; lobby
zambullir (*irreg.*) to plunge
zanja gully
zarpar to set sail
zozobra anxiety, uneasiness
zumbar *v.* to buzz